国際機構論

内田孟男
[編著]

ミネルヴァ書房

まえがき
——いま国際機構を学ぶ意義——

　21世紀にはいりすでに10年以上の歳月が流れたが，私たちは世界情勢が大きく変動するのを目撃してきた。軍事と政治の分野においては，2001年9月11日の米国に対するテロ攻撃に端を発したアフガニスタンとイラクへの米英を主導とする武力行使とその後の混乱が続いており，東アジアにおいては中国の急速な台頭による地域覇権抗争の兆しがある。また2011年の「アラブの春」による民衆の蜂起と民主化への模索があるが，新たな秩序は不透明のままである。世界経済面でも，2008年のいわゆるリーマン・ショックによる経済の不安定化，そして2011年にはギリシャを起源とするユーロ通貨圏の混乱と脆弱化が深刻な金融危機をもたらしている。地球環境はますます悪化しているのにもかかわらず，京都議定書は2012年で期限切れを迎えその後の条約作りは難航したまま地球温暖化は加速している。世界人口は2011年に遂に70億人を超え，地球への負荷を強めているのも気になる点であるといえる。

　冷戦が終結した1990年代初めからグローバリゼーションは国家間の関係のみならず人間1人ひとりの関係にも変化を及ぼしていることは私たちが日常経験している。アフリカや中南米で起きたことが単にニュースとして伝わってくるだけではなく，感染症の心配や鉱物資源をめぐる争いなどで私たちの暮らしにも直接に影響を及ぼしてきている。より経済的に密接な関係がある欧米の動向は，円高や金融不安といった具体的な形で私たちの生活を左右している。

　問題は，このような「地球規模の問題」にいかに取り組むべきか，そしてそのためには何が必要かということである。17世紀中葉に近代国家が成立し，21世紀には実に国際連合（国連）の加盟国は193カ国を数えるまでになっている。このような多国間システムをウエストファリア体制といい，主要なアクター

（行為主体）は国家である。当然のこととして問題解決に当たるのは「国家」であるという言説は広く受け入れられてきた。このような国家中心主義的な考えは「現実主義」と呼ばれ，グローバル化が進んだ現在でも有力な国際関係理論である。しかしながら，これまでも言及してきた，地球規模の問題は国家のみで解決できないということも理解され，国家以外のアクター，すなわち市民社会，ビジネス，そして国際機構の役割が評価され，その傾向は21世紀にはいってますます重要性を帯びてきている。このように国家とそれ以外のアクターが協働して問題解決を目指す枠組みを「グローバル・ガバナンス」と呼ぶが，研究者のみならず実務家の注目を集めている。

　本書においては，国際機構という1つのアクターに焦点を当てて，現代世界が抱える諸問題にいかに対処していくべきか，そしてその可能性と限界とを考えていきたいと思う。国連は数ある国際機構のなかで加盟国の普遍性，任務の一般性から最も重要な国際機構といえる。国連の組織と任務は極めて複雑であるので，多様な角度から研究する必要があるのは言うまでもない。個人の研究者による優れた国連に関する書物も数多くあるが，本書は13名の研究者による教科書で，それぞれの専門分野から各章を執筆している。研究対象の必然性から本書では学際的なアプローチを採り国際関係論，国際法，国際機構論，国際公共政策等の業績を取り入れている。また本書のすべての執筆者は大学で研究と教育の経験を持っているが，そのなかの数人は国連に勤務，または日本の国連外交に携わり，「実務者」としての経験を有している。これらは本書の大きな特色といえよう。

　本書は序章と3部から構成されている。まず序章において国際機構成立の要件としての近代国家の誕生と展開を考察し，国際政治のカギとなるパワーについて概観する。次いで欧州協調，ハーグ・システム，国際行政連合といった国際連盟誕生の歴史的背景を探り，国際連盟そのものの活動を評価する。

　第Ⅰ部「国際機構の発展と課題」では，国連の設立，目的，原則及びその組織の概要を理解したいと考える。国連といった場合にはニューヨーク市に本部

のある国連本体を指す場合もあるが，ここでは，専門機関や計画・基金をも包括する「国連システム」全体を取り扱う。国連の政策決定過程はどのようになっているのか，安全保障理事会（安保理）の拒否権問題，専門機関である世界銀行と国際通貨基金（IMF）の加重表決制度についても考える。国連の活動は主として加盟国の分担金によって賄われているが，自発的拠出金によっても多くの開発分野の事業が行われている。近年拡大している平和維持活動はどのような資金を必要としているのだろうか。プログラム（活動）と予算はコインの表裏の関係にある。国連の財政についても独立した章を設けて検討する。国連が設立されてからすでに68年が経ち，国連の主要機関にも変化がみられる。信託統治理事会はその任務をすでに完了し廃止が決定している。安全保障理事会の改革問題はすでに20年以上議論されてきているが，合意に達するにはまだ時間がかかりそうだ。改革問題の課題と展望についても考察する。

　第Ⅱ部「21世紀における国連システムの役割と挑戦」では21世紀にはいって国連が果たす役割と挑戦について検証する。ここではまず国連の主要目的である「国際の平和と安全保障」を歴史的そして概念と戦略から見ていく。国連の原則である紛争の平和的解決のための多様な手段と強制措置の在り方，そして平和維持活動の展開等に焦点を置く。同時に国家の安全保障から人間の安全保障という考え方の補完性と相克についても考察する。次に国連設立時にはそれほど重要視されていなかった開発問題，貧困撲滅への取り組みと地球環境問題について検証する。現在進行中のミレニアム開発目標への努力はどこまで目標を達成することができるのだろうか。途上国の人々だけではなく世界中の関心を集めている国連の活動である。国連ではよく，平和，開発，人権が国連活動の3本柱とされる。2006年には人権理事会が設立され，この分野での貢献は強化されてきているが，世界には人権侵害がまだまだ蔓延している。人権は半世紀前までは国内問題として考えられていたが，今日では国際問題として認識されるようになってきている。国際的な人権問題にはどのような展望があるのだろうか。関連した課題にジェンダーの問題があり，独立した章においてこの問

題を検証している。ジェンダーは最初女性の人権という視点と，開発における役割という視点から注目を集めたが，国連主催の女性会議によって世界的な課題として議論され政策に反映されるようになってきている。最後に，平和や開発と比較して国連活動のなかであまり注目を浴びていない，しかし重要な役割に文化と学術交流の振興がある。ユネスコ憲章が述べているように永続する平和は単に政治経済的要因だけではなく，人類の道徳的知的連帯の上に築かれるとするならば，このユネスコ精神は地球規模の問題が深刻化する現在ますます重要になっているといえる。

　第Ⅲ部は「グローバル・ガバナンスにおける国連システム」と題して，次のテーマを扱う。まず，国連はその憲章においてすでに地域機構との協力を規定しているが，近年国連と世界各地の地域機構との協力や共同活動が活発化している。また国連事務局と地域機構の事務局との年次協議を開催するなど，双方の役割分担についても理解が深まってきている。本書では国連と欧州連合（EU）との関係を事例として考察する。国連はこれまでも数回にわたりノーベル平和賞を授与されてきたが，EUは2012年にその民主主義と人権に対する貢献によってノーベル平和賞を受けている。このような2つの国際機構と地域機構との協力関係を探ることは有益であろう。第2に，国連の加盟国の政策について考察する。本書では米国と日本の国連政策を取り上げ，加盟国が国連にどのようにかかわっているかを検証する。まず安保理の常任理事国であり，最も国連設立にリーダーシップを発揮し，多国間主義と単独主義に揺れる米国の国連とブレトンウッズ機構に対する政策を考察する。次に日本の国連政策を検証する。日本は1956年に国連加盟を果たし，当時の日本の外交政策の1つの柱に国連中心主義があったが，日本の国際的地位の向上とともに安保理常任理事国入りに努力している。ただ安保理をどのように改革するのかについての合意がなく困難に直面している。次の章では，国連のパートナーとしてますます重要になってきている地球市民社会と民間部門（ビジネス）との協力関係について考える。コフィ・アナン前事務総長は彼の最後の年次報告で「地球的支持基

まえがき

盤」として地球市民社会とビジネスがいかに国連活動に不可欠であるかを述べている。国連経済社会理事会と協議的地位を有する国際的非政府組織（NGO）の数は3500を超え，数々の国連活動をサポートしている。ビジネスとの関係でもグローバル・コンパクトを通じてミレニアム開発目標の達成に向けて協力関係を深めてきている。この協力関係の実態を検証し今後の在り方を考える。最終章では国連事務総長と事務局がグローバル・ガバナンスにおいてどのような役割を果たしているか，また果たすべきかについて考察する。事務局は国連の主要機関の1つとして憲章に明記され，国連活動の実施を担っている。世界情勢の変化によってその役割も拡大し複雑化している。国際公務員制度そのものも数々の試練に直面しているが，グローバル化する世界に地球公共財を提供し発展させる中核的な任務を負っているといえる。このような国連事務局は現在と未来における国際機構について考察する有効な出発点を提供している。

　最後になるが，本書の出版を発案され，企画の段階から数々の貴重な提案と助言を与えてくれたミネルヴァ書房編集部の堀川健太郎氏に執筆者を代表して感謝の念を表明したい。

　　2012年10月

　　　　　　　　　　　　　　　　　　　　　　　　　　内　田　孟　男

国際機構論

目　次

まえがき――いま国際機構を学ぶ意義――

序章　近代国家の成立と国際機構の発展 ……………………内田孟男… 1
1　近代国家の成立と展開 …………………………………………… 2
2　国際関係のカギとなるパワー …………………………………… 6
3　国際機構とは何か ………………………………………………… 7
4　国際機構設立の歴史的背景 ……………………………………… 8
5　国際連盟の光と影 ………………………………………………… 11

第Ⅰ部　国際機構の発展と課題

第1章　国連の歴史的背景と目的・原則・組織 …………渡部茂己… 20
1　国連の組織化の歴史的背景 ……………………………………… 21
2　国連の目的と原則 ………………………………………………… 25
3　加盟国の地位 ……………………………………………………… 26
4　国連内部の組織構造 ……………………………………………… 29
5　誰のための国連か ………………………………………………… 40

第2章　国連システムの政策決定過程 ……………………松隅　潤… 42
1　国連システムにおける政策決定の意義 ………………………… 43
2　国連の主要機関等における政策決定 …………………………… 46
3　国連システムにおける表決制度の特徴 ………………………… 52
4　国連平和維持活動における政策決定過程 ……………………… 55
5　人事・財政における政策決定過程 ……………………………… 59

目　次

第3章　国連の財政……………………………………坂根　徹…62
　1　国連システムの財政の基本構造………………………………63
　2　国連財政の基本構造……………………………………………68
　3　国連財政の予算サイクル………………………………………73
　4　国連財政の発展・変容と課題…………………………………77

第4章　21世紀へ向けた国連改革……………………星野俊也…83
　1　国連平和構築委員会の設立と「脆弱国家」への対応………84
　2　国連における「人権」と「人道」の主流化…………………89
　3　安保理改革の課題………………………………………………95
　4　21世紀の国連に託された役割…………………………………98

第Ⅱ部　21世紀における国連システムの役割と挑戦

第5章　国際の平和と安全保障………………………石原直紀…102
　1　「集団安全保障」から「人間の安全保障」へ………………103
　2　平和と安全のためのメカニズム………………………………108
　3　平和維持活動……………………………………………………114
　4　冷戦後のPKO…………………………………………………116
　5　平和維持活動の課題……………………………………………118

第6章　国連システムと開発…………………………大平　剛…126
　1　経済社会分野における国連の実像……………………………127
　2　国際開発援助レジームの形成・発展と国連…………………130
　3　国連開発援助のシステム化……………………………………136
　4　国際開発援助レジームの動揺と国連システムの挑戦………141

第7章　人権，法の支配 …………………………………望月康恵… 146
　1　人権の主流化の動き ……………………………………………… 147
　2　国連における人権の保護と促進 ………………………………… 151
　3　利害関係者の役割 ………………………………………………… 160
　4　重大な国際犯罪の訴追と処罰 …………………………………… 162
　5　国際社会における人権のさらなる保護と促進に向けて ……… 166

第8章　ジェンダーと国連 ………………………………本多美樹… 169
　1　国際政治のなかのジェンダー …………………………………… 170
　2　女性に関する国際会議と成果文書 ……………………………… 177
　3　ジェンダー・ニーズに取り組む国連機関の機能と役割 ……… 180

第9章　文化・知的国際協力 ……………………………西海真樹… 194
　1　グローバリゼーションと文化・知的国際協力 ………………… 195
　2　知的国際協力の誕生と形成 ……………………………………… 197
　3　自由論と規制論の戦い …………………………………………… 201
　4　知的国際協力の展開 ……………………………………………… 207
　5　文化・知的国際協力における国際機構の意義と限界 ………… 212

第Ⅲ部　グローバル・ガバナンスにおける国連システム

第10章　地域機構との協力 ………………………………大隈　宏… 218
　1　グローバリズムとリージョナリズム …………………………… 219
　2　ミレニアム・チャレンジ ………………………………………… 226
　3　バランス・シート ………………………………………………… 231
　4　スーパー・オブザーバーの行方 ………………………………… 233

目　次

第11章　加盟国の国連政策とIMF体制への対応………滝田賢治…237
　1　アメリカと国際組織………………………………………………238
　2　国連とIMF/GATT体制…………………………………………240
　3　冷戦期アメリカの国連政策とIMF体制…………………………243
　4　冷戦期日本の国連政策とIMF体制への対応……………………246
　5　冷戦終結と日米の国連政策………………………………………248
　6　激変する世界のなかの国際機関と日米…………………………254

第12章　国連のパートナーシップ……………………毛利勝彦…260
　1　国連改革としてのパートナーシップ構築………………………261
　2　国連と市民社会のパートナーシップ……………………………266
　3　国連とビジネスのパートナーシップ……………………………271
　4　国連と認識共同体のパートナーシップ…………………………276
　5　国連のパートナーシップの理論的含意…………………………280

第13章　国連事務総長と事務局の任務………………内田孟男…284
　1　国際公務員の起源…………………………………………………285
　2　国連憲章に規定された事務局……………………………………287
　3　国際公務員制度への挑戦…………………………………………290
　4　歴代事務総長のプロフィール……………………………………292
　5　事務局の現状………………………………………………………296
　6　21世紀における国連事務局の展望………………………………302

索　　引　308

コラム一覧

国際連盟本部から国連の欧州事務所へ………………………………内田孟男… 12
紛争と女性兵士………………………………………………………本多美樹… 176
データから見るジェンダー――世界の女子教育就学率…………本多美樹… 185
日本と UN Women……………………………………………………本多美樹… 191
フランスの外交政策と国連………………………ジャン＝マルク・コワコウ… 255
中国の国連外交………………………………………………………張子安… 257
日本における国際機構研究…………………………………………横田洋三… 305
国連システム学術評議会（ACUNS）………………アリステアー・エドガー… 306

序　章

近代国家の成立と国際機構の発展

内田孟男

― この章で学ぶこと ―

　国際機構はある特定の歴史的背景のもとに誕生したのであり，決して真空のなかで生まれたものではない。それは優れて歴史的産物といえる。本章においては17世紀中葉の近代国家の誕生とその特性を学習することが出発点となる。国家はどのように理解されてきたのであろうか。21世紀に入り，国家の役割にも大きな変化が見られる。国際機構はそのような歴史的変遷と密接に関連してきた。次に，国際関係論の中核的概念であるパワー（権力，力）とは何かについて概観する。国際関係理論のなかでも，国家とパワーの理解によっていくつかの学派が論争を続けている。国際機構の理解はパワーの源泉がどこにあり，どのような機能があるのか，さらには人間社会の在り方の信条によって大きく異なるといえる。現実主義者，制度的自由主義者，構築主義者は国際機構の国際政治における役割について興味深い議論を展開している。

　国際機構を生み出した歴史的背景としては，19世紀初頭の欧州協調と世紀末に開催されたハーグ平和会議を多国間協調主義の制度的萌芽として概観する。また産業革命を契機に飛躍的に国境を超える経済活動を支えるべく設立された通信・郵便分野での国際行政連合を検証する。このような行政連合の理論的枠組みは「機能主義」によってその重要性が強調される。現在の国際連合の専門機関の多くはこの理論の裏づけによって設置されてきたといえる。

　第1次大戦後に設立された国際連盟は人類初の普遍的で一般的国際機構であり，国際連合の先駆けでもある。国際連盟（連盟）の目的，組織，役割等を検証することは国際機構研究にとっても極めて重要である。なぜ連盟は第2次大戦の勃発を防ぐことが出来なかったのか。国際連合（国連）は連盟と比較していかに時代の要請に答えているのか，また答えられるのか。連盟の評価をすることは，国連の検証にも役立つと考えられる。

1 近代国家の成立と展開

ウエストファリア体制

　国家間機構としての国際機構は近代国家の成立と国家間関係の緊密化と協力への意思が明確になって初めて設立の必要条件が整ったといえる。1648年のウエストファリア条約によって近代主権国家体制が誕生したといわれ、近代における国際関係史の出発点となる。国家はその領域内においては最高の排他的権限を有し、対外的にはそれを代表する権利を持ち、ローマ法王にも神聖ローマ皇帝からも独立した政治単位とみなされた。80年に及ぶカトリック教徒（スペイン）と新教徒（オランダ）の戦いと、30年に亘る現在のドイツ国内の戦争に終止符を打ったウエストファリア平和条約は一定の領域を支配する君主に宗教を選択する権限を付与した。国際法的には主権国家の要件として領域、国民、そして統治能力を備えた政治共同体を主権国家とする。さらに主権国家は平等な権限を持つとされ、主権平等の原則はたとえば国連の総会において1国1票の表決方法に見られる。

　ウエストファリア条約成立の数年後イギリスの思想家トーマス・ホッブス（Thomas Hobbes）は『リヴァイアサン』を著わし、社会状態のそとでは常に各人対各人の戦争が存在するので、強力な国家の必要性を説いている。国家が軍隊と警察機能を独占することによって国内の治安を維持し、外国からの侵略を防ぐという社会契約論を展開した。国家は聖書にある海の怪獣であるリヴァイアサンのように強力でなければならないとした。同じイギリスの思想家ジョン・ロック（John Locke）はむしろ小さな権限を有する政府が必要で、後にアメリカの独立宣言にも引用される人間の平等と譲ることのできない権利、被統治者の同意の条件、政府を変更廃止する人民の権利を唱えている。このように政治思想の観点からも国家とその主権を執行する政府についても異なった理論が展開されてきた。

マルクス主義の国家観はその初期において極めて否定的であった。『共産党宣言』(1848年)は「国家権力は単にブルジョワ階級の共通事項を管理する委員会にすぎない」とし，さらにレーニン（Vladimir Ilich Lenin）は『国家と革命』(1919年)において「国家は支配階級の抑圧の道具であり，したがって成功した共産党革命後には消滅するであろう」と述べている。ただし過渡期におけるプロレタリアの独裁は必要であるとし，ソ連の国家権力を正当化している。レーニンのこの著作と同じ年にマックス・ウエーバー（Max Weber）は『職業としての政治』において国家を定義して「ある一定の領域の内部で正当な物理的暴力の独占を要求する人間の共同体」とした。何が正当性を生むのだろうか。ウエーバーは正当性の源泉として，①伝統的支配，②カリスマ的支配，③合法性による支配を挙げている。近代国家の正当性は基本的に③の合法性に基づいているといえる。戦争や革命時においては②のカリスマ的指導者が期待されていることは20世紀の指導者は単に合法性にのみ基づいて国家をリードしてきたのではないことからも明らかである。

国家システムの隆盛

19世紀そして20世紀にはいって国家と国家が構成する多国間システムはますます強固になってきている。産業革命と植民地主義によって，全世界はヨーロッパの国家システムに組み込まれたともいえる。第1次世界大戦以後，民族自決の原則はヨーロッパの小国にのみ適用され，非植民地化が実現するのは第2次大戦後の変化を待たなくてはならなかった。国家の数の増加傾向は1945年国連が成立した時の原加盟国は51であったのが現在（2013年）には193カ国になっていることが雄弁に物語っている。

国際関係論は国家間の関係を研究する学問分野として発展してきた。国際関係（International Relations）のネーション（Nation）には3つの意味があり，国家，国民，民族を表現する。1つの民族が1つの国家を形成する（すべきである）との主張は "Nation-State" と表現される。しかし現実の大多数の国家は多

民族国家であり，1つの民族が1つの国家を形成しているのは例外であるといえる。ナショナリズムはネーション（民族）が独立したネーション（国家）を建設しようとするイデオロギーであり，独立獲得後は国家権力の道具として国際関係を主導しているといえる。ネーションを構成する要素としては，客観的要素（人種，言語，宗教，地理的隣接性，政治体制，経済体制）と主観的要素（共通の歴史的認識によるアイデンティティの共有）がある。

ネーションよりも小規模な民像集団をエスニシティーと呼び文化的にも自らを集団として認識し他の集団からもそのように認識されている。ある研究によるとそのようなエスニック・グループは世界に5000から8000存在するという。約200の国家に数千のエスニック集団があるわけであるので，多民族国家がむしろ普通であるというのも理解できよう。日本は先住民や外国人が人口の1％以上を占めているとはいえ，国際的にみて比較的ネーションの3つの意味が一致しているといえよう。さらに，四方を海に囲まれている日本列島に居住する日本人は国家に対してかなりナイーヴな認識をしているのかもしれない。しかし，日本の近代史を振り返ると，必ずしもそうでなかったことが分かる。福沢諭吉は1875（明治8）年に出版した『文明論の概略』のなかで，「日本には政府ありて，ネーションなし」と嘆息している。幕藩体制から，近代明治国家への道程は義務的国民教育の普及と軍隊，官僚組織の発展によって形成されたものである。

20世紀に入り欧州統合の動きは加速し，ヨーロッパ連合（European Union）は27カ国をメンバーとし，現在17カ国で共通通貨として通用しているユーロにみられるように国家主権の一部を国際共同体に移譲する先進ヨーロッパにおける国際関係は壮大な歴史的実験といえる。統合のプロセスは決して平坦ではなく紆余曲折があろう。近年ギリシャに端を発したユーロ危機はその1つの試練ともいえる。EUは経済面から議論されることが多いが，2012年にノーベル平和賞を授与されたことにもみられるように，域内の民主化と人権の擁護にも多大な貢献をしている。一方，植民地から独立した新興諸国における国家観はか

なり異なる点に注意する必要がある。途上国においては,「強い国家」が不可欠であり,強い国家はクーデターに対し構造上免疫性があり,外国からの干渉をあまり受けないとの主張が広く根づいているといえる。植民地主義の経験からこのような国家主権の強化はむしろ当然の帰結であろう。この場合,強い国家は統治機構としての国家（State）であって,国民（Nation）に重点が置かれていないことに留意する必要がある。

国家の神話

このように全体的国家像は複雑で理解するのは容易ではない。国家に対して人々が抱く「神話」をアメリカの政治学者イニス・L.クロード（Inis L. Claude, Jr.）は7点挙げてこれらの神話はすべて誤りであるという。すなわち,

① 国家はそれぞれ異なっているのに,国家は同じであるとする神話。
② 国家は分裂さえするのに,団結が堅いとする神話。
③ 政府の決定も必ずしも実行されないのに,一枚岩的政府とする神話。
④ 国家といえども全能ではないが,国家には何でも可能とする神話。
⑤ 国家は好戦的ではないにもかかわらず,血に飢えた国家とする神話。
⑥ 国家は国際秩序に責任を負っているが,国家は不道徳とする神話。
⑦ 国家に替わるものがないのに,国家は時代遅れとする神話である。

国連加盟国を検証しても,中国,インド,米国の様に数億の人口を超える大国がある一方,人口10万人以下の国家は10指を超える。たとえば,マーシャル群島,モナコ,ナウル,セーシェル,サンマリノ,キリバス,アンゴラ,ツバルなどである。主権平等の原則は国際法の建前と修辞的意味があるものの,現実の国際政治の場においては異なった国が異なった影響力を有していることは自明のことである。本書の第2章「国連システムの政策決定過程」はこの点を詳しく論じている。

グローバル化やEUにみられるように，主権国家は国際政治の舞台から退場するのだろうか。クロードが指摘するように国家に替わる国際政治のアクターはいまだ登場していないというべきであろう。とはいえ，現在世界が直面する地球規模の諸問題に国家のみで対処できないことも自明であるといえる。国家のパートナーとして重要なアクターの1つが国連を含む各種の国際機構であり，また市民社会とその組織化されたNGOであり，民間部門（ビジネス）である。本書では第10章で国連と欧州連合（EU）との協力関係を，第12章で市民社会とビジネスと国連のパートナーシップについてを詳細に考察している。

2　国際関係のカギとなるパワー

　国際機構を正しく理解するためには国際機構が活動する場，すなわち国際環境とその形成要因とを把握する必要がある。国家主権について概論してきたが，権力とか権限とは何か，そしてそれらが国連でどのようなインパクトを及ぼすのかを知る必要があろう。政治一般の基本概念であるパワー（権力）はクロードが述べたように国家によって大きな差異があり，国連においても同様である。パワー関係はあるアクター（国家）が他のアクター（国家）を自己の欲するように行動させる力であり，そのような能力を付与する要素は人口，経済力，軍事力と多様である。国際関係理論に多大な貢献をしたハンス・モーゲンソー（Hans Morgenthau）は『国際政治』（1948年，訳1998年）において，パワーの客観的要素として　①地理，②天然資源，③工業力，④軍備，⑤人口を挙げ，主観的要因として，⑥国民性，⑦国民の士気，⑧外交質，そして⑨政府の質を指摘している。量と質の双方に注目している。

　ケネス・ボールディング（Kenneth Boulding）は『パワーの3つの顔』（1990年）のなかで，パワーについての論考が少ない点を指摘して，パワーの3つの側面を分析している。軍事・政治力の脅威と破壊の力，経済の交換の力，愛と統合の社会力である。いつの時代にでも，これら3つの側面をパワーは持って

序章　近代国家の成立と国際機構の発展

おり，状況によって異なった顔がより前面に出ることを考察している。同様なパワーの検証はジョセフ・ナイ（Joseph Nye, Jr.）の『21世紀の国際政治を制する見えざる力』（2004年，訳 2004年）にもみられる。彼は軍事・経済力のような他のアクターに強制するハード・パワーと文化，思想，宗教の魅力によって他のアクターをひきつけるソフト・パワーを区別し，総合的パワーの重要性を説いている。また彼はパワーの源泉は18世紀には領域，人口，農業に，19世紀には工業力，20世紀には原子力，そして21世紀には情報にあるという。歴史の変遷と科学技術の進歩によってパワーの源も変化するといえる。

　19世紀後半のイギリスの歴史家であるアクトン卿（Lord Acton）は広く引用されているパワーについての格言を残している。彼は著作のなかで「パワーは腐敗しやすく，絶対的なパワーは絶対的に腐敗する」と指摘している。確かに権力が集中する独裁制は腐敗しやすく，歴史上のいわゆる偉大な人々で権力の魅力に惑わされなかった者のほうが稀有であったろう。権力のこのような認識があって初めて，三権分立，大統領などの最高責任者の任期制限が受け入れられているといえる。

3　国際機構とは何か

　ここで国際機構（International Organization）とは何か，について定義する必要があろう。国際機構は主権国家間の多国間条約によって設立され，常設の事務局を有する政府間機構と定義される。国際機構は国際組織や国際機関とも称されるが，国際機構の名称がより一般的といえる。多国間条約であるから3ヵ国以上の加盟国と一定の独立性を持つ事務局があることを必要条件とする。民間の国際機構は条約ではなく一定の目的のために個人あるいは団体によって形成された機構で通常，国際的非政府機構（International Non-Governmental Organization）と呼ばれる。20世紀後半に入って国際NGOはその数と役割において飛躍的な躍進を遂げ，2004年には27000を数え活動分野も開発，紛争解決，人権

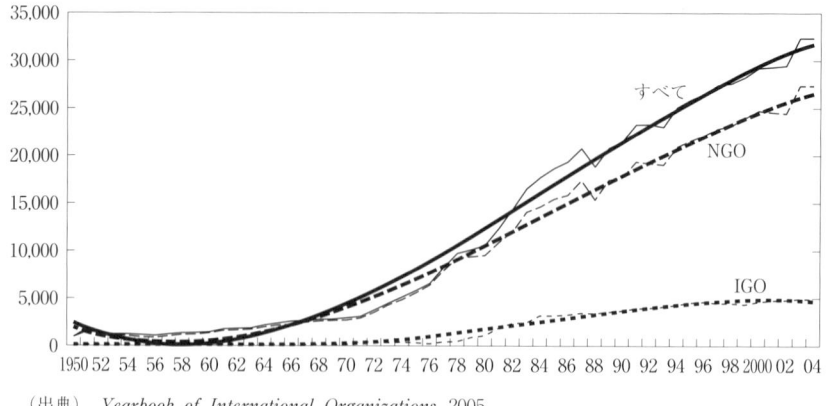

(出典) Yearbook of International Organizations, 2005.
図序-1　国際機構（政府間機構と非政府機構）の増加

のすべてを網羅している。地球規模の諸問題に取り組む上でこのようなNGOは重要なアクターとなってきている。

4　国際機構設立の歴史的背景

欧州協調とハーグ・システム

外交は伝統的に2国間外交であったが，国際法の父といわれるヒューゴ・グロティウス（Hugo Grotius）はすでに1625年にキリスト教国の会議において紛争の平和的解決を図ることができると述べていた。またイマニエル・カント（Immanuel Kant）は1795年に『恒久平和論』を著わし，自由な共和制国家の「連合制度」に国際法の基礎を置くべきだと「平和連合」の必要性を説いていた。しかしながら多国間外交が初めて歴史上重要な役割を果たしたのはナポレオン戦争後のウィーン会議であった。ロシア，オーストリア，プロイセン，イギリスはウィーンでの一連の会議によってヨーロッパにおける秩序構築を図り，1815年には「欧州協調」として覇権的枠組みを誕生させた。1818年には敗戦国であったフランスも参加し，多国間外交の手続を確立した。この多国間協議は

19世紀に30回ほど会合が，パリ，ロンドン，ベルリンなどで開催されている。このような会議によって紛争は妥協によって解決を図るという共通認識が生まれたといえる。欧州協調は基本的には5大国による問題解決の場であり，ギリシャとベルギーは加盟を認められたものの他の中小国には閉ざされていた。

　欧州協調がヨーロッパ地域に限定されていたのと対照的に全世界を網羅した多国間外交会議が19世紀末に実現した。ロシア皇帝ニコライ2世（Nicholai II）は国際平和会議を提唱し，オランダのハーグにおいて，1899年と1907年に開催された。この会議には大国だけではなく中小国も参加し，第1回会議には日本，中国，シャム，ペルシャを含む26カ国が，第2回会議にはラテン・アメリカ諸国が加わり，実に44カ国が参加している。これらの会議は参加国の普遍性を誇り，国際紛争平和処理条約や戦時国際法の確立に貢献した。国家間の紛争は戦争によってではなく，仲裁によって解決できるという合意が成立した。小国の独立と平等の原則も確認されたといえる。1915年に予定されていた第3回会議は第1次大戦の勃発によって開催されず，皇帝ニコライ2世は1917年のロシア革命によって処刑されている。ハーグでの会議は委員会方式，アジェンダの作成，さらには恒久的な会議場をも検討し，後の国際機構の準備をしたといえる。

国際行政連合

　ヨーロッパにおいて国境を越えた活動が顕著となりその調整の必要から国際河川委員会が樹立されたのは19世紀初頭になってからであった。1804年にはライン河国際河川委員会が，次いでエルベ河，ダニューブ河，ドナウ河にも同様の河川委員会が設けられ，河川の利用のための統一通行税や航行規則を定めている。国際河川委員会はそれぞれの構成や機能が異なり国際機構のモデルとはならなかった。一方，産業革命による経済活動の活発化と通信技術の発展にともなって設置された国際行政連合と呼ばれる機関は総会，理事会，事務局という3者構成を持ち，国際機構の原型となった。1865年に設置され国際電信連合が，1874年には一般郵便連合が設置されている。このような連合は限定された

表序-1　19世紀における国際行政連合の設立

年	国際行政連合
1865	国際電信連合　（1874年に国際電気通信連合となり，1947年に国連の専門機関となる）
1874	一般郵便連合　（1878年に万国郵便連合，1948年に国連の専門機関となる）
1875	国際度量衡局
1883	工業所有権保護国際同盟
1886	著作権保護国際同盟
1890	関税表刊行国際同盟

（出典）　筆者作成。

分野において国家間の活動に行政的サービスを提供することを目的としており，後の国際連盟や国際連合のように政治を含む一般的機能を有する国際機構とは区別されなくてはならない。

機能主義

　国際行政連合は政治には関与せず技術的サービスを提供することを目的としていた。このような考え方はその後の国際機構に大きな影響を及ぼしている。現在の国連の専門機関は特定の分野において限定された活動をおこなっている。たとえば，保健，農業，労働，通信，郵便，航空，海運，教育・科学等の分野である。このような専門機関の理論的支柱は機能主義とよばれ，国際機構，特に国連活動の正当化にも役割を果たしている。第2次大戦中にデヴィッド・ミトラニー（David Mitrany）は国際連盟の欠陥を検討して国際秩序を平和的に変革するためには国境を越える絶えまない共通の活動と利益を発展させることによって「国境を無意味なもの」にすることであると主張した。基本的には非政治的分野である経済社会分野での協力関係を強化増大させることによって政治分野への協力関係を強化することが可能となり，国際平和の基礎となると主張した。

　前出のクロードは機能主義が人道的理想論と国家利益の追求とを調和させるという主張によって幅広い支持を得ているが，非政治と政治とを区別すること

は困難であり，実際に国際政治の分断をいやすことは出来ていないと批判的に評価している。確かに彼の指摘するように，歴史的状況によって政治と非政治分野の分離が可能な場合と，また非政治分野の効果が政治分野への移転可能性も左右されるであろう。そのような限界を認めた上で，すべての紛争を政治レベルではなく，経済社会文化のレベルで処理することは有効な手段であることは間違いないといえる。21世紀に入ってのグローバル化の加速は機能主義の役割について恰好な実験場を提供しているともいえる。

5　国際連盟の光と影

　国連が1970年に編集した国際連盟（連盟）に関するビデオは連盟設立に携わった指導者たちのインタビューを交えて1914年から4年間続いた大戦の犠牲と惨禍がいかに深刻であったのか，そして彼らの平和を希求する熱意を感動的に伝えている。連盟の事務局で勤務経験を持ち，1959年にノーベル平和賞を受賞したフィリップ・ノエル゠ベーカー（Philip Noel-Baker）によると，セシル卿（Lord Robert Cecil）はイギリスでフランス本土における砲声を聞くことができ，1916年に平和のための国際機構の必要性についてのメモを著わして連盟設立の発端となったという。平和のための国際機構への運動はアメリカ大統領ウッドロー・ウィルソン（Woodrow Wilson）のリーダーシップのもとに具体化し，大戦終結後のベルサイユ条約の一環である「国際連盟規約」として提唱された。この規約は1919年6月28日にベルサイユ宮殿で署名され，翌1920年1月10日に発効されている。

column　国際連盟本部から国連の欧州事務所へ

　ジュネーブのレマン湖を望む丘に建設された国際連盟本部ビルは Palais des Nations（諸国の宮殿）と呼ばれ1929年に建設が始まったが，世界大恐慌の煽りを受けて中断もあり，約10年の歳月を経て完成した。しかし完成時には連盟自体が弱体化しており会議場を含む施設や事務局の活動に十分な便宜を提供することは少なかった。国際連合が発足し，同施設は1946年に国連に引き継がれ，現在は国連ジュネーブ事務所として欧州における国連活動の中心となっている。

　建物の基礎には連盟加盟国と連盟規約等を含むタイム・カプセルが埋められているという。国連の事務所になってからも増改築が行われ，34の会議室と288のオフィスがある。ジュネーブの観光の目玉でもあり，年間10万人の来訪者がある。

　スイスには国連ジュネーブ事務所の他に世界保健機関（WHO），国際労働機関（ILO），国際電気通信連合（ITU），世界気象機関（WMO），世界知的所有権機関（WIPO）等の専門機関がある。スイスはその中立政策のゆえに永い間，国連には加盟しなかったが，国民投票の結果を待って，2002年9月10日国連に加盟した。
（URL: http://www.unog.ch）

（出典）　UN Photo/P Klee

（内田孟男）

序章　近代国家の成立と国際機構の発展

国際連盟の目的

連盟規約の前文には締約国は「戦ニ訴ヘサルノ義務ヲ受諾シ」「国際協力ヲ促進シ、且各国間ノ平和安寧ヲ完成」するため、とその目的を謳っている。より具体的な活動としては次の項目が挙げられる。

①　集団安全保障（第11条、第16条）。連盟は集団安全保障の概念を初めて導入したことで注目される。連盟以前の国際秩序のメカニズムは「勢力均衡」であり、潜在的に敵対する諸国の軍事ないし政治同盟に依存していた。連盟規約第11条は「戦争又ハ戦争ノ脅威ハ、連盟国ノ何レカニ直接ノ影響アルト否トヲ問ハズ、総テ連盟全体ノ利害関係事項」であることを声明している。また規約上の手続を「無視シテ戦争ニ訴ヘタル連盟国ハ当然他ノ総テノ連盟国ニ対シテ戦争行為」を行ったものと見なす（第16条）と宣言している。集団安全保障と同盟による集団的自衛権の違いは、前者が安全への脅威がその加盟国内のある国から来ることを想定しているのに対して、後者においては脅威が同盟の外から来ることを想定している点にある。集団安全保障の具体例としては1990年に国連加盟国であるイラクが同じ国連加盟国であるクウェートを侵略占領した例が想起される。集団的自衛権はたとえば、北大西洋条約機構（NATO）は加盟国の間の武力攻撃ではなく、加盟国以外の国からの武力攻撃を想定している。

②　軍備の縮小（第8条）。軍縮案の作成と軍備情報の交換の義務化を規定している。

③　紛争の平和的解決のために、仲裁裁判と司法裁判の利用とその判決の遵守の規定（第12条、第13条）と理事会における紛争の審査（第15条）手続を定めている。

④　委任統治（第22条）。敗戦国の植民地や領土を戦勝国が獲得するのではなく、連盟加盟国が後見して当該人民の福祉を発展させることを規定している。

⑤　人道的、社会的、経済的協力（第23条）。人道的な労働条件を確保し、必要な国際機関を設立維持することを規定している。保健衛生分野では保健機関が連盟の一機関となり後の世界保健機関（WHO）となる。戦後のロシアやポ

ーランドの疫病対策と予防にも貢献した。

⑥　民族自決．ウィルソン大統領は民族自決の原則を掲げたが，実際はポーランド，ユーゴスラビア，ギリシャにおける少数民族の保護のみで，人種差別撤廃には至らなかった。米国内における黒人問題など国内的な差別問題を抱えていたことと欧州の地政学的力学は民族自決の原則を制約したといえる。日本は人種の平等を規約に盛り込むことを主張したが受け入れられなかった。

加盟国の地位

国際機構の性質と任務は加盟国を見ることによってかなり明らかになるといえる。人はその友人を見れば分かるといわれるのと同様である。したがって，加盟国の地位は単に技術的または手続的な問題ではなく，その機構の本質に迫る重要事項である。連盟の原加盟国は42カ国でかなり普遍的ではあったが，連盟設立に決定的な役割を果たしたアメリカが参加しなかったのは連盟にとって大きな課題として残った。敗戦国ドイツはベルサイユ条約締結と同時に連盟加盟を要請したが主としてフランスとアメリカによって拒否され，1926年加盟が実現するまで連盟の外にあった。ソ連の加盟は1934年に実現したが，1939年フィンランド侵攻を機に除名されている。日本とイタリアは原加盟国であると同時に理事会の常任理事国であった。しかしながら日本は満州事変に関する連盟のリットン報告に不満を表明して1933年に脱退し，イタリアもエチオピア侵攻を非難されて1937年に脱退した。ドイツは加盟と同時に常任理事国としての処遇を得たが，ナチスドイツの登場によってわずか7年後の1933年に脱退している。フランスとイギリスは連盟に留まったとはいえ，連盟活動は上記の主要国の脱退や除名ですでに弱体化していた。

連盟の歴史では1934年に加盟国数は50カ国以上を数えたが，参加，脱退は加盟国の普遍性を著しく損なったといえる。20カ国が新たに参加したが，実に17カ国が脱退ないし除名された。主要国の動向は次の表序-2のとおりである。

第1次大戦以後，世界の大国となったアメリカは連盟には参加しなかったが，

序章　近代国家の成立と国際機構の発展

表序-2　国際連盟の加盟国

国　名	加盟年	脱退・除名年	理事国
アメリカ	（不参加）	—	
フランス	（原加盟国）	—	＊
イギリス	（原加盟国）	—	＊
日　本	（原加盟国）	1933	＊
イタリア	（原加盟国）	1937	＊
ド イ ツ	1926	1933	＊
ソ　連	1934	1939	＊

（出典）　筆者作成。

特定の連盟活動には積極的な動きを見せていた。特に軍縮問題には重要な役割を果たし，大戦中の「連合国機関」（Allied Powers）の最高理事会（仏，米，英，日，伊）の大使がパリで会合し，連盟に大きな影響力を及ぼしていたことは想起されなければならない。連盟のもとに設置された国際知的協力委員会の付属機関である国際知的協力機関（パリ）はアメリカの財団からの寄付金によって支援されていた。

脱退した加盟国のなかでは，コスタリカは分担金を支払うことが不可能になったとして脱退，ブラジルとスペインはドイツが常任理事国として参加するのに，自国が常任理事国になれないのは不都合であるとして脱退を表明している。

組　織

連盟は総会，理事会，事務局という国際行政連合が形成したモデルを踏襲した。

① 総会：総会はすべての加盟国の代表によって構成され年1回の定期会と臨時会とがある。第1回総会は1920年11月から12月にかけて5週間ジュネーブで開催された。規約によって，総会は予算の決定や加盟の承認を含む「（連盟）ノ行動範囲ニ属シ又ハ世界ノ平和ニ影響スル一切ノ事項」を処理するものとされた（第3条）。議決は手続事項に関しては過半数で，その他の事項（実質事項）については全会一致を必要とした（第5条）。すべての

加盟国の同意が得られない場合でも，実際にはある議案に反対の場合には委員会レベルで反対票をして自己の見解を記録に残して，総会では棄権するのが習わしであったという。

② 理事会：理事会には常任理事国と非常任理事国とがあり，設立当初の常任理事国としては，イギリス，フランス，日本，イタリアであり，後にドイツとソ連が常任理事国となった。非常任理事国は総会によって任期3年で選出され，最初は4議席であったのが，6議席，そして9議席へと増加された。権限と表決方法は総会と同様に「（連盟）ノ行動範囲ニ属シ又ハ世界ノ平和ニ影響スル一切ノ事項」を処理するとされた。

③ 事務局：規約第6条は常設事務局を本部の所在地に設置することと，1名の事務総長と必要な事務官と属員を置くと定めている。事務総長は理事会の同意をもって事務官と属員とを任命するとされた。本書の第13章で詳細に考察されるが，初代事務総長はイギリスの外交官エリック・ドラモンド（Sir James Eric Drummond）が就任し，13年間その職務を担った。第2代事務総長にはフランスのジョセフ・アベノル（Joseph Avenol）が任命されるが，彼は1940年7月，ドイツ占領下のヴィーシー政権のペタン元帥に辞表を提出する。その後，アイルランドのショーン・レスター（Sean Lester）が事務総長代行を務め，連盟解散の直前に第3代事務総長となっている。

以上の3機関に加えて，2つの関連機関が連盟にはあった。

① 常設国際司法裁判所が連盟規約第14条に基づいて理事会によって提案され，総会によって承認され裁判所規定が1921年に発効されている。裁判所はオランダのハーグに置かれ，第2次大戦勃発（1939年）まで活動を続けた。

② 国際労働機関はベルサイユ平和条約第13編によって設置された機関で連盟の姉妹機関ではあったが自治的地位を有していた。大戦中には本部をモ

ントリオールに移し活動を続け,国連設立後にはその専門機関となっている。

連盟の評価

連盟は第2次大戦の勃発を防ぐことができなかったとの理由で失敗であったとの評価をくだすことは可能であるが,それは当時の国際政治の現実と連盟の実態を無視するという誤りを犯している。歴史的には連盟は19世紀からのヨーロッパにおける多国間外交の伝統であるヨーロッパ協調とハーグ・システムを受け継ぎ,産業革命以後の国境を越える経済活動を潤滑にすべく設置された国際行政連合を源泉として構築された世界初の一般的そして普遍的国際機構であった。第1次大戦の教訓をもとに,偶発戦争の回避,軍縮の達成を謳い登場した機構であった。一般的というのはその役割が平和問題から経済,社会そして人道面にまで及ぶ包括的であったことを意味する。普遍的とは加盟が開放されており,旧敵国にも加盟が可能で一部の例外を除いて,ほぼ全世界を網羅していたことである。連盟の国際政治における地位を考察して欠陥と業績とのバランスをみて初めて正確に評価できる。一般に次のような評価が見られる。すなわち,

① 欠陥としてまず指摘されるのは加盟国の普遍性が十分ではなかったこと,特にアメリカの不参加と主要加盟国の脱退等が相次いだことがある。また機構として総会と理事会との役割分担が不明確で重複していたこと,議決が全会一致であったために意思決定が困難であったといえる。連盟の決定が勧告にとどまり,拘束力がなく,実効性に乏しかった点も指摘される。

② 業績としてはヨーロッパ協調とハーグ・システムの紛争の平和的解決を促進し,仲裁裁判と司法裁判を確立したことに加えて,労働,社会,経済面での国際協力に貢献したといえる。委任統治によって戦勝国の領土拡大を制限した点も評価されよう。また,連盟は独立した国際公務員制度を確

立し，後継者でもある国際連合の事務局に大きな貢献をしたといえる。

1920年代末からの大恐慌によって，ジュネーブに建設中の連盟本部も完成が遅れ，連盟は日本とドイツそしてイタリアの相次ぐ脱退によって弱体化していった。第2次大戦中は当然ながら，政治分野での活動は停止せざるを得なかった。連盟はその替わりに社会人道問題にある程度の活動を続け，正式には1946年4月18日に最後の総会を開催し，連盟の生みの親の1人でもあるロバート・セシル卿が「連盟は死んだ。国際連合，万歳！」と感情のこもった演説をしている。時代は連盟から国連へと移った瞬間であった。

参考文献
高野雄一『国際組織法』有斐閣，1961年。
横田洋三『新国際機構論（上・下）』国際書院，2006年。
篠原初枝『国際連盟――世界平和への夢と挫折』中公新書，2010年。
ジョセフ・ナイ（山岡洋一訳）『ソフト・パワー――21世紀国際政治を制する見えざる力』日本経済新聞社，2004年。
F. P. Walters, *A History of the League of Nations*, Oxford University Press, 1952.
Philip J. Noel-Baker, *The League of Nations at Work*, Nisbet Co. Ltd., 1926.
John M. Copper, Jr., *Breaking the Hearts of the World: Woodrow Wilson and the Fight for the League of Nations*, Cambridge University Press, 2001.
Inis L. Claude, Jr., *Swords Into Plowshares: The Problems and Progress of International Organization*, 4th Edition, Mcgraw-Hill, Inc., 1984.
David Mitrany, *A Working Peace System: An Argument for the Functional Development of International Organization*, The Royal Institute of International Affairs, 1943.
Marti Fosse and John Fox, *The League of Nations: From Collective Security to Global Rearmament*, United Nations, 2012.

第I部

国際機構の発展と課題

第1章

国連の歴史的背景と目的・原則・組織

渡部茂己

この章で学ぶこと

　人類は20世紀に至り，2度の世界大戦を経験した。20世紀の間に起こった戦争での死亡者数は，19世紀までのすべての争いの犠牲者数を上回る。第1次大戦では少なくとも2000万人，第2次大戦ではそれを遥かに上回る5000～6000万人が犠牲となった。前章で考察したように，第1次大戦後に創設された国際連盟（連盟）は様々な問題を抱えた組織であったため，2度目の悲惨な世界大戦を防ぐことはできなかったが，14世紀のピエール・デュボア（Pierre Dubois）以降待ち望まれた国際社会全体の恒久的平和のための機構の構想を，人類が奇跡的に現実のものとして実現した意義は大きい。国際連合（国連）は，連盟の経験を踏まえることで，組織構造，権限，意思決定手続，本部設置の地域，専門的国際機構との協力，市民社会との協力など，幅広い改革を——ときに現実的政治的妥協をあえて取り込んでまで——成し遂げることができたのである。

　本章においては，第1に，大西洋憲章やダンバートン・オークス提案などを経て，サンフランシスコ会議で国連憲章が採択されるに至る歴史，第2に，国際社会のすべての国と市民を対象とする平和と安全の維持および経済・社会的国際協力の促進などの国連の目的や原則を学ぶ。国連憲章第1条の第3項には，国連を創設した目的の1つとして，すべての人の人権の尊重が定められている。近年は現実に，人権保護のための諸条約を国連内で作成し，また全加盟国の人権保護の状況の審査も行うようになった。第3に，加盟国の地位，新加盟国の加入手続，脱退や除名の問題について，第4に，各主要機関やそれらの補助機関の構造や働きを中心とする国連の組織構造について学ぶ。ここでは「国連」や「国連システム」という用語の意味を明確に理解することも重要である。

1　国連の組織化の歴史的背景

大西洋憲章と連合国共同宣言

　国連の具体的組織化は，結果として国際連盟が第2次世界大戦を防止しえず，また，連盟自身も機能を停止したことで，それに代わる国際平和機構を大戦後に設立しようとした構想に始まる。その動きは，同大戦の初期（1941年8月14日）に，戦争目的および戦後秩序についての米国のルーズベルト大統領と英国のチャーチル首相による「米英共同宣言」（Anglo-American Joint Declaration）いわゆる「大西洋憲章」（The Atlantic Charter）の中で，一層広汎かつ恒久的な一般安全保障制度の確立（第8項）に触れたのが最初である。その原則は，42年1月1日に米英中ソが署名し，翌日に22の連合国が署名した「連合国共同宣言」（Declaration by United Nations）において受け入れられた。45年3月1日までにさらに21カ国が署名し，これらの国家がサンフランシスコ会議に参集して国連原加盟国となった。

　より具体的な構想となったのは，43年10月30日の米英中ソ4カ国の外相による「モスクワ宣言」（Declaration of Four Nations on General Security；一般安全保障に関する4カ国宣言）において，その第4の原則として，できるだけ早い時期に，国際の平和と安全のために，「すべての平和愛好国の主権平等の原則に基づく普遍的国際機構」の設置の必要を宣言したことに始まる。

ダンバートン・オークス提案

　1944年10月7日に作成されたダンバートン・オークス提案は，今日の国連憲章の原案となったものである。その準備はまず米国によってなされた。たとえば，同年6月16日のルーズベルト大統領による戦後の平和機構に関する声明では，米英中ソ4大国を常任理事国として，その他の非常任理事国を加えた理事国が，紛争の平和的解決や平和の維持の責任を果たすこと，国際軍ではなく各

国の兵力の共同行為によって戦争を防止することが提案されている。米国の用意した原案を基礎として，ワシントン郊外のダンバートン・オークスにおいて「ダンバートン・オークス会議」(Dumbarton Oaks Conference, 正式には Washington Conversations on International Peace and Security Organization) が開催された。同会議は，米英ソによる8月21日から9月28日までの第1会談 (Conversation A; Soviet Phase または Russian Phase) と米英中による9月29日から10月7日までの第2会談 (Conversation B; Chinese Phase) とに分けて行われた。

ダンバートン・オークス提案，正式には「一般的国際機構設立のための提案」(Proposal for the Establishment of a General International Organization) は次の12章から構成され，それぞれ，国連憲章に対応している。すなわち，目的，原則（憲章では，第1章目的及び原則），加盟国の地位（憲章第2章），主要機関（憲章第3章機関），総会（憲章第4章），安全保障理事会（憲章第5章），国際司法裁判所（憲章第14章），侵略の防止及び鎮圧を含む国際の平和と安全の維持のための取極（憲章第6章紛争の平和的解決，第7章平和に対する脅威，平和の破壊及び侵略行為に関する行動，第8章地域的取極），経済的及び社会的国際協力のための取極（憲章第9章経済的及び社会的国際協力，第10章経済社会理事会），事務局（憲章第15章），改正（憲章第18章），過渡的規定（憲章第17章安全保障の過渡的規定）と，戦後国際平和機構の内容がほぼ確定された。また，「国際連合〔機構〕」(United Nations Organization) という名称もここで決定された。

ヤルタ協定

ダンバートン・オークス提案においては，いくつかの重要問題について，合意が得られていない。第1に，主として英ソ間の対立による，安全保障理事会の表決手続，第2に，委任統治制度に代わる制度，後の信託統治に関する問題である。これらの未解決の問題について決定したのは，1945年2月4日から11日まで避寒地として知られているクリミア半島のヤルタで行われた，米国（ルーズベルト），英国（チャーチル），旧ソ連（スターリン）の3カ国首脳によるヤル

タ会談 (Yalta Conference) の場で作成された「ヤルタ協定」(Yalta Agreement) である。

　安全保障理事会の表決手続において，手続事項と実質事項を分け，後者については常任理事国の拒否権を認めることは，ダンバートン・オークス会議でも合意を得ていたが，紛争当事国たる理事国が投票を棄権すべきかどうかについて，特に英ソ間で見解が対立していた。英国は，紛争当事国は被告的立場にあるので，紛争の平和的解決の場合でも強制的解決の場合でも，投票を棄権すべきであり，したがって拒否権を行使できないと主張した。ソ連は，いかなる場合でも，理事国は投票権があり，常任理事国は拒否権を有すると主張した。英国は準司法的手続による解決を重視し，ソ連は政治的解決の機能を重視したことが対立の主な理由であるが，政策的意図としては，国連内で少数派となることがはっきりしていたソ連が，拒否権を無条件に行使できることを望んだのである。

　ヤルタ会談においては，米国の折衷案——「ヤルタ方式」(Yalta Formula) と称される——が受け入れられた。それは，現在の国連憲章第27条3項の規定である。すなわち，紛争の平和的解決に関する場合には英国の主張通り投票を棄権しなければならず，紛争の強制的解決の場合にはソ連の主張通り投票権を（常任理事国は拒否権も）制限されないこととなった。ヤルタ会談においては，総会における米ソの票数についても秘密了解がなされた。ダンバートン・オークスにおいて，ソ連はその16の共和国（当時）のそれぞれを原加盟国として認めるよう主張していたため，妥協が成立せず，ヤルタにおいて，白ロシア（現ベラルーシ）とウクライナの2共和国のみを加盟国と認めることで，ソ連側は総会において計3票を得，一方米国も1国で3票を要求しうることで決着したのである。もっとも米国は，当初から主権平等の原則を主張してきた経緯もあり，最終的には要求を放棄した。信託統治制度についても，ほぼ今日の国連憲章に沿った内容の合意がなされた。

第Ⅰ部　国際機構の発展と課題

サンフランシスコ会議

　ダンバートン・オークス提案およびヤルタ会談での決定事項を原案として，国連憲章を正式に採択するために開催されたのが，1945年4月25日からの「サンフランシスコ会議」(San Francisco Conference) である。同会議の主催国としては，米英中ソのほかフランスが予定されていたが，原案作成に参加しなかったフランスはこれを断り，結局4カ国が共同主催国となった。招請されたのは，同年3月1日までに日本またはドイツに対して宣戦しているかあるいは42年1月の連合国共同宣言に署名した国家であった。後に，アルゼンチン，白ロシア，ウクライナおよびドイツの占領から解放されたデンマークも招請され，サンフランシスコ会議の出席国は50カ国となった。そのほか，統一政府が未成立であったポーランドは，会議には招請されず署名する権利のみが与えられた。

　サンフランシスコ会議において問題とされたのは，中小国の主張との調整と米・旧ソの対立が徐々に顕在化しつつあったことに関係するものである。特に，拒否権が問題となり，結局拒否権の範囲に制限を加えようとする中小国の主張は認められなかったが，安全保障理事会に対する総会の地位が多少強化された（第10条の一般的審議権，勧告権に関する新しい規定等）。また，経済社会理事会の権限も強化され（第62条3項の条約案作成，4項の国際会議の招集等），この会議ではじめて詳細な規定が設けられた信託統治理事会とともに，主要機関とされた。

　サンフランシスコ会議において新しく追加された規定に，第51条の個別的および集団的自衛権に関するものがある。ダンバートン・オークス提案には自衛権の規定は含まれていなかったし，地域的取極や機関による強制行動は，理事会の許可の下にとることとされていた（提案第8章）。すなわち，原案では大国間の協調を前提としており，安全保障理事会が拒否権のため活動不能となるような事態は考慮されていなかったのであるが，ルーズベルトの死後，サンフランシスコ会議開催中から米ソの関係が次第に冷却化し，安全保障理事会において大国が協調するということを信頼できない状態となってきた。特に米州諸国は，チャプルテペック規約 (Act of Chapultepec) (1945年3月3日) による地域

的安全保障(共同防衛)体制を有効に機能させるため,必要な際には安全保障理事会の許可なしで自律的に行動することを可能とする,憲章上の法的な保証を要求したのである。

　以上のような部分的修正の結果,6月26日国連憲章は採択され,会議の参加国50カ国が5カ国語による憲章正文のすべてに署名した。さらに,10月15日にはポーランドの署名も加わった。第110条の規定により,効力を生じるには5大国とその他の署名国の過半数(すなわち24カ国,合計29カ国)が批准書を寄託することが必要である。それは10月24日に達成され,国連が成立した。この時点までに,ようやく日本を含めた第2次世界大戦のすべてが終結していた。残りの署名国のすべての批准が寄託されたのは12月27日である。これらの51カ国が原加盟国と称される(第3条)。

　一方,国連の機構としての具体的な活動のためには,憲章採択と同時に締結された「暫定協定」(Agreement on Interim Arrangements Establishing a Preparatory Commission)によって国連準備委員会が設けられ,そこにおいて,総会および各理事会の第1会期のため,また,事務局,国際司法裁判所のための準備がなされた。準備段階での大きな問題は,国連の所在地を欧州とするか米国に置くかの対立であり,そのほか,信託統治理事会の構成や同制度の内容について論議があった。ひとまず,総会の第1会期は,51カ国すべての参加を得て,46年1月10日にロンドンの教会(Methodist Central Hall Westminster)で開催された。

2　国連の目的と原則

　国連の目的は憲章第1条の第1項から4項に,次のように記載されている。①国際社会の平和と安全を維持すること,そのために集団安全保障その他の措置をとることがあること,②人民の同権および自決の原則の尊重に基礎をおく諸国間の友好関係を発展させること,③経済的,社会的,文化的または人道的性質を有する国際問題を解決するために,またすべての人の人権を尊重するた

めに国際協力を達成すること、④上記の共通の目的の達成に当たって諸国の行動を調和するための中心となること、の4つである。まとめれば、平和と安全の維持（政治的分野）と経済・社会分野における国際協力の促進（経済社会分野）の2つであり、それはすなわち、国際社会のすべての問題を解決することが国連の目的であると言い換えることも可能である。

　第1条の目的を達成するために、国連および国連加盟国は、憲章第2条に定められている諸原則に従って行動する義務が課せられている。すなわち、①国連はすべての加盟国の主権平等の原則に基礎をおくこと（傍点は筆者。以下略すが同様に「すべての加盟国」（all Members）と記載されている）、②加盟国は憲章に従って負っている義務を誠実に履行すること、③加盟国は国際紛争を平和的手段によって解決すること、④加盟国は、（国連の目的と両立する場合を除いて）、武力による威嚇または武力の行使をしてはならないこと、⑤加盟国は、国連がこの憲章に従ってとるいかなる行動についてもあらゆる援助を与え、かつ国連の強制行動の対象となっている国に対して援助してはならないこと、⑥国連は、国際の平和と安全の維持に必要な限り、国連加盟国でない国も国連の原則に従って行動することを確保すること、⑦強制行動の場合を除き、憲章のいかなる規定も本質的な国内管轄事項に干渉する権限を国連に与えるものではないこと、の7つである。

3　加盟国の地位

原加盟国

　国連の加盟国は、原加盟国（original Members）と加入加盟国とに分けることができるが、加盟国としての地位はまったく同一である。憲章第3条により、「サンフランシスコにおける国際機構に関する連合国会議に参加した国又はさきに1942年1月1日の連合国宣言に署名した国で、この憲章に署名し、且つ、第110条に従ってこれを批准するもの」は、原加盟国とされる。すなわち、戦

時中の連合国のみがこれに当たり，戦勝国29カ国のほか中立国13カ国を含めて原加盟国とした国際連盟と異なる点である。上記の要件のうち，サンフランシスコ会議の参加国が50カ国，連合国宣言に署名した国家が1カ国（ポーランド）の合計51カ国が原加盟国となった。創設後に加盟した加入加盟国と合わせて，2013年2月現在の国連加盟国は193カ国となっている。

加入加盟国の加入要件と加入手続

　加入加盟国たるべき国家の要件は，第4条1項により，「この憲章に掲げる義務を受諾し，且つ，この機構によってこの義務を履行する能力及び意思があると認められる」「すべての平和愛好国」である。「この憲章に掲げる義務」について問題となるのは，第2条5項の強制行動に参加する義務と永世中立国との関係である。特に，スイスのように軍事的にも非軍事的にも中立の立場を維持する厳格な意味での永世中立国が問題とされてきた。スイス政府は，国際連盟においてそうであったように，軍事的強制措置に参加する義務を留保の上で，国連に加盟することを希望していたが，1986年3月の国民投票では加盟申請は否決された。その後，2002年3月の第2回国民投票の結果，僅差で加盟が承認され，2002年9月に加盟した。「平和愛好国」（peace-loving states）という要件は抽象的なものであり，具体的には加入の際の安全保障理事会の勧告と総会の決定を通じて判断される。したがって，政治的に利用されることも多かった。現実に微妙なケースでも，加盟を拒否するよりは加盟国としての義務を要求する方が国際社会の平和に役立つ。今日では，この要件の有無が判断されることはないが，象徴的な意味を持っている。

　次に新加盟国の加入手続については，第4条2項により，「前記の国が国際連合加盟国となることの承認は，安全保障理事会の勧告に基いて，総会の決定によって行われる」と定められている。そのための表決手続は，国際連盟における加入手続が「連盟総会三分ノ二ノ同意」のみであったのに比べて，より厳格なものとなった。すなわち，「安全保障理事会の勧告」は実質事項であるか

ら，「常任理事国の同意投票を含む9理事国の賛成投票」（第27条3項）を必要とし，「総会の決定」は重要問題として，「出席し且つ投票する構成国の3分の2の多数」（第18条2項）によって行われる。

脱退の問題

国際連盟においては加入と並んで脱退の手続が規定されていたが，国連憲章には脱退に関する明文規定はない。ただし，そのことが脱退を認めない趣旨ではないことは，サンフランシスコ会議でも確認されていた。脱退の手続は，国際連盟においては「二年ノ予告」および「一切ノ国際上及本規約上ノ義務(の)履行」とされていたのと比較して，国連においては，規定がないため，手続的にはより自由になったとも考えられるが，規定を欠いているのは脱退を予定していないことを表現しており，すべての国家の加盟（すなわち普遍性）を確保しようとする積極的な意味を有している。

権利の停止と除名

加盟国の権利の停止と除名は，加盟国としての地位の変動をともなう憲章上の制裁規定である。「加盟国としての権利及び特権の行使(の)停止」の対象となる国は，「安全保障理事会の防止行動又は強制行動の対象となった国際連合加盟国」（第5条）である。「防止行動」とは，第40条の暫定措置を，「強制行動」とは，第41条および42条の制裁的な強制措置を意味する。この要件に合致する国家が当然に対象とされるのではなく，一定の手続に従って「停止することができる」（may be suspended）。停止の手続は，「総会が，安全保障理事会の勧告に基いて」行う。安全保障理事会の勧告は，加入と同じく実質事項として拒否権の対象となるから，常任理事国あるいは常任理事国のいずれかが支持する加盟国に対しては，事実上，権利の停止は行えないことになる。総会の決定は，重要問題として，出席しかつ投票する構成国の3分の2の多数を必要とする。停止される権利の範囲は，総会その他の会議（理事国であれば理事会）における

出席権，発言権，投票権，被選挙権など，加盟国としての地位にともなう一切の権利のすべてまたはその一部である。停止された権利および特権の行使の回復は安全保障理事会のみが行う。また，権利の部分的停止として，第19条による総会での投票権の停止がある。

除名（expulsion）は，第6条によれば，その対象となる国は，「この憲章に掲げる原則に執拗に違反（persistently violated the Principles……）した国際連合加盟国」である。除名の手続は，前述の権利停止の手続と同一である。なお，除名された国家が加盟国としての地位を回復（すなわち再加入）しようとする場合には，一般の加入手続によることになる。

4　国連内部の組織構造

国連とは

「国際連合」およびその略名である「国連」として，一般に認識されている組織の範囲は広狭多様である。法的には，基本条約（設立条約）である国連憲章の効力の及ぶ機関を意味する。すなわち，主要機関である総会，安全保障理事会，経済社会理事会，信託統治理事会，事務局そして国際司法裁判所と，それら各主要機関の下の補助機関（下部機関）を含めて「国連」という。ただし，歴史的背景と役割の特殊性から，説明の文脈によっては，国際司法裁判所と国連が，事実上それぞれ独立した組織として言及される場合もある。

国連という概念を広く捉えた場合には，国連専門機関も含まれる。正式名称は各章において後述されるが，通貨に関する国際通貨基金（IMF），開発援助に関わる国際復興開発銀行（IBRD），国際金融公社（IFC），国際開発協会（IDA），国連食糧農業機関（FAO），国際農業開発基金（IFAD），国連工業開発機関（UNIDO），通信・交通に関する万国郵便連合（UPU），国際電気通信連合（ITU），国際民間航空機関（ICAO），国際海事機関（IMO），世界観光機関（UNWTO），人権・社会分野の国際労働機関（ILO），世界保健機関（WHO），文

第Ⅰ部　国際機構の発展と課題

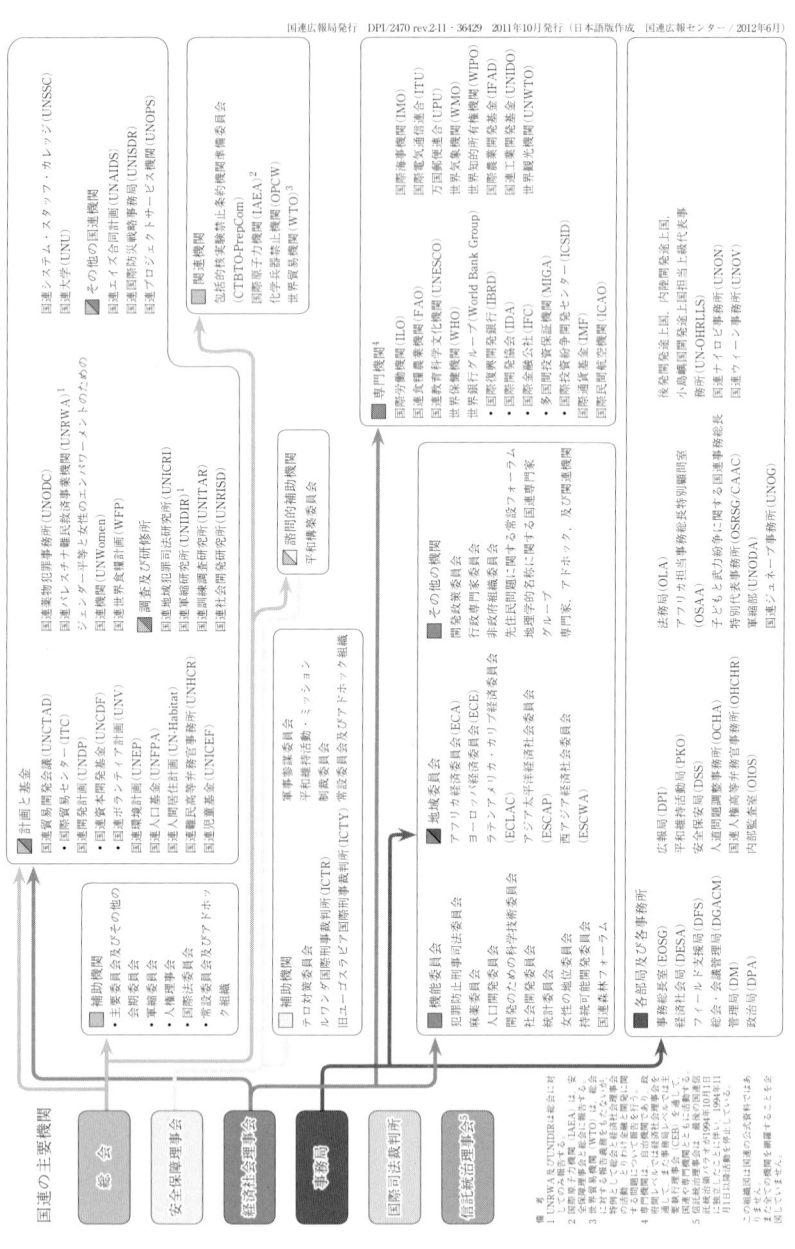

図 1-1　国連の組織図

化・科学・技術分野の国連教育科学文化機関（UNESCO），世界気象機関（WMO），世界知的所有権機関（WIPO）の17の国際機構が含まれる（図1-1の「専門機関」に記載されている諸機関の中で，MIGAとICSIDは「国連専門機関」ではないが，世界銀行グループとして関連する機能を果たしている）。加えて原子力の平和利用と核不拡散を担う「国際原子力機関（IAEA）」は国連の総会，安全保障理事会および経済社会理事会と一定の関係を持つので（IAEA憲章第3条），実質的に専門機関と同様の地位にある。これらは，それぞれ国連とは独立した国際機構で，「国連専門機関」と呼称される類型に属することを意味するに過ぎない。しかし一般に，「国連の」専門機関という呼び方をされることがあり，そうすると「国連」という用語は専門機関を含むものとなる。しかし基本的には，国連本体と専門機関を含めた全体については，「国連システム」（UN system）または「国連ファミリー」（UN family）と呼称することが望ましい。ただし，「国連システム」という場合に，国連本体のみの内部の組織構造を指し示す場合もあるし，まれには，国連内の各加盟国の政治力学ないし国家間関係のパターン（国際システムの一部としての国連システム）を意味する場合もある。

　また，最も広い概念としては，国連本体と国連専門機関と，そして一定の地域的国際機構を含めて用いられる。一定の地域的国際機構とは，国連憲章第8章に基づいて，国連の普遍的集団安全保障の枠組み内で地域的集団安全保障を担う国際機構である。米州機構（OAS），アフリカ連合（AU），アラブ連盟（LAS）がある。米州機構は，1948年の第9回米州諸国国際会議で採択された「米州機構憲章」（ボゴタ憲章）に基づいて51年に設立された。第1回米州諸国国際会議は，1889～90年に開催されており，地域の組織化として1世紀以上の伝統がある。日本は，1973年にOAS常任オブザーバーとなり，OASを通じて米州諸国へ技術協力等を行っている。OASは1948年10月16日から国連オブザーバー（United Nations General Assembly observers）の地位にある。アフリカ連合の前身であるアフリカ統一機構（OAU）は，1963年に設立され，2002年にアフリカ連合として改組された。1965年10月11日に国連総会オブザーバーの

地位が認められた。アラブ連盟は，1945年に設立された。国連憲章第52条の地域的機関として国連に認定され，50年11月１日以降オブザーバーとして国連総会に出席している。以上に加えて，今日では，市民社会組織（NGO）やビジネス社会との協力枠組みもますます重要なものとなっている。

　本書では，一般的な用法にならって，国連（事務局全体を含めた主要機関とすべての補助機関）と国連専門機関およびIAEAを含めた包括的な構造を「国連システム」と呼ぶことにする。

　国際機構の主要機関の組織構成は，一般的には「三部構造」であるのに対して，国連は任務の包括性を反映してかつ機能の実効性を意図して，より複雑な組織構造を採用している。前身の国際連盟は総会，理事会，事務局を有する典型的な三部構造で，理事会は，「連盟ノ行動範囲ニ属」するいっさいの任務を遂行する機関として，政治的な機能と，経済的・社会的機能の両方を果たしていたが，これについては当時から批判があった。そこで国連では理事会を分化し，平和と安全の維持については安全保障理事会が，経済的・社会的事項は経済社会理事会が，それぞれの任務を遂行することとした。国際連盟では理事会の補助機関の地位にあった「常設委任統治委員会」に対応する信託統治理事会も，独立した理事会として設置された。さらに国際司法裁判所も国連の主要機関として位置づけており，組織の上では国連を，象徴的な意味における「国際社会の機関」とみなすこともできる。

　その結果，国連は，「主要機関」（principal organs）として，総会，安全保障理事会，経済社会理事会，信託統治理事会，国際司法裁判所，事務局を有し（第７条１項），「必要と認められる補助機関（subsidiary organs）は，この憲章に従って」（同２項），各主要機関が設立することができる（総会→第22条，安全保障理事会→第29条，経済社会理事会→第68条）。憲章上，設立することが明文規定で定められている補助機関もある（軍事参謀委員会→第47条，経済社会委員会，人権に関する委員会→第68条）。

　主要機関相互の権限関係については，国際連盟では総会と理事会はその権限

第1章 国連の歴史的背景と目的・原則・組織

や任務において並列的関係にあった。しかし国連では，理事会が機能的に分化しているためもあって，形式上総会が最高の機関として国連の機能全般にわたって任務を担当している（第10条）。一方，各理事会はより迅速かつ継続的に，それぞれ任務を分担して遂行する。特に平和と安全の維持に関しては，安全保障理事会は総会に優先してかつより強い権限を有する（第12, 25条）。経済社会理事会と信託統治理事会は，それぞれ総会の下で，総会を援助して任務を遂行する（第60, 87条）。また国連憲章は，「主要機関及び補助機関に男女がいかなる地位にも平等の条件で参加する資格がある」（第8条）ことを，特に保証している。

総　会

総会（General Assembly）は国連の全体的機関として「すべての国際連合加盟国で構成」（第9条1項）される。会期には，「年次通常会期」（regular annual sessions）と「特別会期」（special sessions）とがある（第20条）。通常会期は，毎年9月の第3火曜日から始まり（総会手続規則第1条），閉会の日は，各会期の始めに，一般委員会の勧告により，総会が決定する（同規則第2条）。12月のほぼ3週までに議事日程が終了しない場合には，翌年に再開される。特別会期は，「安全保障理事会の要請又は国際連合加盟国の過半数の要請」により，「事務総長が招集」する（憲章第20条）。また，1950年11月3日，総会で「平和のための結集決議」（the Resolution on Uniting for Peace）が採択され，侵略等の事例において，安全保障理事会がいわゆる拒否権によって活動不能となった場合は，安全保障理事会のいずれか9理事国の請求または加盟国の過半数の請求で緊急特別総会を開きうるとした。

総会は，その任務の遂行上必要と認められる補助機関を設けることができるという第22条の規定に従って，各種の委員会およびその他の下部機関が設置されている。それらの類型は，主要委員会（Main Committees），手続委員会（Procedural Committees），常設委員会（Standing Committees）である。特に重要

なものを除いて，大多数の議題の実質的審議は，すべての加盟国を構成員とする主要委員会のいずれかにおいて，公開で行われる。委員会での発言は各自着席したままでなされ，表決は単純多数決である。そのほか，総会の設置した委員会の1つに小総会（Little Assembly）とも呼ばれる「中間委員会」（Interim Committee of the General Assembly）がある。1947年の第2回総会において1年のみの委員会として設置され，48年にも存続が決定された後，49年の第4回総会で常設とされた。中間委員会は，総会の会期以外の期間において，その任務を継続しようとするものである。ただし，61年以降は会合を持っていない。安全保障理事会の権限と抵触するおそれがあるからである。

その他，手続上総会によって設立された下部機関であるが，自立的な機関の地位にあるものとして，国連開発計画（UNDP），国連環境計画（UNEP），国連児童基金（UNICEF），国連大学（UNU），国連難民高等弁務官事務所（UNHCR），国連パレスチナ難民救済事業機関（UNRWA），国連貿易開発会議（UNCTAD），国連世界食糧計画（WFP），国連人権高等弁務官（UNHCHR）等がある（図1-1の「計画と基金」に含まれている機関）。

安全保障理事会

国連創設当初，安全保障理事会（Security Council）は，5の常任理事国と6の非常任理事国の合計11カ国により構成されていた。その後の加盟国の増加に基づく63年に採択された憲章改正によって，65年から非常任理事国は10となり，「安全保障理事会は，15の国際連合加盟国で構成」されることとなった（第23条）。

総会とは異なり，安全保障理事会は「継続して任務を行うことができるように組織」され（第28条1項），そのために各理事国は「この機構の所在地に常に代表者をおかなければならない」（同，後段）。既述のように，安全保障理事会の任務は国際の平和と安全の維持であり，常時活動できる必要があるからである。そのため，憲章上の定期会議（第28条2項）によらずに，必要に応じて会

合を開いている。公式の会合を開催する前に，非公開の非公式協議を持つことが多い。また，実際の活動は，第29条による補助機関（とりわけ，現地における調査，調停，監視等のための委員会）に負うところが大きい。

　総会と安全保障理事会の権限関係についてのやや複雑な問題がある。すなわち，その他の理事会が総会に対して従属的地位に置かれているのとは異なり，安全保障理事会は，平和と安全の維持に関しては，総会に優先するかより強い権限を有する。しかし，それは「主要な」責任であって，排他的なそれではない。総会は，平和的調整（第14条）などの平和と安全の維持に関わる特定の権限を有しているほか，一般的権限を認められている。そこで，両機関の衝突を回避するため，「安全保障理事会がこの憲章によって与えられた任務をいずれかの紛争又は事態について遂行している間は，総会は，安全保障理事会が要請しない限り，この紛争又は事態について，いかなる勧告もしてはならない。」（第12条1項）と定められている。禁止されたのは「勧告」であるから，安全保障理事会が任務を遂行している間でも，総会で討議をすることはできる。このような制約は安全保障理事会にはなく，総会が扱っている問題でも自由に処理することができる。

経済社会理事会

　経済・社会・文化等の国際的組織化についても，国連が中心的役割を担っており，それらの任務の遂行に権限を有する，国連の主要機関が経済社会理事会（Economic and Social Council; ECOSOC）である（第7条，62条）。同理事会は，総会によって選挙される54の理事国から構成されている。国連創設当初は，18カ国であったが，加盟国数の増大に伴い，63年の憲章改正により65年からは27カ国に，つづいて71年の改正により73年から54カ国に拡大された。各理事国は，3年の任期で毎年3分の1ずつ改選される（第61条2項前段）。すべて，いわば非常任理事国であって，憲章上は常任理事国は存在しない。しかし，現実には，「退任理事国は，引き続いて再選される資格がある」という2項後段の規定を

受けて，安全保障理事会の常任理事国は常に選出されるのが慣行である。また，地理的配分が重視されている。日本は，経済規模の拡大にともなって，1960年以降はほぼ毎年理事国として活動している。

　経済社会理事会の会期は，毎年1月第2火曜日から3日間ニューヨークで開かれる運営に関する会合（organizational session，組織会期）を別とすれば，「第1通常会期」（first regular session）が4月の第2火曜日から約3週間，「第2通常会期」（second regular session）が7月第1水曜日から約3週間，それぞれジュネーブで開かれる。そのほかに「特別会期」（special session）が，理事会の決定，理事国の過半数，または，総会または安全保障理事会によって招集されることがある（経済社会理事会手続規則第1～4条）。なお，総会開催中の10月下旬から11月中旬にかけての約1週間，ニューヨークにおいて，第2通常会期の一部を審議するための再開会期が持たれる。会期内委員会として，第1委員会（経済委員会），第2委員会（社会委員会），第3委員会（政策企画調整委員会）があり，第1委員会は主として第2通常会期に，第2委員会は主として第1通常会期に，第3委員会はその両方で会合を持つ。

　また，経済・社会・文化等の極めて広範囲にわたる任務の多様さにともない，憲章第68条の下で，多くの下部機関を有している。それらは，機能委員会（Functional commissions），地域経済（社会）委員会（Regional commissions），常設委員会（Standing committees），常設専門家委員会（Standing Committees of Experts）に類別される。とりわけ，地域経済（社会）委員会の存在は，経済社会理事会の活動が各国と日常的に密接な関係を有するものであることを示している点で重要である。

　国連の実行において，経済・社会の分野は一層重要性を増しており，国連システム全体の調整機関としても，経済社会理事会をさらに充実させる必要が生じている。そのために，74年の第57回理事会において，「経済社会理事会の作業の合理化」に関する決議をコンセンサス採択して以来，同理事会や総会において，機能強化あるいは機構の合理化等の様々な改革が討議され，実行に移さ

第 1 章　国連の歴史的背景と目的・原則・組織

れている。

国際司法裁判所——世界裁判所（World Court）

　国際司法裁判所（International Court of Justice; ICJ）は，国際連盟時代の「常設国際司法裁判所」（Permanent Court of International Justice; PCIJ）とほぼ同一の構成，機能を持つが，連盟と PCIJ はそれぞれ独立した国際機構であった。国連においては ICJ は，国連の主要機関として位置づけられ，より密接な関係にある。

　ICJ は，第 1 に，国連の主要機関の 1 つであるので，国連加盟国は当然に ICJ 規程当事国であり（憲章第93条 1 項），第 2 に，国際社会の裁判所（World Court）としての位置づけから，国連非加盟国でも「安全保障理事会の勧告に基づいて総会が各場合に決定する条件で」当事国となることができる（同 2 項）。国連加盟以前のスイスとナウル共和国がこれに該当する。さらに，ICJ 規程の当事国でない国でも，「安全保障理事会が定める」条件に従って ICJ を利用することが可能である（ICJ 規程第35条 2 項）。上記のいずれの国であっても，当然ながら，訴訟の当事者としてまったく平等の地位にある。

　裁判所は，9 年の任期（規程第13条 1 項）の15名の裁判官で構成され（第 3 条 1 項），3 年毎に 3 名ずつ改選される（第13条 1 項）。裁判官は「徳望が高く」かつ「各自の国で最高の司法官に任ぜられる資格を有する者」または「国際法に有能の名のある法律家」のなかから，「国籍のいかんを問わず」選挙される（第 2 条）。「独立の」（第 2 条）立場にあって，国家性を持たずに，個人的資格で行動し，「付託される紛争を国際法に従って」裁判することを任務とするから（第38条 1 項），本来国籍は意味を持たないはずである。しかし，現状の国際社会ではまったく無視することは現実的ではなく，さらに，強制管轄権を有しないことから紛争当事者の信頼を得るためにも，国家性を残しているのは取り敢えずやむをえないであろう。その結果，第 1 に，同一国の国民から複数の裁判官が選出されることはできない（第 3 条 1 項）。第 2 に，「国籍裁判官」

(national Judge, ad hoc judge) の制度を有している (第31条)。第3に，裁判官の選出は，「裁判官全体のうちに世界の主要文明形態及び主要法系が代表される」ことを留意して行わなければならない (第9条)。選挙は国連総会と安全保障理事会においてそれぞれ絶対多数を得る必要がある。安全保障理事会の絶対多数は8名であって，ICJ裁判官の選挙のみが8名で採択可能なケースである。

通常裁判廷は定足数9人 (第25条3項)，特別裁判部は3人以上 (第26条)，簡易手続部は5人 (第29条) である。開廷地は原則としてハーグであるが，裁判所が認める場合には他の場所でも開廷できる (第22条)。

裁判準則は「国際法」であって，条約，国際慣習法，法の一般原則がこれに相当し，補助手段 (実質的法源と呼ばれる) として判例および学説を用いる (第38条1項)。そのほか当事者の合意があれば「衡平および善」を裁判準則に含めることも排除はしていないが (同2項)，極めて例外的である。

判決は「当事者間においてかつその特定の事件に関して」拘束力を有する (第59条)。その履行を確保するために，安全保障理事会が勧告その他の措置をとることができる (国連憲章第94条2項)。ICJを国連の主要機関に位置づけたことが，具体的な意味をともなっているのである。

ICJ裁判官の候補者は，1899年の第1回ハーグ平和会議において締結された (1907年の第2回同会議で改訂) 「国際紛争平和的処理条約」によって1900年にハーグに開設された常設仲裁裁判所 (Permanent Court of Arbitration; PCA) によって指名される。すなわち，ICJ裁判官の独立性を象徴する意味で，その候補者は政府が指名するのではなく，PCAの国別裁判官団によってなされる (ICJ規程第4条)。国別裁判官団は，指名に先立って，自国の最高司法裁判所，法律大学，法律分野の学士院等の意見を参考にする (同第6条)。たとえば日本では，最高裁判所長官，国立・私立各2大学の学長，学士院院長，国際法学会理事長の意見を求めるのが慣例である。

事　務　局

　事務局および上述のICJは，総会と各理事会が国家（政府）の代表により構成されるのに対し，個人的資格の構成員からなる。事務局（Secretariat）は，国連としての意思決定を行う政治的機関ではなく，他の機関における決定事項を公正に処理する機関として，その構成上，国際性，常設性を重視されている。すなわち，その任務の遂行に当って，いかなる政府からもまた国連外のいかなる当局からも指示を求め，または受けてはならないとされ，結局，「この機構に対してのみ責任を負う」ことになる（第100条1項）。加盟国はそのような国際的な性質を尊重する義務がある（同条2項）。

　事務総長（Secretary-General; SG）に対しては憲章上も重要な政治的任務が与えられているが，事務総長のみならず事務局全般が，国連の活動にとって極めて重要な機能を担っている。詳しくは第13章において後述されるが，事務総長は，国連の行政職員の長（第97条）としての任務および総会と各理事会のすべての会議で事務総長の資格で行動する（第98条）ほかに，国際の平和および安全の維持を脅かす問題について安全保障理事会の注意を促す権限（第99条）を有する。たとえばガリ元事務総長は，評価は分かれるが，国連の活動の方向性を決定づけるほどの提言を行っている。このような権限を有する事務総長の選出は，安全保障理事会の勧告に基づいて総会が任命する手続による（第97条）。

　国連専門職員については，各国から広く人材を集めるために適正職員数が決められているが，地の利のある米国，公用語が母国語である欧米諸国，待遇の違いによる途上国（言語上も有利である場合が多い），既に上級ポストを確保している原加盟国（国内の採用・昇進システムとの類似も関係する）がそれを超過し，反面，日本からはおよそ100人弱でそれをかなり下回る（近年の適正職員数は，約150〜250人）。ただし，事務次長や難民高等弁務官をはじめ，専門機関や地域的機関でも要職に就くことが多くなっている。

第Ⅰ部　国際機構の発展と課題

5　誰のための国連か

　国連を創設したのは，直接的には諸国家（の政府）である。しかし，民主主義国家では，それは国民の意思に基づくものであるはずである。今日の諸国家は，現実的にはその程度や形態は多様であり，基本的には民主的政府であることを自ら否定する国家はほとんどない。国連憲章の書き出しは，「われら連合国の人民（PEOPLES）は，（筆者注：人権尊重，国際の平和維持，武力の禁止，経済社会的発展などのために）国際機構を用いることを決意し」「国際連合という国際機構を設ける」と記され，実質的には国連のオーナーは各国の市民であることを明らかにしている。

　創立当初は，国家間の武力衝突の防止と紛争の平和的解決が国連の中心的役割と考えられ，諸「国家」のため——諸国家間の政策調整のため——の国連という意味合いが強かった。憲章前文に，「われらの一生のうちに二度まで言語に絶する悲哀を人類に与えた戦争の惨害から将来の世代を救い」とあるように，世界大戦のあまりの戦禍，諸国民の犠牲が膨大であることを憂いたのである。国連の歴史の半ば以降は，人権・人道や開発援助などに代表されるように，直接的に諸国の市民が国連の活動の対象とされるようになった。

参考文献
明石康『国際連合——軌跡と展望』岩波書店，2006年。
アラン・プレ／ジャン・ピエール・コット共編（中原喜一郎・斎藤恵彦監訳）『コマンテール国際連合憲章——国際連合憲章逐条解説（上）』東京書籍，1993年。
臼井久和・馬橋憲男共編『新しい国連——冷戦から21世紀へ』有信堂，2004年。
加藤俊作『国際連合成立史——国連はどのようにしてつくられたか』有信堂，2000年。
国際連合広報局編（八森充訳）『国際連合の基礎知識（改訂版）』関西学院大学出版会，2012年。
シドニー・D・ベイリー（庄司克宏・庄司真理子・則武輝幸・渡部茂己共訳）『国際

連合』国際書院，1990年，1章・2章。
高野雄一『国際組織法（新版）』有斐閣，1975年。
渡部茂己『国際機構の機能と組織（第2版）』国際書院，1997年，1章・2章。

第2章

国連システムの政策決定過程

松隈　潤

この章で学ぶこと

　国連においては、どのようなプロセスを経て、政策決定が行われていくのだろうか。たとえば、国連が国際の平和と安全の課題に対して十分に対応することができなかったケースとしてしばしば言及されるのが2003年のイラク戦争である。たしかに「米国は国連における審議過程を重視しなかった」との評価もなされているわけであるが、同時に、安保理においては一定の審議が行われ、米国自身、国際法による合法化の理論を構築しようと努力したこともまた事実である。

　国連システムの政策決定過程について考えていくにあたり重要な視点は、そもそも「国連において政策決定を行う」ということが、「どのような意義を有しているのか」ということではないだろうか。すなわち、国連システムの政策決定過程は「国連加盟国に集団的に政策決定を行う機会を提供するということ」を超えた意味を持っているのだろうか。

　本章においては国連の主要機関等における政策決定過程について検討しつつ、政策決定に関連する諸問題について具体例を示しながら解説を行っていきたい。

　最初に国連システムにおける政策決定の意義について、どのようなアクターが政策決定に影響を与え得るのかという点を含めて解説する。

　次に国連の主要機関等における政策決定過程について検討する。特に安全保障理事会については、拒否権制度の意義と問題点等についても解説する。

　第3に、国連システムにおける表決制度について、多数決制度、コンセンサス方式の展開、専門機関における加重表決制度等について解説する。

　第4に政策決定過程の諸事例の中から、国連平和維持活動をとりあげ、そこにおける政策決定過程の実際と問題点について論じる。

　最後に政策決定過程の諸事例の中から、国際公務員制度と財政をとりあげ、それぞれの具体的問題点と、政策決定過程の実際について論じることとする。

第2章 国連システムの政策決定過程

1 国連システムにおける政策決定の意義

国連における審議過程の特徴

　世界政府の存在しない分権的な国際社会においては，その直面する諸課題に関する様々な政策決定は，主として利害関係を有する各国政府によって行われることとなる。しかしながら，それは国連といった国際機構における審議過程が国際政治に対して何ら影響力を有してはいないということを意味しているわけではない。

　国連において諸国家は特定の課題について審議する義務を課されているわけではないにもかかわらず，実際には様々な事項について，審議が行われている。そして国連における審議過程において，多くの場合，諸国家は国際社会に存在していると諸国家がみなしている規範（norm）を意識しながら自国の主張を展開する。イラク戦争の場合には，米国も自国の政策に対して諸国家の支持を可能な限り集めるという意味においては，国連における審議過程が重要であると考え，また，諸国家によって共有されているとみなされる規範に基づく議論は説得力を有しており，正当性を勝ち得るためには有効であると考えていたと言うこともできよう。

　国連における審議過程においてはこのような規範に基づく審議がなされることが特徴的である。国家は規範に基づく議論を展開し，その規範に自らを拘束する。また，国連における国家間の審議過程は，一般的な多数国間外交等の場に比べて，より集中的な審議過程となることが期待されている。もちろんそのような期待に十分応えることができない場合もある。国連における審議過程には国家のみでなく，NGOといった非国家主体の参加が広く認められていることも特徴的である。たとえば大量破壊兵器の規制に関する安保理決議の採択過程においてNGOが果たした役割が大きかったことについては知られているところである。すなわち，非公式にではあれ，政策決定過程への様々な利害関係

43

者の参加が重要となるわけである。

国連システム内の調整

「国連システム」と一語で表現しても，その中には実際には主要機関の他，専門機関や補助機関等，様々な機関が存在しているわけであるから，そもそも「国連システムをひとつのシステムとみなすことができるのか」という疑問が生じる。すなわち国連システムを「自律的な諸機関の集合体」とみなす見解も存在し得るのである。

他方，国連システム内の調整は実際にはうまく機能しているとみる見解もある。いずれにせよ，政策決定の場としての国連はフォーラムとしてそのシステム内の諸機関間の調整を行っていると見ることができるであろう。

国連憲章（以下，「憲章」と略す）第7条によれば，6つの主要機関が定められており，安全保障理事会，総会，経済社会理事会，信託統治理事会，国際司法裁判所，事務局ということになる。この中で安保理，総会，経社理がその政策決定過程においては重要である。これらは政治的問題が議論される審議機関であるからである。

国連総会について憲章第15条は総会が安保理および経社理から年次報告を受けることを規定している。憲章第60条によれば，経社理は総会の権威のもとに活動しているのである。また憲章第66条の規定においても経社理が総会の勧告の履行に関して，自己の権限に属する任務を遂行する旨規定されている。総会と安保理の関係は経社理とは異なり，安保理が総会に従属する関係にはない。憲章第24条も国際の平和と安全の維持に関する安保理の優先について規定しているわけである。憲章第12条1項は，総会が安保理の任務遂行中には勧告をすることができない旨規定している。実際には総会は審議を行うことはある。これは，憲章第12条によって禁止されているのが勧告をすることであって審議を行うことではないからである。総会の場合には安保理と異なって拘束力のある決議をすることができない。しかしながら冷戦期において安保理が機能不全に

陥ると，総会はその権限を拡大していった。1950年の「平和のための結集決議」はその好例である。しかしながら，総会が開発途上諸国の利害関係を反映して先進諸国と対立するようになってくると総会の果たす役割も限定されたものとなっていったのである。

以下，次節においては国連システムにおける政策決定過程の意義について検討するにあたって，国際社会が直面しているいくつかの具体的課題を踏まえながら概観しておきたい。

国連の主要課題と政策決定

今日，リビア等のケースをふまえて注目されている「保護する責任」の概念については，2005年に国連総会決議として「世界サミット成果文書」が採択され，そこにおいて同概念が承認される経緯において，当時のコフィ・アナン国連事務総長が，事務総長報告書の提出も含め「規範の起業家」（norm entrepreneur）として重要な役割を果たしたことが知られている。アナン事務総長はかつて国連PKO局においてルワンダやスレブレニッツァの問題に直面したことが，「保護する責任」概念を推奨していく契機となったとされるが，その考え方の根底には「大規模人権侵害への対応の必要性」と，「平和と安全の維持における安保理の中心的役割」があった。アナン事務総長の問いかけに応えるかたちで構成されたのがカナダ政府のイニシアティブによる「介入と国家主権に関する国際委員会」（ICISS）であり，その報告書『保護する責任』であった。

同概念は『ハイレベル委員会報告書』においても「生成されつつある規範」（emerging norm）としてとりあげられ，事務総長報告書を経て「世界サミット成果文書」に至るわけである。国連の政策決定過程との関係で同概念が特に重要な点は，これが安保理，特に拒否権を有する常任理事国に対して一定の義務を課すものであるか否かという争点であろう。この点は今日の国家慣行からは未だ否定的に解釈されるであろう。

次に国連における「テロ対策」に関して，安保理決議1373や1540の採択によ

り，安保理が立法的機能を果たしたとする指摘がある。安保理における「テロ対策」の政策決定過程においては，常任理事国が非常任理事国の支持を必要とした経緯から，非常任理事国の影響力も大きかったという点が指摘されている。また，政策決定過程においてNGOや専門家集団の果たした役割も大きいとされる。さらに，対テロ制裁においては，国内裁判所や地域的裁判所の判断が国連システムの政策決定過程に与えた影響について指摘がなされている。

　国連システムにおいては専門機関や補助機関等，フィールドにおける「業務的活動」(operational activities) も重要である。ここでは，国連，各国政府，NGO，援助対象者といった各利害関係者の相互作用を通じて1つの政策決定過程が行われているという点が指摘されている。もちろん，意思決定の基本には国家の合意があり，これによって政策決定がなされるという点はあるが，より複雑な相互作用の過程を経て，多くのアクターが政策決定過程に参与しているのである。

2　国連の主要機関等における政策決定

国連総会

　憲章第10条に「総会は，この憲章の範囲内にある問題もしくは事項またはこの憲章に規定する機関の権限および任務に関する問題もしくは事項」を討議すると規定されていることから，総会は国連の関与する全ての事項について審議を行い，その補助機関の活動を調整する役割を担っているということができる。

　総会において重要な政策決定としては，新規加盟国の承認や安保理，経社理等の非常任理事国の選出，国際司法裁判所裁判官の任命，安保理の勧告に基づく事務総長の任命等がある。冷戦後の時代においては一方では安保理が活性化し，他方では経済問題における国際通貨基金（IMF）や世界銀行（IBRD）の役割が重視されていく中で，総会の果たす役割が相対的に小さくなったと指摘されることもあるが，国連システムの政策決定過程における総会の役割は過小評

価されるべきではない。

　総会の決定は，勧告的権限にとどまるが，例外的に内部機関や補助機関等の選挙や予算の問題など，国連の内部的事項に関する決定については，加盟国に対して拘束力を有することとなる。すなわち総会は内部機関や補助機関等の選挙や予算に関する権限を有していることによって，国連の全てのプログラムや補助機関に対して，これをコントロールする権限を有していることになるわけである。

　総会は憲章の範囲内にある問題について広く審議する権限を有しているが，このため総会における審議過程において事務局の支援は不可欠である。国連における政策決定には，多くの内部機関が関与することとなる。憲章第15条は総会が国連システム内の各機関から報告を受ける旨規定しているが，総会はこの権限によって国連システム全体の調整を行っているのである。

　国連総会規則によれば，定期総会は毎年9月の第3火曜日から行われる。12月までの会期とされているが，実際には翌年の9月の定期総会の開催前日までが総会の前会期の議題について審議する期間として取り扱われている。憲章第20条は総会の特別会期について，安保理の要請または国連加盟国の過半数の要請があったときに事務総長が招集する旨規定している。

　総会における一般討論は国家元首クラスが演説を行うが，小国にも発言の機会を与え，また重要事項に関する国際世論のバロメーターとみることもでき，様々な後の協議への環境を整えることとなる等の意義が指摘されている。

　憲章の改正については，総会は3分の2の多数によって改正案を提出することができる。

　総会には6つの委員会が存在している。軍縮・安全保障に関する第1委員会，経済・財政に関する第2委員会，社会・人道・文化に関する第3委員会，特別政治・非植民地化に関する第4委員会，行政・財政に関する第5委員会，法律に関する第6委員会である。

　総会におけるこれらの委員会の活動は重要である。総会は会期ごとにその議

事日程を分けているが、各委員会がそれらの項目を分担している。これまで総会は経社理や信託統治理事会に多くの任務を委ねていくのではなく、むしろ各委員会にこれを委ねる傾向があったとされる。

各委員会は総会における政策決定過程に2つの段階を設ける役割を果たしていると評価されることがある。すなわち、その第1段階において委員会は課題を検討し、総会に報告を提出しているわけである。

近年、総会における議題の増加については、その政策決定過程の効率性を疑問視する声がある。また、総会の6つの機能委員会のメンバーシップが総会と同じくすべての加盟国であることから、審議の効率性に関する問題が指摘されている。

安全保障理事会

国連システムにおける政策決定過程において「手続規則」は重要である。規則が存在していることによって国連システムにおける政策決定過程は一般的にシステム外の政策決定過程に比べて効率的となることが期待されている。

安保理の場合には「安保理暫定手続規則」と呼ばれるものがある。安保理においては、まず各国の代表部が決議の草案を起草する。その場合に、まず友好国等にこの案を回覧する場合が多い。すなわち友好国等の反応をみながら、草案の内容を修正していくのである。草案をどの国が起草したかという点については、これを隠して回覧がなされる場合もある。これは提案に対する、各国の率直な反応を見るためである。

決議案等が起草される場合、事務局から提出された報告書がその作業に対して基礎的な情報を提供するものとなる。決議案等に対する支持が一定程度集まったところで正式に議論に付されることとなるが、安保理の場合、まず非公式会合における審議が重ねられる。事務局は安保理の公式文書として決議案等に文書番号を付す。

安保理の政策決定過程についてみると、憲章第23条1項において常任理事国

5 カ国と非常任理事国10カ国によって構成され、第27条1項で各理事国が1票の投票権を有すること、同2項で手続き事項については9理事国の賛成投票によって行われることが規定されている。

そして、同3項で「その他の事項」(非手続き事項＝重要事項)は「常任理事国の同意投票を含む9理事国の賛成投票によって行われる。」とされていることから、これが常任理事国の拒否権に関する根拠規定であるとされるのである。冷戦期までは安保理においてソ連が頻繁に拒否権を行使していたが、1970年代以降は特に中東和平の問題等に関連してアメリカの拒否権行使が目立ってきた。中国の場合は「同意してはいない」という意思を示すために棄権という手段をしばしば用いている。

安保理の政策決定過程において問題とされてきたのがいわゆる「二重拒否権」をめぐる問題である。これは審議事項が拒否権を行使できる重要事項であるか否かを決定するにあたって、拒否権を行使できると考えて良いのかという問題であるが、国連憲章起草過程のサンフランシスコ会議においては、そのような解釈に合意がなされていたという経緯がある。

朝鮮戦争においては、ソ連が中国の代表権問題をめぐって安保理をボイコットしていたために、安保理決議が可能となった。1980年代後半からソ連が協力することにより、安保理の会合の回数は増え、1990年のイラクのクウェート侵攻時は、安保理において理事国の一致があった。1990年代以降、安保理が憲章第7章に基づく決定を行うことも増えていった。

憲章第31条、第32条に従って、安保理の理事国ではない国も投票権なしに安保理の審議に参加することができる。また、「安保理暫定手続規則」第39条によれば、安保理は事務局に情報を提供させることができ、事務総長や事務局が安保理に議題を提供する。同条によってNGOの会議参加も可能である。同規則第7条によれば安保理の暫定議題は事務総長によって起案され、安保理議長によって承認される。

憲章第28条は安保理が継続して任務を行うことができるように組織される旨

規定している。また「安保理暫定手続規則」によれば，会議の合間は14日を超えないこととされている。同規則第48条は公開審議の原則をうたっているが，実際には非公式会合の占める割合が大きくなっている。今日，安保理ではその審議方法について修正がなされ，「アーリア方式」と呼ばれる会合も行われるようになった。これは安保理が個人の意見を聞くために行われる非公式の協議形式である。

さて前述のように，今日，安保理が決議を通じて「法の定立」に実質的に関与しているという点について指摘がなされることがある。とくに安保理決議1373や1540の採択等について，その正当性が問われている。このような場合には，それらの決議を採択するという政策決定過程においてNGOや専門家等が果たした役割を重視すべきであるとする議論もある。すなわち，非公式にではあれ，政策決定過程への利害関係者の参加を政策決定過程の正当性との関係で重視する考え方である。

国連システムの正当性や効率性を強化するためには，機構改革も重要である。安保理改革については長く総会における懸案事項となっている。1992年，総会は決議46/62によって安保理改革を決議し，公開作業部会が設けられ，安保理の構成と拒否権，作業手続等に関して検討がなされ，ラザリ議長による提案がなされたが必要な支持を集めることはできなかった。また，2004年の安保理改革に関するG4提案等も必要な支持を集めるにはいたらなかった。

経済社会理事会

国連の通常予算のおよそ4分の3は経済的，社会的問題にあてられている。これに関する政策決定は経社理，専門機関，国連の主催する国際会議等によって行われている。憲章第55条は大変に広範な内容を規定している。経社理は研究，報告，勧告，条約案起草，会議といった様々なかたちで課題にとりくむ。

経社理は現在54の理事国によって構成されている。経社理及びその補助機関の活動には様々なアクターが参加している。国連憲章第71条は経社理がNGO

と協議するために適当な取り決めを行うことができる旨規定している。NGOは資料を入手し，会合に出席，時として声明等を発出することも可能である。また国連憲章第70条は，専門機関の代表者が経社理の審議に投票権なしで参加することが可能である旨規定している。

　事務局は経社理に対し報告書を提出し，またその会合を支援する。理事会は，以前は年に2回開催されていたが，1991年に総会決議によって年に1回の会期をニューヨークとジュネーブで交互に開催することとなった。毎年7月に4週間の会期が開催される。そのため毎年1月には理事会の準備が始まる。

　経社理においては単純多数決によって決議が採択される。経社理について指摘される問題点のひとつとして，各国がここにおける審議過程をあまり重視しない傾向があるとされる。

　経社理のもとには5つの地域経済委員会がある。アジア・太平洋，アフリカ，欧州，ラ米・カリブ海，西アジアの各地域経済委員会である。また，経社理は様々な機能的委員会を有しており，社会開発，薬物対策，女性の地位，科学技術，持続可能な開発，人口，犯罪防止，統計，森林といった委員会がある。特に統計に関する委員会の業務は重要であり，経済社会開発のための基本資料を提供している。また，このような委員会の活動を含め，経社理の作業においては，専門家の見識を活かす試みが積極的に行われている。

　国連の業務的活動については，経社理は基本的にはこれを他の機関に委ねざるをえないが，経社理の業務が専門機関等と重複する場合もあり，この調整は困難な課題である。むしろ国連の主催する課題別の国際会議が調整の役割を担っている場合もある。このような会議においてはNGOや企業等が国連システムに対して影響力を行使し，このような国際会議が総会や経社理の果たし得ない役割を果たすというケースも見受けられる。経社理が監督する活動は国連予算の約7割をしめており，総会が設置した補助機関である国連開発計画（UNDP）や国連児童基金（UNICEF）は総会と経社理の双方に対して報告書を提出する。経社理は組織上，調整の役割を担っているはずであるが，実際には

その権限は弱いという問題点が指摘されている。

3 国連システムにおける表決制度の特徴

一国一票制度に基づく多数決制度

　国際機構において，決議の採択に必要な票数に関しては全会一致制度と多数決制度が考えられるが，国連システムをはじめ，今日多くの国際機構においては多数決制度がとられる。

　国連総会の場合は憲章第18条2項および3項に基づき「重要問題に関する総会の決定は，出席し且つ投票する構成国の3分の2の多数によって行われる」が「その他の問題に関する決定は，3分の2の多数によって決定されるべき問題の新たな部類の決定を含めて，出席し且つ投票する構成国の過半数によって行われる。」可否同数の場合は否決となる。総会の場合，会議開催のための定足数は加盟国の3分の1であり，意思決定のための定足数は加盟国の過半数である。

　経社理については，憲章第67条2項に基づいて「経済社会理事会の決定は，出席し且つ投票する理事国の過半数によって行われる」。

　安保理については27条2項および3項によって「手続事項に関する安全保障理事会の決定は9理事国の賛成投票によって行われる」が，「その他のすべての事項に関する安全保障理事会の決定は常任理事国の同意投票を含む9理事国の賛成投票によって行われる」。

　2013年現在，国連加盟国数は193であるが，前節において解説した通り，総会は全加盟国が主権平等原則の下，一国一票制度のもとに参加する一般的な審議の場である。一国一票制度は，実際的な各国の力関係を必ずしも反映してはいない。その意味では総会は国際社会における議題を設定し，審議を行うこと自体に意義を有する機関である。

　その政策決定過程に参与するのは各加盟国の代表団であり，代表団は総会や

各委員会に出席し，審議を行う。憲章第9条2項は，各加盟国が総会に対して5名の代表をおくることができる旨規定している。また前述の通り，総会の意思決定は多数決によるが，重要事項については3分の2を要する。

一国一票制度のもと，多数決による意思決定が行われる総会では，その政策決定過程に特徴的なこととして，加盟国が様々なグループを形成する点を指摘することができる。それは地域的グループであったり，あるいは政治的，経済的争点に対応したグループであったりするが，一国一票制度のもとにおいて多数派を形成するためにはグループの形成が戦術的に必要不可欠となってくるのである。

たとえば1960年代から1980年代半ばにおいて，南北問題をめぐる政策決定過程においては，ラテンアメリカ諸国および非同盟諸国が国連貿易開発会議（UNCTAD）の成立を契機としてG77を形成した。これは当時総会の3分の2に相当するメンバーを有するグループであり，実際に総会における政策決定に大きな影響を与えることができた。G77は国際社会に対して注意喚起を行い，要求に正当性を与える力を有していた。しかしながら1980年代になるとG77の団結は揺らいできた。いわゆる「南」の国々の中に経済発展の違いが出てきたからである。また，冷戦期においては，総会のグループが米ソ両陣営に分断する傾向もあった。東西問題，人権，行財政問題等の議題に関しては，非同盟諸国は主としてソ連側に立って投票行動する傾向があり，西欧・ラテンアメリカ諸国の場合，主として米国側に立った投票行動を行う傾向があった。

加重表決制度

国連システムにおいて，多数決による意思決定方式には上記の一国一票制度に基づく表決方式の他に，加重表決制度による表決方式がある。これは国連システムにおいては，専門機関の中でも特に国際金融機関等において用いられている意思決定方式であり，IMFやIBRD等がその代表例である。

専門機関においては加重表決制度以外にも，その意思決定において特別な事

情を考慮している場合がある。国際労働機関（ILO）の場合には政労使三者に対して代表の権限が認められているし，国際民間航空機関（ICAO）の場合には，航空大国に対して特別な配慮がなされている。国連システムの中で専門機関が国連本体とは別個に存在していることの意義は，政治的な対立を離れて，それぞれの機能を遂行していくことにあったはずであるが，これまで国連教育科学文化機関（UNESCO）の例等，時として「専門機関の政治化」が問題とされてきたことが知られている。

専門機関については憲章第57条と第63条に関連規定があり，国連との間に連携協定を締結している。連携協定には「相互に提案権を認める」といった規定がおかれることが多く，このような規定によって経社理が専門機関との関係を調整できるはずであるが，実際にはIMFやIBRDといった国際金融機関の場合には自律性が高い。すなわち，市場から資金を調達することが可能な国際金融機関の場合には財政上も独立して機能を遂行することが可能であるからである。

IMF，IBRD，国際金融公社（IFC），国際開発協会（IDA）等においては資金負担に応じて票数が分配される。すなわち，IBRDにおいては，全加盟国に平等な基本票に加えて，保有株式1株ごとに1票の出資額に比例する票数を各加盟国が有している。IMFでは基本票に加えて，割当額10万SDR（特別引き出し権）ごとに1票の出資額に比例する票数が加えられる。これらの方式は財政的貢献度を基準に票を配分したものであり，1国1票制度が国家の主権平等原則を基盤としているのに対し，加重表決制度は実際的な国家の力関係を反映したものであるということができる。

コンセンサス方式による意思決定と決議等の法的性質

さて，前述のような総会におけるグループは選挙や決議といった意思決定過程を通じて形成されてきたものであるが，今日は多くの意思決定がコンセンサス（総意）方式によって行われるようになってきている。

コンセンサス方式とは，投票をせずに，特に反対が表明されなければ決議が採択されたものとみなす意思決定方式である。コンセンサス方式は全会一致とは異なる。コンセンサス方式の場合には，議長がコンセンサスによる採択について議場に諮り，一国でも反対すれば投票に付されるのである。すなわち，この場合，積極的に賛成していなかった加盟国は棄権やときには反対にまわる可能性もある。

さて，特にコンセンサス方式に基づいて採択された国連総会決議等が国連システムにおいて拘束力のある規範として取り扱われているケースがある。国連の決議等が加盟国を法的に拘束する例としては，憲章第7章に基づく安保理の決定があり，また，国連の専門機関が採択する規則の中に，法的拘束力が認められる例もある。ただし，後者の場合には加盟国には適用除外の申請をすることが認められている。憲章第13条によれば，総会は国際法の発展について重要な役割を有しており，総会の場において，多くの条約が採択され，また総会決議は，その後の条約の内容等に影響を与えている。しかしながら，総会決議自身には，国際法上の拘束力は認められていない。けれども，実際には総会決議が国家の行動に対して強い影響力を与えていると指摘されている。

また，総会については，その「準立法的機能」が指摘されることがある。すなわち，総会は内部的事項を除いては拘束力のある決定をしないのであるが，総会が勧告等を行い，これが後に決議の慣習国際法化という現象を通じて，拘束力を有する場合があることに関連して，このような評価がなされるものである。

4　国連平和維持活動における政策決定過程

総会と安保理の関係

国際の平和と安全の維持に関する諸問題については，憲章第24条によれば，安保理が主要な責任を有している。しかしながら，憲章第13条及び第14条によ

れば，総会も紛争について調査，研究をすることができる。また，憲章第11条，第12条によれば安保理がその機能を果たし得ていない場合は勧告を行うこともできる。また，総会は安保理および事務総長から情報提供を受ける権利を有している。

この総会と安保理の関係について，1950年に採択された「平和のための結集決議」は国連システムにおける大きな論争を提起した。初期の国連平和維持活動の代表例である第1次国連緊急軍（UNEF I）はこの「平和のための結集決議」に基づいて派遣された。また，1962年に国際司法裁判所が「国連のある種の経費事件」に関する勧告的意見において総会が国連平和維持活動を容認する権限を認める等，平和維持活動における政策決定過程は，総会と安保理の関係に関する重要な争点となった。

総会決議に基づいて派遣された平和維持活動も存在しているが，多くは安保理決議に基づいて派遣されたものであった。安保理の活動において，平和維持活動の成功が安保理の活動範囲を拡大してきたという評価がなされている。

平和維持活動は憲章に明文の根拠規定がない。憲章が予定した集団的安全保障が機能しなかったことが，平和維持活動の背景にあり，ハマーショルド事務総長はこれを「6章半」と称したが，紛争の平和的解決と強制措置の両者の要素を組み合わせたものであった。

これまで平和維持活動は憲章の解釈によってその法的根拠について説明がなされてきた。国連システムの政策決定過程において，平和維持活動のような具体的業務に従事することにより，憲章を中心とする国連システムに関わる法制度を強化するという現象が起きたのである。

平和維持活動の展開

総会決議に基づくUNEF Iの派遣以来，平和維持活動に注目が集まるようになった。UNEF Iの場合には，通常予算によってこれを賄うための政策決定を行うという戦略を取った場合には，意思決定に時間を要することが懸念され

たため，事務総長は総額1000万ドルの特別勘定を設け，これを通常予算の分担率で加盟国に割り当てることとした。これを総会が承認したわけである。コンゴ国連軍（ONUC）は安保理決議によって派遣されたが，その経費に関しては総会がこれを国連の経費である旨承認した。しかしながら，このような決定に対してソ連，フランス等の国々が異議を唱えた。すなわちそれらの国々はUNEF IおよびONUCの経費について，そもそもこのような平和維持活動の派遣が憲章に違反するものであるとし，総会は各加盟国に対して財政的な義務を課すことはできない旨主張したわけである。この点について総会は国際司法裁判所に勧告的意見を求め，前述の通り，1962年の「国連のある種の経費事件」に関する勧告的意見において国際司法裁判所はこれらの経費を国連の経費であると認め，総会は支払いを義務づけることができる旨判断したのである。

　さて，平和維持活動はその出発点としては冷戦期に考案されたものである。東西対立により，拒否権が行使され，安保理が国際の平和と安全の維持について十分な対応ができない状況において，強制力を行使しないかたちで国際の平和と安全の維持のために国連が行動をとることが要請されたわけである。冷戦後，平和維持活動は様々な任務を担うものとなっていった。このため，平和維持活動と平和強制活動の境界線が曖昧になっていった点が問題点であるとされている。

　平和維持活動の規模は様々であり，数百名の場合もあれば数万人にのぼる場合もある。憲章が予定した国連軍は実現しなかったため，平和維持活動の人員は加盟国の自発的貢献による。冷戦後は常任理事国からの軍隊も派遣されるようになってきている。

　文民の保護といった分野に平和維持活動が関与することになると，内政干渉等，様々な問題が同意原則との関係で提起されてくる。しかしながら，だからと言って，今後，平和維持活動を伝統的な停戦監視等に限定するべきだとする主張は現実的ではない。政策決定過程の中心にある安保理にしても，文民の保護が必要とされるような状況において，平和維持活動にこの任務を与えないと

いうことは政治的にも難しくなっており，ブラヒミ報告が指摘していた通り，むしろ文民の保護は平和維持活動の任務として認識されるにいたっている。もちろん資金不足や政治的意思の欠如といった問題は常に障害として存在している。

平和維持活動と政策決定

現在，新たな平和維持活動は安保理において承認が行われることが通例である。そのような承認がなされた場合，あるいは既存の平和維持活動のマンデートが延長された場合，国連事務局においては平和維持活動局（DPKO）とフィールド・サポート局（DFS）がその詳細な要件について決定し，軍事活動に関わる，あるいは文民活動に関わる必要な装備と兵站について，各加盟国の支援を要請することとなる。事務総長は加盟国軍隊の中から司令官を任命し，また主要なオペレーションにおいてはミッション全体を監督する「特別代表」を任命する。平和維持活動において選挙監視がその任務のひとつとされている場合には，事務局においては政務局（DPA）の一部局である国連選挙支援部（UNEAD）も関与する。

平和維持活動における政策決定過程の特徴としては，国連が様々なオペレーションに携わる中で，平和維持活動に関するいくつかの原則が加盟国によって共有され，進展していったが，そのような場合に慣行が理論に先んじていたという点をあげることができるであろう。

近年の平和維持活動の特徴としては，平和構築活動の発展と，文民保護に関する進展を指摘することができるが，この発展の基盤としては，民主主義と人権といった規範が加盟国によって広く受け容れられてきたという点がある。今日，国連憲章第6章に基づく活動も多岐にわたっており，治安部門改革（SSR）や難民の帰還，人権の遵守，選挙監視までも任務に含む平和維持活動が派遣されるようになってきている。これらは当事国の合意に基づいて行われている。

5 人事・財政における政策決定過程

人事における政策決定過程

　憲章第101条1項は，国連の人事について，その職員は総会が設ける規則に従って事務総長が任命する旨規定している。この規則には昇任や労働条件，部局間の責任分担等に関する規則が含まれている。また，憲章第101条3項は国連職員の採用にあたって考慮すべきこととして，最高水準の能率，能力および誠実の確保をあげている。

　さらに同項は妥当な考慮を払うべきこととして広い地理的基礎に基づくことを指摘している。地理的基礎の基準が設けられていることは，加盟国の要求でもあったが，地域によって多様な要請に対応するためにはこれは適切な基準であろう。

　実際には国連予算分担率に応じて望ましい職員数の範囲が決められており，これは採用の際に考慮されることとなる。

　一方で加盟国は自国の政府職員を期限付の国連職員として国連に派遣する慣行が存在している。このため，そのような派遣職員の地位を明確化するために，1993年に職員規則の改正がなされ，政府との関係を維持しつつ国連で勤務する派遣職員について明文の規定が設けられた。

　国連と国連職員の権利義務関係は雇用契約によって定められている。国連職員の任命の際には，その国際的独立性に関する原則が明記された誓約書に対して職員は署名を行い，職員規則を受諾する旨の意思表示を行う。

　職員規則・細則は国連職員の懲戒措置に関して，事務総長に助言する任務を持つ合同懲戒委員会に関する規定を置いている。他方，不利益処分を受けた国連職員は国際連合行政裁判所に請求を提出することができる。

財政における政策決定過程

国連財政は国連の活動内容を規定するという意味において重要である。総会の第6委員会は予算・財政に関する意思決定を行う。

総会は憲章第17条に基づいて国連システムの予算を審議し、承認を行う。同条によれば、総会は国連の予算を審議、承認する。国連の経費は、総会によって割り当てられるところに従って、加盟国が負担する。総会は、第57条に掲げる専門機関との財政上および予算上の取り決めについて審議、承認し、並びに、当該専門機関に勧告をする目的で、この専門機関の行政的予算を検査する。

憲章第18条によれば予算事項は重要事項であり、総会において3分の2の多数を要する審議事項である。憲章第19条は財政事項に関する強制的要素について規定している。毎年1月に事務総長は憲章第19条に該当する分担金支払遅滞の加盟国を確定するが、当該加盟国は2年分以上の滞納金がある場合には総会における投票権が失われる。

総会の審議、承認の対象となる予算にはすべての行政経費と活動経費を含む。総会はこれらを加盟国に割り当てる権限を有しているのである。通常予算は義務的分担金に基づいており、2年ごとに編成される。今日においては、平和維持活動の経費等、特別予算やその他の基金によって賄われる支出のほうが通常予算よりも大きくなっている。

予算案は事務局が作成するわけであるが、事務局ではまず各部局の長が所用経費の見積もりを財務官に提出する。これに基づいて管理局財務部が予算案を作成する。総会の通常会期の少なくとも12週間前には、国連の常設委員会である行財政問題諮問委員会（ACABQ）に予算案が提出される。予算案は、予算案に関するACABQの報告書とともに各加盟国にも送付される。その後、事務総長は総会に予算案を提出し、総会がこれを承認するのである。

以上、本章で述べてきたように、国連の政策決定過程は個別の機関と分野によって大きく異なり、複雑である。一国一票の原則が守られている総会、常任理事国が拒否権を持つ安保理があり、またIMFやIBRDのように加重表決制

度をとる専門機関も存在する。このような政策決定のあり方は国連創設時の世界情勢を反映していると言うことができるが，同時に，その硬直性の故に多くの課題を残している。

参考文献
筒井若水「国際組織における多数決の条件（一），（二・完）」『国家学会雑誌』第80巻11・12号，81巻1・2号，1967，1968年。
内田久司「『拒否権』の起源」『東京都立大学法学会雑誌』第5巻1号，1964年。
最上敏樹『国際機構論（第2版）』東京大学出版会，2006年。
佐藤哲夫『国際組織法』有斐閣，2005年。
Ian Johnstone, *The Power of Deliberation: International Law, Politics and Organizations*, New York: Oxford University Press, 2011.
Margaret P. Karns and Karen A. Mingst, *International Organizations: The Politics and Processes of Global Governance, Second Edition*, London, Lynne Rienner Publishers, 2010.
Henry G. Shermers and Miels M. Blokker, *International Institutional Law, Fifth Revised Edition*, Leiden, Martinus Nijhoff Publishers, 2011.
Courtney B. Smith, *Politics and Process at the United Nations: The Global Dance*, London, Lynne Rienner Publishers, 2006.
Benedetto Conforti, *The Law and Practice of the United Nations, Third Revised Edition*, Leiden, Martinus Nijhoff Publishers, 2005.
Philippe Sands and Pierre Klein, *Bowett's Law of International Institutions, Fifth Edition*, London, Sweet & Maxwell, 2001.
Ian Hurd, *International Organizations: Politics, Law, Practice*, Cambridge University Press, 2010.

第3章

国連の財政

坂根　徹

この章で学ぶこと

　本章では，国際機構の活動に不可欠な重要な資源の1つである資金を，財政という見地から国連システム，特に国連（国際連合）を考察対象として，以下のような順序で学んでいく。

　このイントロダクションに続いて，まず国連システムの財政の基本構造を概観する。その中では，国連システムの分権的財政構造を踏まえて，国連の位置づけや財政規模の面からの主要な機関などを述べた後，主な財源や主な支出形態がどうなっているのかなどを明らかにする。

　その上で，本章のタイトルにもなり，また，国連システムで最大の財政規模を有する国連の財政に焦点を当て，以下のように論じていく。

　まず，国連財政の基本構造について，国連通常予算，そして国連 PKO 予算という主要な2つの予算を取り上げて，これらを順に紹介する。この中では，両予算の規模，収入面について加盟国からの分担金，支出面について分野別・ミッション別の内訳の概要などを理解する。

　次に，国連財政を予算サイクルの視点から，予算の策定，執行，決算・監査などを順に検討する。それを通して，国連がどのように予算サイクルを組織的に管理しているのかを把握していく。

　その後，本章が位置づけられている第Ⅰ部のテーマが「国際機構の発展と課題」であることにも留意して，国連財政の発展・変容と課題について，本章のこれまでの議論も踏まえつつ幾つかの視点から提示する。

　以上の考察を通して，国連及び国連システムの財政について，その概要や特徴の基礎的な理解を得ると共に，基本的な意義や課題なども学び考えていく。

第3章　国連の財政

1　国連システムの財政の基本構造

分権的財政構造と国連の位置づけ

　国連・付属機関・専門機関からなる国連システムは，構成機関間の協調がしばしば課題とされてきたように，分権的性格が伝統的に強い。これは財政面でも言えることであり，国連システムの財政構造は，分権的であることが顕著な特徴として指摘できる。つまり，国連が大部分の資金を確保しそれを自らが執行しつつ付属機関・専門機関に配分を行うという集権的な財政構造ではなく，国連・各付属機関・各専門機関のそれぞれが，独自に資金を確保し，執行するという形態になっている。付属機関については，かつてUNDPが他の付属機関に資金を配分する役割を果たすことが主張・模索されたこともあったが，そうならなかった。

　もっとも，国連システムの構成機関に対する国連の財政的指揮命令権限がないことは，国連が財政面で国連システム内の位置づけが低いことを意味するのではない。逆に，国連システムの中で国連は，（性質が異なり独立性も高い世界銀行を除き），国連だけで国連システム全体の4分の1超の財政規模を有する，財政的に最も規模が大きい機関となっている。これは，PKOなど国際の平和と安全に関係するフィールド活動による面が大きい。次節以降は，このような国連に焦点を当てて，PKOなどフィールド活動の側面を含めて，その財政を検討していく。

　なお，国連に次いで財政規模が大きいのは，UNDP，WFP，UNICEF，UNHCRなどの知名度の高い付属機関（計画・基金等）である。国連に以上の4機関及びその他の付属機関を加えると，国連システムの財政の大部分を占めることになる。逆に専門機関は，WHOやFAOなどが一定の規模を有するものの，それら2機関を含めた専門機関全体でも相対的に規模は小さく，PKOの規模次第で，国連1機関で専門機関全体を上回るとの見積もりもできる。

第Ⅰ部　国際機構の発展と課題

主な財源

　では，国連システムの諸機関は，どのように資金を確保しているのだろうか。各国政府は，自らの活動と組織の維持のために，徴税を行い，あわせて国債等の債券を発行して借金をすることで，大部分の財源を確保している。しかし，国連システムの諸機関を含む国際機関は徴税権を有しておらず，債券も世界銀行など一部の機関を除き発行は極めて難しい。そのような制約の中で，様々な活動を行い組織を維持していくのに十分な財源を確保するためには，別のメカニズムが必要となっている。ただそのメカニズムは１つに限らない。主な財源は加盟国からの支払いであるが，それも複数の類型があり，加盟国以外からの資金確保の方策も存在している。

　まず分担金（assessed contribution）とは，加盟国側が支払いを義務づけられている資金である。支払いは義務であるので，たとえば国連の場合，国連憲章19条で２年間の分担金額以上を滞納した場合は，やむを得ない場合を除き総会で投票権を行使できなくなるとされている。

　また分担金は，基本的に査定に基づき各国に対する割り当てがなされている。たとえば国連では，国連憲章17条では，１項で，総会が国連の予算を審議し承認すると述べた後，２項で，国連の経費は総会による割り当てに従って加盟国が負担する，とされている。ここで論点になるのは査定の方法である。その査定の基準としては，支払能力（capacity to pay）が重視されており，国内総生産といわれるGDP（又は実務上は国民総所得といわれるGNI）はその典型的な指標である。１人当たりのGDP（GNI）が低い加盟国に対しては，軽減措置が取られる機関もある。なお査定の基準として，その他の要素を考慮する場合もあり，例えば国際海事機関（IMO）では，登録されている船舶の総トン数を基準にして割り当てられている。この点IMOによると，2012年の財政負担の上位10カ国は順に，パナマ，リベリア，マーシャル諸島，イギリス，バハマ，シンガポール，マルタ，ギリシア，中国，日本となり，GDP（GNI）を基準とする後で述べる国連の上位分担金支払い国とは大きく異なる構図となっている。

このような分担金については、以下のような様々な論点がある。まず、査定については通常、時々で変更がある。つまり、査定は必ずしもある国際機関の創設時から変化なく固定されているわけではなく、時々に見直しがなされることが多い。当然、どのように変更するかについては、加盟国間の様々な駆け引きが展開される。また、分担金の上限・下限という論点もある。まず分担金の上限とは、単純な査定基準の適用によると、かなりの割合を1国又は複数国で負担することになる場合も出てくるため、負担に上限を設けることである。逆に下限とは、支払い能力が小さい加盟国に対して、どの程度までの最低負担を許容するかである。当然、この水準を高くしておくと、不払い国が増えやすくなるが、他方で低く設定しておくと、財政的なモラルハザードの批判も出かねない。その他、分担金をどの通貨で支払うかもあるが、各国際機関で分担金の払い込みと資金管理や支出等が円滑になされる必要性からも、米ドルが一般的である。もっとも、本部がジュネーブに所在している機関の多くではスイスフランなど、本部所在国の通貨が採用されている場合も多い。

さて、加盟国からの主要な資金確保の形態としては、以上のような分担金の他に、自発的拠出金（voluntary contribution）もある。その比重は国際機関により異なっており、国連システムでは特に、UNDP、WFP、UNHCR、UNRWA、UNICEF、UNFPA、UNEPなどの多くの主要な付属機関では、自発的拠出金が多くを占めている。これらの機関の大部分は、主要な活動類型としてフィールドでの支援活動があり、それらは情勢に応じて変化し、かつ加盟国ごとにどの活動・フィールドに対して重点的に支援したいかのニーズも大きく異なる。そのため、分担金として予め決められた負担配分を求められるよりも、自国の関心に応じて負担することを好むという背景がある。自発的拠出金に、使途限定なし（non-earmarked）とは別に、使途限定あり（earmarked）というカテゴリがあり、国連システム全体で使途限定ありが、限定なしを数倍（ある統計では5倍程度）上回ることはその証左といえる。

加盟国からは、以上の分担金・自発的拠出金の他、出資という手段での資金

確保も一部ではなされている。国連システム諸機関の中での典型例は，世界銀行である。分担金・自発的拠出金は基本的に戻ってこないが，これは脱退・除名の際には戻されるものであり，性質が異なる。また，出資の他，分担金による収入が不足する場合を想定して，国連のように回転基金を設けることも1つの工夫である。

このような加盟国からの収入が多くの国際機関では主要な資金確保の手段となっているが，その他の手段も存在し，機関によっては重要な資金源となっている場合もある。たとえば世界銀行は，加盟国からの出資の他，世界銀行債という債券を発行し，市場から資金調達を行っている。これが可能なのは，世界銀行の主要な支出形態が融資であり，焦げ付きがなければ資金が利子付きで融資先の政府等から返済されるためであり，どの国際機関でもこのような手段がとれるわけでは全くない。またたとえば，寄付・贈与や事業活動などの収入もある。日本で最も有名なのは，様々なところで募金やカードの販売を行っているUNICEFであろう。UNICEFは，個人からだけでなく企業・NGOなど各種団体からの寄付もあり，それらの収入は，2009年には約9億ドル超と全体の収入の3割弱を占めるに至っている。

主な支出形態

ではこのようにして集められた資金は，どのように支出されているのだろうか。

国際機関全般に言えることであるが，国連システムの諸機関は，各機関が各々の存在目的を持ち，そのために様々な活動を行っている。つまり，国際機関ごとに主要な活動分野を有しており，そのために支出がなされるのであるから，主な支出は活動分野ごとに整理することが可能である。他方で，機関ごとに所掌分野が異なるため，機関・活動分野を超えた，横断的分析は難しくなる。また，共通活動，政策作成，事務管理・計画立案など，特定の活動に帰属させることが難しいものもある。そこで，活動分野別分類とは別に，手段別分類による整理もあり，それによると主な支出形態としては，会議費，設備費，人件

費等があるとされてきた。

　これらのなかで，恒常的に大きく重要な費目は，人件費といわれる，国際機関の事務局に勤務する職員等に支払われる給与・手当であることはよく想起される。これらの職員は，機構の維持運営のため，また，活動を遂行するためにも，必要不可欠な行政資源と位置づけることができ，大変重要である。

　但し，人件費がどの程度多くを占めるかは機関によって異なり，人件費以外にも重要な支出形態が存在している機関もある。別の重要な支出形態とは具体的には，いわゆる調達費といえる形態であり，これは物資・サービス・役務の調達に費やされる資金をさす。このような調達費が大きい国連システムの諸機関は，WFP，国連，UNDP，UNICEF，UNHCR，世界銀行などであり，フィールドでの大規模なオペレーション・支援活動を行っている機関であることが共通する。その遂行のために，各機関では次のような調達が必要となっている。WFPでは，食糧を供給するマンデート実施のために，食糧自体に加えて輸送サービスや倉庫・車両等の調達が必要である。国連では，平和と安全保障のマンデートに関するPKOの実施のために，空輸・燃料・車両・通信・食糧等の調達が必要である。UNDPでは，貧困削減や民主的ガバナンス等のマンデートの実施のために，電子通信機器やコンピュータ，IT・行政・教育サービス等の調達が必要である。UNICEFでは，保健衛生面を中心とした子供の保護というマンデート実施のために，ワクチン・薬・蚊帳等の調達が必要である。UNHCRでは，難民・国内避難民の保護というマンデート実施のために，シート・テント・マット・車両・輸送・IT等の調達が必要である。そして世界銀行では，開発援助のマンデート実施のために，資機材・工事・コンサルタント等の調達が必要である。以上のような物資・サービス等の調達は，機関の目的達成のために不可欠であったり，関連が深いものといえ，これらの確保なくしては，フィールドでのオペレーションは完遂できない。

　管理職・専門職・一般職などの職員に係る採用や昇進といった人事行政や人件費には従来から比較的注目が向けられてきたのに対して，以上述べたような

物資・サービス等の確保に必要な調達費は従来，財政の文脈から注目されてきたわけではない。しかし，上記の機関のうちたとえば WFP は財政の7割，UNICEF は財政の5割超を調達関連の支出が占める年もあり，かつ，上記のフィールドでのオペレーション活動を行う他の機関の調達も合わせると，国連システムの財政規模の多くの割合を占めるようになってきている（例えば2005年には約4割）ため，調達費は，国連システムの財政面からも考察を深めていく重要性が以前よりも増してきている。

2 国連財政の基本構造

国連通常予算

国連通常予算は，次項のPKO（及び本節では省略するが旧ユーゴ・ルワンダの重大な国際人道法違反問題を扱う2つの国際刑事司法裁判所や，国連本部の改修）を除き，国連の全般的な活動・管理に充当される基本的な予算である。

この通常予算の規模は，次の図3-1の通りであり，近年は増加傾向を示してきた。ただそれでも2010-11年の2年間で約54億ドル程度の規模であり，2分して1年に直すと27億ドル程度に過ぎない。その2年間の平均レートを1ドル85円程度とすると，2年間で約4600億円程度，1年ではその半分の計算になる（ただ実際の予算規模は両年で同一にはなっていない）。このように，国連の基幹となる財政規模は，極めて限定的なのである。

では以下，このような通常予算の財政を収入・支出の順に概観する。

まず収入である。国連は，この通常予算を第1節2項で説明した分担金として加盟国から徴収することで主に賄っている。2010年の分担率と分担金額は次の表3-1の通りであり，上位20カ国で84％余を負担しており，次のPKO予算ほどではないが，かなり財政負担に集中がみられることが分かる（日本は，比率が下がったとはいえ，第2位の財政貢献国である）。

次に，支出である。国連の情報から通常予算の分野・費目別の主な支出内訳

第3章　国連の財政

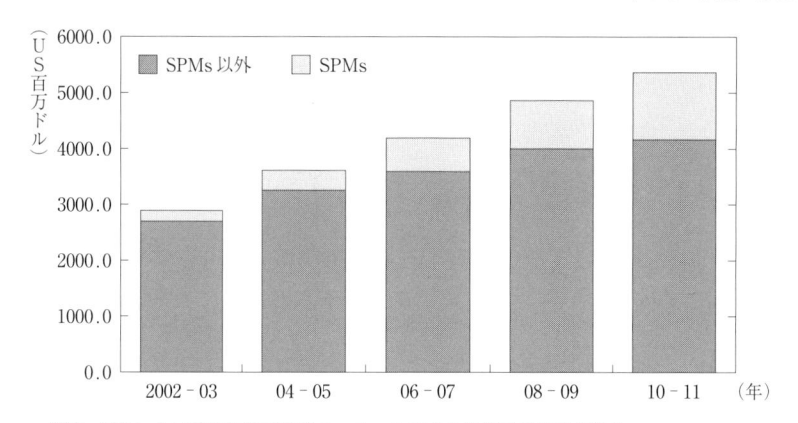

```
(US百万ドル)
6000.0
5000.0  ■ SPMs以外  □ SPMs
4000.0
3000.0
2000.0
1000.0
   0.0
       2002-03   04-05   06-07   08-09   10-11  (年)
```

（注）　SPMsとは後述の特別政治ミッションであり通常予算に含まれる。
（出典）　国連の情報による。

図3-1　国連通常予算の財政規模とその推移（2002-03年～2010-11年）

（2010-11年）をみると，全般的な政策形成の方向づけと調整（overall policy-making direction and coordination）や，共通支援サービス（common support services）など，国連の全般的な政策面の活動や管理運営に密接に関係する支出も多い反面，特定分野の活動の比重の高さも確認できる。具体的には政務（political affairs）であり，実に4分の1近くを占めている。開発関係は合わせても2割弱であり，法や人権も合わせても1割に満たない。PKOは次の第2節2項でみるように別勘定であるのになぜこれほど多いのかというと，政務の中のSpecial Political Missionsに，多くの費用が必要となっているためである。これは，特別政治ミッションといわれるもので，図3-1では上部（SPMsの部分）が該当する。2002-03年には約2億ドルであったのが，2010-11年には12億ドルと，実に10年間で6倍以上に急増していることが分かる。その主要な内訳は，UNAMA・UNAMIというアフガニスタン・イラクに対する，そして，Cluster Ⅲに分類されるリビア・ブルンジ・ギニアビザウその他の国・地域に対する政治ミッションであるが，いずれにしても国連財政の見地からは，この政治ミッションの財政について考えていくことは重要といえる。

表3-1 各国の国連通常予算分担金額・分担率 (2010年)

国 名	分担金額（100万ドル）	分担率（％）
米 国	517.1	23.872
日 本	265.0	12.23
ドイツ	169.5	7.82
英 国	139.6	6.44
フランス	129.5	5.98
イタリア	105.7	4.88
カナダ	67.8	3.13
中 国	67.4	3.11
スペイン	67.2	3.10
メキシコ	49.8	2.30
韓 国	47.8	2.21
豪 州	40.9	1.89
オランダ	39.2	1.81
ブラジル	34.1	1.57
ロシア	33.9	1.56
スイス	23.9	1.10
ベルギー	22.7	1.05
スウェーデン	22.5	1.04
ノルウェー	18.4	0.85
オーストリア	18.0	0.83
その他（172カ国）	286.5	13.22
合 計	2166.5	100.00

(出典) 日本外務省の情報による。

国連 PKO 予算

　国連 PKO 予算は，前項の通常予算とは異なり，PKO 活動のために特化した予算である。

　実際には各 PKO ごとに予算化がなされ，通常予算のように単一の統合 PKO 予算が組まれているわけではないが，ここでは PKO 財政全体を把握するために，ミッション毎の財政規模と分担金額を集計した後のデータも参照しつつ，検討していく。

　この PKO 予算の規模は，図3-2の通りであり，近年は増加傾向を示しそ

第3章　国連の財政

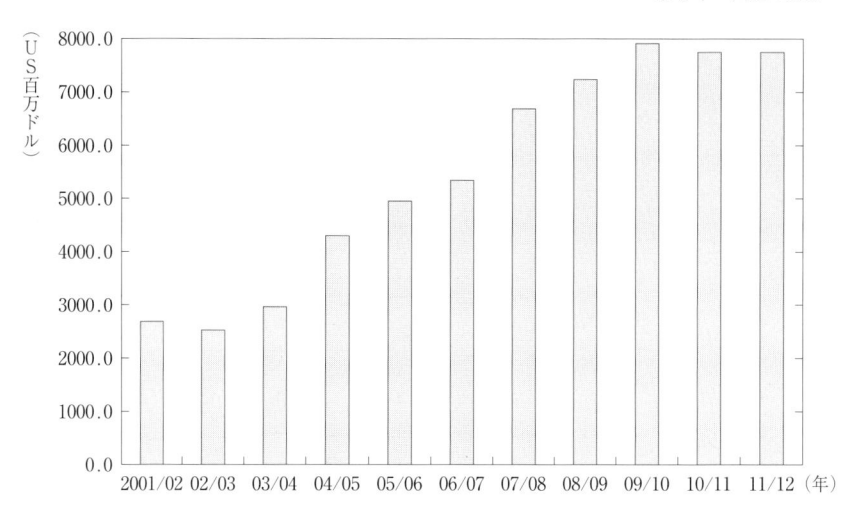

(注) 01/02は，2001年7月～2002年6月までの12カ月間を意味する。
(出典) 国連の情報による。

図3-2　国連PKO予算の規模とその推移（2001/02～2011/12）

の後横ばいで推移している。2002-03年（2002年7月～03年6月）の12カ月間は25億ドル程度であったのが，2009-10年の12カ月間には80億ドル弱にまで急増しており，通常予算の額をはるかに上回るに至っている。PKO予算の規模は大型のPKOが立ち上がるか廃止されるか，また，規模を拡大させるか縮小させるかで大きく変動し，必ずしも将来もこの規模で推移するわけでは全くないが，如何に21世紀初頭の10年でPKOの財政的拡大が急速に進んだかが分かる。

では以下，このようなPKO予算の財政を収入・支出の順に概観する。

まず収入である。PKO財政の確保は，通常予算同様に分担金によっており，基本的には通常予算分担金の負担配分が適用されるが，全く同一ではなく，安保理常任理事国に通常予算よりも加重された財政負担がなされている反面，最低負担比率は0.0001％と通常予算よりも一桁小さいなど，通常予算以上に負担割合に差がつけられている。これは，安保理常任理事国の影響や責任の大きさを財政負担に反映させ，他方で通常予算を凌駕する規模になっているPKO分

表3-2 各国の国連PKO予算分担金額・分担率 (2010年)

国 名	分担金額（100万ドル）	分担率（％）
米 国	2675.0	27.66
日 本	1205.9	12.47
英 国	783.1	8.10
ドイツ	770.4	7.97
フランス	726.1	7.51
イタリア	480.2	4.97
中 国	377.7	3.918
カナダ	307.9	3.18
スペイン	305.0	3.15
韓 国	217.0	2.24
ロシア	189.7	1.96
豪 州	185.6	1.92
オランダ	178.2	1.84
スイス	108.6	1.12
ベルギー	103.3	1.07
その他（177カ国）	1057.0	10.93
合 計	9670.7	100.00

（注） なお国連PKO予算は，7月～翌年6月までの1カ年予算であるが，上記分担金額は，各加盟国に対する暦年ベースの要請額の合計。
（出典） 日本外務省の情報による。

担金支払いの低開発途上国へ及ぼす影響を緩和する意味では，妥当な措置といえよう。具体的な分担率は，表3-2のとおりであり上位15カ国で9割弱の負担がなされていることが分かる。

次に支出である。人件費・調達費等の支出内訳は，予算執行として次節の第2項で検討することにして，通常予算では活動分野別の支出内訳を取り上げたので，ここでは，ミッション別の支出内訳を確認しておく。その特徴は，様々なPKOが展開されている中で，予算上の比重は，ミッションごとに大きく異なるという点である。具体的には国連の情報によると，2010年7月から2011年6月までの12カ月間では，スーダン・ダルフール地方へのPKO（UNAMID），コンゴ民主共和国へのPKO（MONUCからMONUSCOへ改称），（南スーダンの独

立後に UNMISS となった) スーダン南部への PKO (UNMIS) の 3 つの PKO だけで，14 のミッション全体の予算の 6 割 (60.2%) を占めている。他方で，1％に満たない予算しか要していない PKO も複数ある。

3 国連財政の予算サイクル

予算策定

　国連の予算を，とりわけその中の基幹予算といえる通常予算を念頭に，日本を含む多くの各国政府の国家予算と比較した際の大きな特徴は，国連は単年度予算でなく（1月から翌年12月末までの）2年次予算 (Biennium Budget) が導入されていることにある。これは必ずしも国連だけに特異なものではなく，国際機関では2年次予算が珍しくない。2年次予算は，事務局および予算審議機関の時間・経費の節約を図ったものといわれており，国連の通常予算は1973年以降単年度から切り替えられた。もっとも，PKO は現地情勢に変化がある場合も多く，かつ，安保理の政治的意思に多く依存していることもあり，2年次予算にはなっていない。このような差異を踏まえて，以下の説明では，通常予算の予算作成の場合について概説する。

　予算準備過程は，事務局がこれを担う。事務局の各部局は，予算見積りを国連財務官 (Controller) を長とするプログラム計画・予算・会計室 (OPPBA) に提出し，そこがこれを整理・査定した後，事務総長が国連事務局の予算案とする。つまりこの財務官は，いわば日本の財務大臣のような役職である。国連事務局内では管理局の中に位置づけられ，財務官の地位は事務次長 (USG) より1つ下の事務次長補 (ASG) ではあるが，こと国連の財政問題においては，事務局内で強い影響力を有している。このような財務官による整理・査定を経て，事務局トップの事務総長が予算案を，会計年度前年の6月末より前に国連総会に対して起案することとなっている。

　ここからは，主に国連総会の側で加盟国側の審議が次のように進んでいく。

予算は，日本の国家予算でもいきなり本会議で審議・採決にかけられることはないのと同様に，専門の委員会の場で実質的な検討が進められていく。まず，総会の行財政問題諮問委員会（ACABQ）によって審査がなされる。このACABQ は，国家代表ではなく専門的見識を有する個人の資格として選出される16名の委員で構成されており，そこで非常に詳細な予算案のチェックがなされていく。もっとも，その委員の選出方法は総会での加盟国による選挙によっているため，政治的影響が事実上ないわけではない。なおこのようなACABQ での審査と同時に，国連事務局は，この予算案を総会開催の少なくとも5週間前に加盟国へ送付し，あわせて，各種計画関連予算は（総会とECOSOC 合同の下部委員会である）計画調整委員会（CPC）の審査も受ける。そしてACABQ とCPC は，国連総会第5委員会（行政・予算）へその勧告を行い，報告書を送付する。そして総会第5委員会でコンセンサスで決定された予算案が，ようやく国連総会本会議に上程され，年末に審議・採決に付される。予算の採択は，国連憲章18条2項で重要問題とされており，過半数ではなく3分の2の特定多数決により決議されることになっている。

予算執行

予算の執行は，主に事務局の側でなされる。国連発足から冷戦中の大部分の時期は，国連経費の相当程度は，国連本部や主要なオフィスで費消されていたが，現在ではPKO や特別政治ミッションなど，フィールド活動のために支出される予算も多い。このことは，前節で述べたように，PKO 予算の規模が通常予算の規模を大きく上回り，かつ通常予算の最大の支出費目が政務であり，その多くが特別政治ミッションに充当されていることに顕著に表れている。

第1節3項でも述べたように，フィールド活動への支出が拡大するのにともない，人件費に加えて特に重要となる支出形態が調達費である。国連の調達の推移を示した次の図3-3をみると，PKO 予算の伸びにあわせて調達額が急増していることが分かる。この国連全体の調達のうち，約80～85％はPKO 関連

(出典) 国連の情報による。

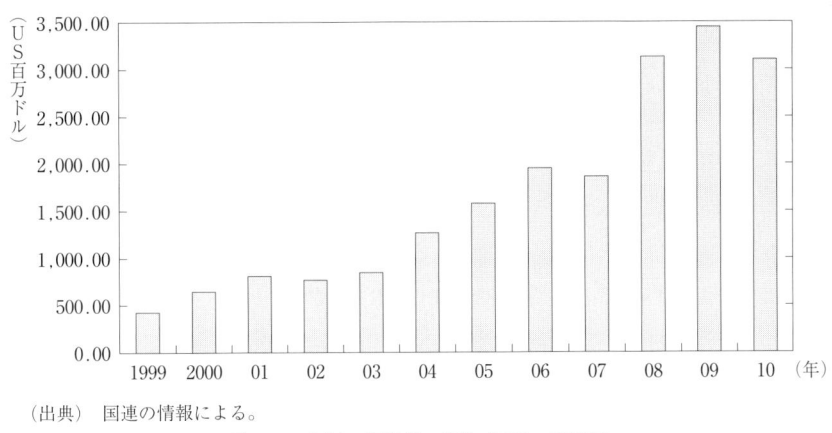

図3-3 国連の調達額の推移(1999〜2010年)

の調達であることからも，PKO財政・国連財政における調達の重要性を確認することができる。

では，国連はどのような物資・サービスを調達しているのであろうか。国連の統計から，2010年の調達額の多い順に上位10項目を確認すると，空輸サービス，建築・設計・建設関連サービス，貨物輸送・配送サービス，燃料，食糧・配食サービス，電子データ処理機器・維持サービス，レンタル・リース，車両部品及び輸送機器，通信機器・サービス，プレハブ施設となっている。これらは，PKOの運用・維持に必須であり，また，PKO以外の国連活動や国連の機構の維持にも不可欠であるため，それらの調達のための費用は，極めて重要な財政支出といえる。

なお，国連の人件費は，本部や他のオフィス及びPKOに文民要員として従事する（国際・現地の）国連職員の給与・手当等に加えて，PKOに従事する各国政府が派遣した軍事・警察要員の費用も含めて理解することも可能である。もっとも，これらのPKOの軍事・警察要員の費用は国連が直接雇用しているわけではないため給与ではなく，多くは軍事・警察要員を派遣した国の政府に支払われるので，アウトソーシングとして調達の1つと位置づけることもでき

る。それも含めると調達は実質的に国連財政の過半を超える支払い形態とみなすこともできる。

決算・監査等

最後に決算・監査等としては国連の場合，以下のような内部と外部にわたる複数の組織が設けられている。なお，ここでいう内部とは，事務局の内部ということであり，外部とは事務局の外部（及当然国連の外部）という意味である。

まず内部については，（既述の財政当局であるプログラム計画・予算・会計室（OPPBA）の執行見通し報告書の他，）内部監査室（OIOS）がある。この内部監査室は，1994年に設置されたものであるが，その設置に際しては，アメリカが強くその必要性を主張した。アメリカはこの設置が万一否決される場合は，分担金の支払い拒否をもって臨むという強い態度を示した。こうしていわばアメリカの肝いりで誕生した内部監査局の基本的構成は，監査（audit）部，査察・評価（inspection and evaluation）部，調査（investigation）部という3部より成る。このように，財務・会計監査の機能だけでなく，査察・評価や調査の機能も併せ持つことで，財政面の様々な問題にも多面的な対処が行いやすくなっている。また，数年間は調達タスクフォースも特設されたように，調達面も重視したチェック活動が行われてきた。

次に，外部については（既述のACABQの決算審議を含む審査活動の他，）以下のような会計検査・監査や活動全般の監視等を担う組織が設けられている。

まず，国連会計検査委員会（Board of Auditors）がある。これは，1946年に国連総会が設置したものであり，国連本体と付属機関の監査を行い，その結果と勧告をACABQを通して総会に報告することがマンデートとされている。同委員会は，3加盟国政府の会計検査機関の長より成り，従来は3年の任期であった一方で，再任が可能となっていた。それが2002年7月からは，再任不可の任期6年で，2年ごとにメンバーが1名ずつ入れ替わっていく体制に改められた。同委員会は，本章で中心的に取り上げてきた国連の通常予算・PKO予

算のそれぞれについても包括的な会計検査報告を定期的に発出しており，（決算・監査で）一定の役割を果たしている。

次に国連合同監査団（JIU）がある。これは，国連総会によって1966年に試行的に設置され，数次の更新を経て，1976年に恒久化が決定され現在に至るもので，国連及び他の専門機関を含む国連システムの諸機関でJIUを受け入れる機関に対して監査・検査を行う。この監査団は，11名以内の総会が選任した専門的識見を有する監査官（Inspector）より成り，地理的なバランスも考慮して総会が選任する。各監査官は，個人的な資格で職務にあたり，出身国政府を代表することは認められていない。任期は5年で再任は1回に限り許されている。監査官は，行財政を中心に各機関の様々な効率性に関わる問題等を監査することができ，必ずしも狭義の監査に限定されるものではなく，また現地調査も実施できるなど，かなり広範な強い権限を有している。しかし，それを補佐する事務局体制は弱く，テーマ・対象を絞った監査・検査を主に実施している。

加えて，重大な問題が発生した案件での暫定的な特別外部監査・査察の組織が設置されることもある。たとえば，湾岸戦争後の経済制裁に置かれていたフセイン政権下のイラクで国連が実施した石油と食糧交換計画（Oil for Food Programme）という人道援助における不正問題は，かつてアメリカ連邦準備制度理事会議長も務めたポール・ボルカーを長とする独立諮問委員会（Independent Inquiry Committee）という外部の特別委員会が設置され，非常に詳細な監査・査察がなされた。

4 国連財政の発展・変容と課題

発展・変容

国連システムで最大の財政規模を誇る国連財政は，過去の冷戦構造下でのある種の経費問題や不払い・滞納などの様々な試練に耐え，冷戦後から21世紀の現在まで発展してきた。その間の発展については様々な整理がありうるが，以

下では財政規模、財政支出の分野・費目、財政制度・体制について指摘する。

まず、財政規模の面の変化は極めて大きい。21世紀初めの10年間程度に絞ってみても、通常予算・PKO 予算それぞれの規模の伸びは、本章の第2節で示したとおり、通常予算が約1.8倍程度、PKO 予算が約3倍弱と極めて顕著であった。一時期を除き大規模な PKO の展開がなく、今のような特別政治ミッションもなかった冷戦期の80年代から冷戦後の90年代にかけての PKO 予算・通常予算の伸びも非常に大きかったため、国連発足から冷戦期の間と現在の予算規模を比べると、インフレを考慮しても格段に大きい。確かにこれを財政規模の膨張として批判的に捉える立場もありうるかもしれないが、このような国連財政の拡大は、国際や地球規模の様々な課題に時代ごとに対処し、特に冷戦後 PKO を含めてその役割を拡大してきている国連の活動を支え続けてきた意味では、単なる変容に止まらず発展と捉えることができる。

次に、単に財政規模だけでなく主な財政支出の分野・費目も発展・変容を遂げている。分野的には、国際の平和と安全・政務分野の発展が顕著である。これは無論、冷戦構造下での東西対立が解消し、PKO や特別政治ミッションの派遣がより可能になり、また、紛争の性質が主に国家間対立だった時代から内戦や非国家主体との問題等も増加するなど多様化した結果、派遣の必要性も高まってきたことが大きい。そして、現在のような特別政治ミッションがなく、PKO の規模が一時期を除き小さかった冷戦下では、国連の財政の相当部分は、ニューヨークやジュネーブ等での事務局の活動や総会・理事会・委員会等の会議の開催や関連する支出に充当されており、人件費の占める比率が大きかった。それが、PKO 活動の拡大と共に、物資・サービスの調達や人員の外部からの調達（アウトソーシング）に充当される割合が増加していった。これは、大きな財政支出の分野・費目の発展・変容である。

さらに、これらの規模や財政支出の分野・費目の変容にともない、それに対応すべく財政制度や体制も発展してきた。歴史を遡ると、古くはたとえば、50年代から60年代のスエズ危機を受けての中東への PKO である国連緊急軍

(UNEF）と，コンゴ動乱を受けてのコンゴへのPKOである国連コンゴ活動（ONUC）に伴う経費の膨張から生じた不払いを受けて，国際司法裁判所による1962年の勧告的意見も踏まえて，PKOの費用が機構の経費と明確化されたことが挙げられる。その後はたとえば，1969年のベルトラン報告書に盛り込まれたプログラム予算の導入，80年代のアメリカの分担金不払いを受けての行財政専門家委員会（G18・18人委員会）の勧告に基づく予算概要（Budget Outline）の導入や非常基金の設定及び第5委員会での予算決定のコンセンサス化などの取り組みが確認できる。また，90年代のPKO予算の急増を受けての1990年のPKO支援勘定設置，1993年からのPKO準備基金の運用開始，1996年7月からの現行予算方式の導入，旧ユーゴ・ルワンダの2つの国際刑事司法裁判所の予算制定などもなされた。そして，内部監査・査察・評価の機能を充実させるために，1994年にはOIOSが創設された。更に，冷戦後には調達が拡大したことに応じて，事務局の管理局内に調達部が設置され，組織的体制が整備されていった。これらの行財政の制度や体制の改革があってこそ，国連は発展・変容する機構の活動と財政を持続的に維持できてきたと評価できる。

課　題

このような（特に支出規模と支出分野・費目の両面での）発展・変容は，他方で，様々な財政上の課題も生み出してきた。本章の前節までで検討し，また上記の発展・変容の項で指摘した内容との関係では，少なくとも以下のような3点にわたって課題があるといえる。

第1に，収入面の課題である。60年代，80年代，90年代の財政危機も，主要な財政負担国の分担金の不払い・滞納が問題となった意味では，まさに収入面の問題といえる。昨今は，滞納問題が国連財政を揺るがし国連事務局やPKOの機能停止が危惧される事態は起こっていないが，日本を含めて財政制度上支払いが遅れる国々による一時的な滞納問題だけでなく，大口負担国や最貧国の滞納問題も解消したわけではない。PKOへの要員・装備提供国への償還を遅

らせるなどの工夫で問題の顕在化が抑えられているのが実情である。世界の軍事費から比べるとPKOの経費は微々たるものとはいえ，PKO経費の膨張や大型の特別政治ミッションの設置などもあり，持続的に財政を維持するのは困難も垣間見えつつある。国連の活動でも，どこまでを加盟国の義務的負担である分担金により行うべきか，どこからは分担金以外の自発的拠出金や寄付等で賄うべきか，など，収入の多様化をこれまで以上に模索していくことも課題といえよう。

　第2に，支出面の課題である。本部・主要なオフィスでの会議や政策形成・調査研究等の事務局活動が主であった国連発足から冷戦中の大部分の時期には，支出の多くは本部・主要なオフィスで消費され，またその主要な費目は職員への給与・手当であった。その範囲では，給与・手当の支給水準・規定を定め，ポストを定めておけば，人件費の水準は自ずとコントロールできていたわけであるし，また，不正が発生することもほとんどなかった。しかし，既に本章で述べてきたように，PKO・政治ミッションの規模拡大によって，国連財政全体に占めるフィールド活動に費やされる財政比率が著しく増し，それに伴い，従来の職員給与・手当以外に，物資・サービスの調達費や加盟国への要員・装備品提供への償還費が増えてきた中で，それらの財政支出管理はより複雑で手の込んだものとなってきている。たとえば，冷戦後の20年間に調達に関連した不正や非効率な問題が発生してきたこともあり，様々な努力・取り組みはなされているところであるが，調達・費用償還の側面を含めた支出面への関心の維持と取り組みの継続が課題といえる。

　第3に，財政サイクル全体にわたる継続的取り組み・見直しという課題である。本章でも財政サイクルについて主要サイクルごとに検討してきたが，それぞれ次のような課題はまだ残っているといえる。まず，予算策定段階では，（PKOや特別政治ミッション等を除き）予算を充当する裏づけとなる個々のマンデートに対する定期的かつ体系的な見直しが十分になされていないという課題がある。これを事務局側が行うのは，政治的に極めて困難であるといい，加盟国

側の姿勢も重要となっている。これは個々のマンデートのレベルだけでなく，プログラムレベルで，時勢の変化を反映したプログラムの組み替え・再編成がどの程度なされているのかも，特に，国連通常予算がプログラム予算であることからも，極めて重要である。さらに策定段階としては，たとえば結果重視予算の定着も課題と言える。また，執行段階に関しては，既に第1・第2で述べた収入面の滞納問題と支出面の調達問題などのほか，たとえば，予算執行面での臨機応変かつ妥当な財政的な裁量の行使も本来事務局に求められており，加盟国側も限定的に許容している（limited budgetary discretion）が，これを適切に活用して予算執行上の硬直性に対処していくことも求められている。そして決算・監査等の段階では，内部・外部の関連組織が適切かつ継続的に全般にわたる決算・監査等を行っていくことは無論重要だが，それらを確保するための人的・組織的体制の充実や，決算・監査等の結果が将来の予算策定やプログラム・マンデートの見直しに十分フィードバックされていくことも，あわせて重要である。

参考文献

久山純弘・坂根徹「国連活動の効果促進・効率化のための基本枠組み分析と活動（事業）の見直し・整理問題」（有識者による国連活動評価報告書）外務省，2008年2月。

坂根徹「国連システムにおける調達行政の意義と企業・NGO の役割」日本国際連合学会編『国連研究の課題と展望』国連研究第10号，国際書院，2009年，143-162頁。

坂根徹「国連 PKO の財政支出構造と政府・企業からの調達」日本国際連合学会編『日本と国連——多元的視点からの再考』国連研究第13号，国際書院，2012年，185-207頁。

H. G. シュヘルメルス（金井英隆・藤川洋・辰巳浅嗣訳）『国際機構法（中）』啓文社，1987年，115-239頁。

城山英明「国連財政システムの現状と課題」日本国際連合学会編『グローバル・アクターとしての国連事務局』国連研究第3号，国際書院，2002年，197-213頁。

第 I 部　国際機構の発展と課題

高須幸雄(解説:石原直紀)「国連活性化と行財政改革」明石康・大芝亮他編著『オーラルヒストリー日本と国連の50年』ミネルヴァ書房,2008年,125-152頁。
田所昌幸『国連財政——予算から見た国連の実像』有斐閣,1996年。
田所昌幸「国際連合(安全保障分野)」田所昌幸・城山英明編著『国際機関と日本——活動分析と評価』日本経済評論社,2004年,24-88頁。
則武輝幸「国際機構の財政的基盤」横田洋三編著『新国際機構論(上)』国際書院,2006年,123-143頁。
福田耕治『国際行政学(新版)』有斐閣,2012年,103-126頁。
その他,国連・国連システム及び日本外務省の様々な財政関連文書・資料も参照した。

第4章

21世紀へ向けた国連改革

星 野 俊 也

― この章で学ぶこと ―

21世紀に入り，グローバル化が急速に進む世界の中で，国連は主権国家の利害を色濃く反映した20世紀型の国際機構からの脱皮を強く迫られている。

　進歩と停滞とがないまぜとなった様々な国連改革のための取り組みは，21世紀初頭の国際関係における特に次の2つの動向に対応することが求められていると考えられる。1つは，特に冷戦後，主権国家の体裁をとりながらも，その内実は貧困や紛争でガバナンス機能が著しく脆弱化した国家（＝いわゆる「脆弱国家」）の問題が顕在化し，こうした国々の再建や強化に向けた国際協力の必要性が高まったことが指摘できる。また，もう1つは，主権国家の内側で，当該国の強権的な政府の抑圧や，逆に当該国の政府の機能の著しい破綻によって，厳しい苦境に立たされている人々を国際社会として直接的に保護すべきとする衝動が高まり，具体的な規範や行動の制度化が求められたことである。これらはともに国連憲章第2条7項の主権国家に対する内政不干渉原則に照らせば例外を求めるものであり，いわば主権国家に対する「統制された建設的な介入」の正統化という新しい方向を目指した動きと捉えることができるだろう。しかし，その一方で，安全保障理事会（以下，安保理）に代表される国連の意思決定システムにおいては旧来の主権国家の既得権益の変更にまで踏み込むことに対し，かなり頑なな抵抗を見出すことができる。

　そこで，本章では，平和構築委員会の活動にも反映されている脆弱国家の再建に向けた取り組みの進展，人権理事会の新設を含む人権や人道概念の主流化を通じた「人間中心」のアプローチの発展，及び安保理の改革論議から浮かび上がる国連の集団的な意思決定メカニズムの在り方に関する議論の行方という主に3つの観点から21世紀に向けた国連改革の動向や課題について検討したい。

第Ⅰ部　国際機構の発展と課題

1　国連平和構築委員会の設立と「脆弱国家」への対応

「平和構築」とは何か

　国際社会において「平和構築」(peacebuilding) という発想は，すでに1970年代からヨハン・ガルトゥングらの平和研究者らによって提起されていた。それは国連が「国際の平和と安全の維持」を本来の目的としながらも米ソ冷戦で国家間対立がむしろ高まる状況を目の当たりにし，まさに平和な世界をもたらしていくうえで望ましい国際社会の構造を構築していくことの重要性を説く，規範的・革新的な議論であった。だが，冷戦の終結で世界を2つに分けた対立の構造は解消していくが，国連では別の文脈での「平和構築」が求められていった。それは，「紛争後の平和構築」と呼ばれ，国家間の対立ではなく，国境の内側で民族や宗教や言語など人々のアイデンティティの違いが社会的な不公正や権力闘争と結びつき，長期にわたる悲惨な国内紛争へと発展していった経験を持つ国々において，紛争当事者間で和平合意を実現し，平和な新生国家へと生まれ変わっていくなかで，復興と平和の定着が持続するような国内の社会構造を構築していこうとする活動である。

　冷戦後，そして湾岸危機を一致団結して乗り切った新しい時代の新しい世界のなかで国連が国際の平和と安全の分野でいかなる役割を果たすことができるのかを検討するように安保理から付託されたブトロス・ブトロス＝ガリ事務総長（当時）は『平和への課題』報告書（1992年6月）を発表した。そして，同事務総長は，その報告書のなかで，予防外交，平和創造，平和維持，平和強制とともに「紛争後の平和構築」の重要性も指摘したことでこの概念は注目を集めることとなった。実際，冷戦のくびきから解き放たれた多くの国々では，平和が訪れるよりも先に，米ソ両超大国からの軍事的・政治的・財政的な後ろ盾を失って不安定化し，国内では新たな権力闘争が発展し，主権国家としての機能は脆弱化していった。こうして，国際社会としてはいかにこれらの「脆弱国

家」に対応していくかが大きな課題となった。1990年代に国連が対処を迫られた一連の紛争（カンボジア，シエラレオネ，ソマリア，アンゴラ，ルワンダ，コンゴ，ハイチ，ボスニア，コソボ，東ティモールなど）は，みな脆弱国家の内側で発生したものだった。また，21世紀のスタートとともに世界を震撼させた9・11米同時多発テロ事件の背景には，アフガニスタンという一つの国家の脆弱性を突いて国際テロ組織がそこを根城に利用していたという衝撃の事実があった。

　文化的・社会的な背景は異なっていたとしても，それまで同じ国のなかで隣同士として暮らしていた人々が政治的な動員や扇動も加わり，しかもその規模は何万，何十万という単位で命が失われ，さらに多くの難民・国内避難民が生まれるという事態は，政治学者のマイケル・ウォルツァーの言葉を用いれば「人類の道徳的な良心に対する衝撃」にほかならない。ここでは，新しい意味での「平和構築」，すなわち，国内紛争の当事者の間を仲介し，和平に向けた合意を「創造」し，かりそめの治安や安定を「維持」するのみではなく，紛争後の新たな国家のなかで人々が共生し，平和が持続化するような国家と社会の「構造」をしっかりと「構築」していくことが求められることになった。

　こうして，紛争や極度の貧困を抱え，ガバナンスの弱い国々を再建していくことは，当該国のみならず国際社会の平和と安全にとってきわめて大きな意義があることが再認識されていくことになる。しかも，紛争後の平和構築努力を怠ると，ようやく当事者間で和平合意が達成されたとしても，その後の5年間で約半数が元の紛争状態に逆戻りしているという調査結果もある（実例を挙げるならば，1993年のアンゴラ危機や1994年のルワンダ虐殺はいずれも和平合意の締結後5年もたたぬ間に生じたものである）ことから，紛争後の平和構築努力がいかに重要かが浮かび上がってくる。

平和構築委員会の新設

　もっとも，ブトロス・ガリ事務総長の先見的な提言にもかかわらず，1990年代において一連の国内紛争型の危機に対する国際社会の対応や国連の機能は決

して十分な成果を上げたとは言えなかった。そこには，イラクのクウェート侵攻への対応という，世界経済や資源エネルギーなど戦略的観点から重要視されたペルシャ湾岸地域での非常事態には，安保理が一致団結をし，多国籍軍を組織してまで紛争の終結を目指したが，アフリカ・ルワンダの民族対立では数カ月で100万人にも達する大量虐殺が発生していても，国際社会からは国連の呼びかけに応える政治的な意思は示されなかった。コソボでの人道的な危機を食い止めるための国際的な介入は，米英軍によるユーゴ空爆という武力行使をともなうかたちで実施されたが，ロシアや中国の反対で安保理決議の授権のない「違法だが正当」という矛盾した行動とならざるを得なかった。

　もとより，紛争の終結には実力の行使によって危機的な事態が収束すればそれでよいわけではない。国連ならではの平和維持活動（PKO）も国家間紛争への対応と国内紛争への対応とでは必要な任務が異なってくる。しかも，紛争後に平和が定着するまでにはある程度長い時間のスパンで国際社会の支援が必要となる。ブトロス＝ガーリ氏の後継のコフィ・アナン事務総長のイニシアティブの下，元アルジェリア外相のラフダール・ブラヒミ氏を議長に国連PKOの在り方の改革を検討したパネルの報告書（『ブラヒミ報告』，2000年8月）の提言は，より「統合的な視点」から，国連の平和に向けた取り組みを「国連平和活動」というかたちで一括して捉える必要を訴えるものだった。それは，後の国連平和構築委員会の新設に向けても極めて重要な示唆を与える視点を提供するものだった。

　平和構築委員会の設立提案そのものは，アナン事務総長が国連創設60周年に向けた改革案について諮問した有識者による「ハイレベル・パネル」の報告書『より安全な世界，我々が共有する責任』（2004年12月）のなかで安保理の下部機関として提唱されたものである。同報告書では，「国家の破たんに向かう負担やリスクを抱えている国を特定し，当該国の政府とのパートナーシップの下，そうした動向がさらに進展することを防ぎ，紛争から紛争後の平和構築に至る移行期の計画を支援し，特に紛争後の平和構築において，必要な時間にわたり，

国際社会の支援の努力を動員し,持続させる」機能を持った機関の設立が1つの優先課題であると強調している(パラ263～265)。

平和構築委員会の設立構想は,その後,本有識者パネルの提言を踏まえたアナン事務総長の報告『より大きな自由を求めて』(2005年3月)のなかで国連機構改革の一つの目玉として提案された。アナン氏が「国連の機構面での大きな欠落部分」と表現したように,それまでの国連では紛争の平和構築の重要性は認識され,多くの機関が関連の活動を行ってはいたものの,どれも皆バラバラであり,相互に十分な調整を行うことなく実施されていた。しかも,同じ国を支援の対象としていながら国連諸機関は世界銀行や国際通貨基金(IMF)など国際金融機関との間で連携を深めていく場所も存在しなかった。そもそも,平和構築の成功のためには,当該国の政府と人々の声を的確に反映したものでなければならない。したがって,国別の「統合平和構築戦略」の策定という観点から平和構築委員会が機会を提供し,関係するステークホルダー全者が一丸となって当該国の平和構築と復興に力を合わせていくモデルが作られたことは,大きな前進と言えるだろう。

「統合平和構築戦略」支援に向けて

当初,ハイレベル・パネルの提言では安保理の下部機関と位置づけられていた平和構築委員会構想だったが,そのアイデアは世界サミット成果文書の中に正式に盛り込まれた。実際には国連の安保理と総会の両方に付属する政府間諮問機関とされ,意思決定を行う「組織委員会」(全加盟国のなかから31か国が選ばれて構成する)と個々の対象国の平和構築プロセスを支援する「国別委員会」などが設置され,あわせて国連事務局サイドから委員会の活動をサポートする「平和構築支援事務局」も新設された(2005年12月の国連安保理決議1645及び国連総会決議 A/RES/60/180)。国別では,ブルンジ,中央アフリカ共和国,ギニア,ギニアビサウ,リベリア,シエラレオネの各平和構築プロセスを支援するための委員会が設置されている。主要な任務は,「関係するすべての主体を糾合し,

第 I 部　国際機構の発展と課題

資源を動員し，平和構築と復興に向けた統合戦略について助言し，提案すること」とされていた。そこで委員会は，対象国の政府と市民社会の代表が，国際社会（国連加盟国，世銀・IMF，地域機関・地域開発銀行など）のメンバーと一堂に会し，その国の平和構築と紛争の再発防止にとって不可欠な優先分野（治安や司法改革などを含むガバナンス支援や，政府や人々のキャパシティ・ビルディング，さらには若者の雇用問題などその国の復興の文脈において重要な分野の活動）について認識を共有し，国際社会の関心・注目に訴えかけ，支援のための資金も可能な限り動員するという行動パターンを打ち出した。

　紛争の原因が多様であるように，平和構築の課題やプロセスは国ごとに大きく異なっている。また，平和構築における統合とは，平和や安全の分野とともに開発の分野や人権・法の支配の分野とを結びつけた視点で全体を見通すことも必要である。さらに，平和の構築は，紛争後の脆弱な新国家において政府機構の編成や人々の日常生活の再建をしっかりと進めていくこととともに，対立をしていた政治指導者たちの間の和平や権力分有といった極めて政治性の強い分野での合意形成なしには実現しないことも事実である。平和構築委員会はもっぱら国連の本部のあるニューヨークで，安保理や総会での加盟国の政治力学を背景に置きながら，当該の対象国の平和構築の支援に向けた努力を進めるが，現地では，平和構築委員会での議論を踏まえ，国連事務総長特別代表（あるいは執行代表）をヘッドとする平和維持活動（あるいは特別政治ミッション）が現地のステークホルダーと緊密にコミュニケーションをとり，政治レベルで紛争を決着させ，平和を持続可能とする政治・経済・社会の構造を築いていくことが重要となるだろう。

　21世紀に入り，9・11事件後の2つの戦争を経て，アフガニスタンとイラクでは復興と平和の再建の動きが進んでいる。実際問題として両国の再建は，平和構築委員会が背負うにはあまりに重く，個別のメカニズムが取られているが，同委員会が進める「統合平和構築戦略」アプローチは十分に応用可能であると考えられる。他方で，平和構築委員会の支援対象国は，現時点ではいずれもア

フリカの比較的規模の小さな国々で，それらの政府からの要請によるものである。しかし，9・11事件は，国際社会の諸国が，短期的で狭隘な利益計算によって脆弱な国々の課題解決を国際社会が放置したことによる高い代償であったことも事実である。平和構築委員会の作業プロセスにはまだ多くの課題が残されているが，国際社会が平和と復興を目指す国々に適確な関心と資源を集め，統合的に支援をしていくアプローチを導入し得たことは，国連の機構と機能の改革において有益な一石を投じるものだったと言えよう。

2 国連における「人権」と「人道」の主流化

国際社会・国家・人々——安全保障の3つの次元

　世界サミットの成果文書では，このように紛争や貧困の混乱のなかで脆弱な状況にある国家の再建や平和構築に取り組む新たな仕組みを提起した。これは，1つひとつの主権国家をしっかりと機能させることにより，主権国家を単位として構成されている国際社会の秩序を確保しようとする動きとしても意義がある。しかし，個々の国家の次元や国際社会の次元での平和と安全が保障されたとしても，それが人々（個人またはコミュニティ）の平和と安全に直結するとは言い切れない。従来の考え方からすれば，国民の基本的な人権の保障は主権国家の国内管轄事項であり，また，主権国家は他国からその内政には干渉されないという国際社会の基本原則が適用されることもあって，当該国の人権状況はその政府の対応にまかされていた。

　もとより，基本的人権の尊重は20世紀の国際関係のなかで普遍的な理念として発展・定着してきた重要な歴史の産物である。他方で，主権国家の壁の内側で，強権的な体制の下で，人々の最も基本的な権利までも日常的に侵害される事例も事欠かなかったことは認めざるを得ないだろう。また，国家機能が破綻をしているような国では人々を保護する当局が不在という状況さえも発生した。さらに，前節で取り上げた各国での武力紛争のさなかで，多くの一般の市民が，

女性や子供を含め，最も大きな犠牲を強いられてきたこと——たとえば，ルワンダ紛争におけるジェノサイド（集団殺害）や旧ユーゴ紛争のなかで繰り広げられた民族浄化やスーダン・ダルフール地方でのジャンジャウィードによる残虐行為などは極めて衝撃的な事例だが，そのほかにも多くの非人道的な事態が発生している——もまた紛れもない事実と言わざるを得ない。

　21世紀の国連改革では，したがって，以前であれば内政問題として手出しがしにくかった国境の内側の人々の境遇の改善に国際社会が直接的に関与するアプローチを検討することが急務とされた。その場合，大別して2つの道筋が検討された。第1は，国際人権保障体制の強化である。国連人権高等弁務官が指摘するように，21世紀に入っても人権に関する規範は，貧困と格差，差別，武力紛争と暴力，不処罰，民主主義の欠如などによって引き続き大きな課題を抱えている一方，現場では人権保障に向けた知識，能力，コミットメントが十分に徹底されておらず，いまなお組織的・計画的な人権侵害が発生している国もあって，状況は決して楽観できるようなものではなかった（国連人権高等弁務官活動計画，2005年5月26日付）。そこで，従来の国連人権委員会に代わり，より行動的な政府間の常設機関として「国連人権理事会」の新設が構想されたのは，こうした背景からであった。また，第2の道筋は，人々の人権の保障も含むが，より幅広く，人々の「生命」「自由」「潜在力」といったものの保護と強化に国際社会が（場合によっては，主権の壁を越えて）直接に対応できるような発想や制度の整備に関するものである。ここでは，極限的な人道危機が発生する場合に，国際社会として，国連安保理の承認を前提に，非人道的な行為を行っている国の指導者に対し，強制的な手段を用いても圧力をかけ，その国に住む人々を保護するための行動を求める「保護する責任」概念と，日本などが提唱し，武力行使などは一切排除するが，受け入れ国の同意を得て，ボトムアップで人々の自由の確保と潜在的な能力向上を支援しようとする「人間の安全保障」論が新たな規範として発展し，定着しつつあることも重要である。

人権理事会の新設

　人権理事会は，2006年3月，国連としてより高い機動性を持って人権の保護・伸長や，人権侵害事案への対処を進めるため，従来の人権委員会を発展的に解消させた後，国連総会の下部機関としてジュネーブに設置された機関である。47理事国で構成され，規模は人権委員会（53カ国）よりも少なく，理事国に選出されるには，地理的な配分に留意しつつも，総会を構成する全加盟国（現在は193カ国）の過半数を獲得する必要があることから，厳格となっている（人権委員会は，経済社会理事会を構成する54カ国のなかから過半数を獲得した53カ国を選出するものだった）。これは，アナン事務総長も認めていたように，人権委員会時代には「人権を強化するのではなく，非難をかわしたり，他国を非難したりする目的で，委員会メンバーに立候補する国が現れていた。その結果，信頼低下はますます進み，国連システム全体の評判にも暗い影を落とすようになった」という苦い経験を改革するためだった。さらに，同理事会では，理事国が自国の人権をしっかりと担保するように，理事国がその任期中に重大で組織的な人権侵害を行った場合には総会の3分の2の多数により理事国資格を停止することができるとの規定も新たに盛り込まれた。

　ところで，人権理事会では，全ての国連加盟国の人権状況を審査する枠組みとして「普遍的定期的レビュー（Universal Periodic Review; UPR）制度が導入されたことでも注目された。これにより各国は，4年に1度審査され，理事国は任期中に優先的に審査されることとなった。審査結果は理事会本会議で採択されるが，人権状況に問題が見出された国には，その国の同意を得た上でだが，そうした状況の改善に向けて技術協力を含む国際社会からの協力が提供されることとなった。

　同理事会の活動としては，このほか，特定国の人権状況の報告のための「国別特別報告者」制度や，国別人権状況決議の採択，さらには，危機的な事態が進むなかでの人権状況の調査（「シリア問題に関する独立国際調査委員会」の活動など）を含め，国際社会における人権状況の改善や人権問題の主流化に向けて多

方面の活動を展開している。

「保護する責任」と「人間の安全保障」

ところで，国際協力の推進が国連の役割であるにもかかわらず，国連が各国の「人々」の人権を含む自由（生命・生計・尊厳）を阻害する脅威に直接的に対応するシステムが十分に発達してこなかったという現実は，ある意味で不可解に思えるかもしれない。しかし，前述のように，国際社会とは原理的に主権国家をメンバーとする社会であり，たとえ善意の人道援助であったとしても，相手国政府の同意や許可なしに行動することは内政への干渉とされる。そして，当事国からの同意がそうやすやすと成立しない理由は，過去において「人道」を口実に強国が力の弱い国の内政を干渉した事例――すなわち，「人道的干渉」の濫用――が多く見られたことにも起因する。他方で，国家主権を盾に，国内で人権の侵害や，さらに国際人道法にも違反する残虐な事態が繰り広げられていることも見逃せない。グローバル化と情報通信技術の革新により，我々は他国の動向をいち早く知ることが可能となり，とりわけ悲惨な人道危機は，自然災害によるものはもとより，人為的な行動の結果であればなおのこと，犠牲者の保護に対する国際社会の道義的な衝動は強くなっている。「保護する責任」や「人間の安全保障」といった「人間中心」の視点は，国家主権を第1とする従来の発想を相対化し，国際社会が苦境に立つ他国の人々に保護の手を直接的に差し伸べる道を切り拓こうとする21世紀型の新しい改革努力の動きとして注目される。

「保護する責任」概念は，カナダ政府が立ち上げた「介入と国家主権に関する国際委員会」の報告書（2001年）のなかで初めて提起され，その後，国連改革に向けたハイレベル・パネル報告（2004年）やアナン事務総長の『より大きな自由のなかで』（2005年）においても重視され，国連世界サミット成果文書のなかに盛り込まれたことで国際的な認知を得た。その後の国連では議論を通じ，目下，同概念は，概ね次の3つの柱で構成されていると考えられている。

「保護する責任」の第1の柱は，国家（政府）主体が自国に暮らす人々を保護する本来的な責任があることを指摘するものである。ここでは，政府が国民や住民の基本的人権を保障する当然の役割が想起されており，主権が国家の権利であるばかりでなく，「責任としての主権」(sovereignty as responsibility) という側面もあることが強調されている。第2の柱は，ある国家で非人道的な事件，とりわけ，ジェノサイド（集団殺害），戦争犯罪，民族浄化，人道に対する犯罪という4つの残虐な犯罪に手を染めるようなことを未然に防止できるように，その国の能力強化のための協力を国際社会が進める責任に関するものである。そして，第3の柱については，ある国家のなかで不幸にも事態が深刻化し，前述の4つの犯罪がまさに発生しかねない事態に立ち至っている場合，国際社会として適時適確に対応する責任（まずは平和的な手段を用いるも，それが奏功せず，さらに当該政府が明確に住民の保護を怠っているような場合には，安保理での決議による授権を得て，最後の手段として武力の行使を実施し，人々を保護するオプションも含む）を果たすことが想定されている。安保理決議に基づく授権を条件としている理由は，現行の国連憲章では，国際社会において反社会的な行動をとる問題国家に対してであっても内政不干渉原則は尊重されており，武力行使を含む強制措置の発動は安保理が建設的な目的を実現するために必要不可欠と容認したもののみが正統かつ合法とされているからである。

　「保護する責任」論の台頭は，1990年代に頻発した国内での悲惨な人道危機の高まりと，それに対する国際社会の不介入（すなわち，残虐な行為を放置・看過してきた姿勢）への反省を促すとともに，従来のいわゆる「人道的干渉」論からの発想の転換を反映したものである。しかし，この概念を実践に移すには，やはり加盟国（特に拒否権を持つ安保理の5常任理事国）の政治的意思の問題が立ちはだかる。たとえば，2010〜11年のリビア危機では安保理がリビア政府による国民を「保護する責任」の放棄を根拠に国際社会による軍事介入を容認したにもかかわらず，2011年からのシリア危機では多くの市民の犠牲が出ていても安保理が身動きを取れずにいることは，明らかなダブル・スタンダードである。

また，セルビアやイラクやリビアなどでは，人々を保護する目的の軍事介入の結果，加害の側が拠って立つ現政権の崩壊や政治体制の変更がもたらされた。だが，これらのケースでは「人道」を名目としつつも，実際には大国の思惑もあって当該国の体制の強制的な転換が進められたのではないかという疑念を持たれても仕方のない展開だった。このように，「保護する責任」概念は法的な概念ではなく，政治的な意図に基づく行動原理であるため，その実践にあたって多くの課題は残されている。しかし，目に余る非人道的な事態が発生している国のなかの人々を救いたいという国際社会の衝動を具体的な行動につなげる有力な手段の1つであることは間違いないだろう。

　国連世界サミットの成果文書で取り上げられた「人間の安全保障」概念もまた，「保護する責任」と同様に，国際協力に「人間中心」の視点を取り込むもう1つの経路を提供するものである。しかし，「保護する責任」の適用が人々の生命に脅威を与える極限的な4つの犯罪への対処に限定されていたのに対し，「人間の安全保障」は，紛争や貧困，あるいは自然災害といった様々な状況のなかで不断の脅威にさらされている人々の保護と能力強化のための行動原理である。

　この概念の発展には日本政府も大きな貢献をしており，国連ではアナン事務総長の有識者諮問機関として「人間の安全保障委員会」(緒方貞子・元国連難民高等弁務官とノーベル経済学賞受賞者のアマルティア・セン・ケンブリッジ大学教授が共同議長)がその2003年の報告書で概念整理をし，さらに2006年には「国連人間の安全保障基金」の設立を主導している。紛争で故郷を追われた難民や国内避難民，絶対的な貧困状況のなかで飢餓や感染症の脅威にさらされている人々，甚大な自然災害で何もかも失った被災者などの具体的なニーズを把握し，そうした人々の「自由」(恐怖からの自由，欠乏からの自由，尊厳を持って生きる自由)を確保するための支援プログラムを組む際にこの概念は効果を発揮する。そして，国連総会決議 A/RES/66/290 (2012年9月にコンセンサスで採択) が加盟国の共通理解として規定したように，国連ではいまやこの概念は，「保護する責

任」概念及びその履行とは明確に棲み分けられ，武力行使や強制措置をいっさい求めるものではないことも明確になった。そこで，各国，あるいは国連諸機関などが援助のプロジェクトを構想・実施する際には，対象国政府の同意の下，同国のオーナーシップに基づきつつも，その国に暮らす人々がダイレクトに裨益するアプローチをとることが主流化されるようになった。

　国際関係において，国家の役割が重要であることは変わりない。「人間の安全保障」が強調されたとしても，これが国家の安全保障にとって代わることまでが想定されているわけでもない。要は，国家がしっかりと機能をし，その機能する国家とはそこに暮らす人々の平和と安全と自由が確保されるような，ある意味，当たり前の状況を生み出すことが求められているわけである。国益と人々の自由との両立は容易ではないだろう。しかし，主権国家の論理が偏重されてきた国際関係に「人間」の視点を取り込もうとする改革の意義は，決して過小評価できないのである。

3　安保理改革の課題

国連安保理改革の焦点

　国連の改革努力には，大きく分けると，国連の設立文書である現行の国連憲章体制の枠内で，現実世界の変化に対応すべく創発的な解釈や実践によって機能の向上をはかるものと，国連憲章そのものの改正にまで踏み込んで行うものがある。これまで議論をした脆弱国家の復興・再建や「人間中心」の国際協力のアプローチの導入は，20世紀の終わりの冷戦終結後から21世紀初頭の国際社会の新たな諸問題に対応するため，いずれも主権国家への内政不干渉という原則（国連憲章第2条7項）は変更することなく，その例外として，いわば「統制された建設的な介入」というかたちで運用面での改革を目指したものだった。これに対し，より本格的に，根本から国連改革を進めようとするのであれば，憲章を改正する選択肢も排除させるべきではないだろう。国連安保理の議席の

拡大を含む改革論は、まさに憲章改正を視野に入れたものである。

　もっとも、国連憲章の改正は、しかし、「総会の構成国の3分の2の多数で採択され、且つ、安全保障理事会のすべての常任理事国を含む国際連合加盟国の3分の2によって各自の憲法上の手続きに従って批准された時に、すべての国際連合加盟国に対して効力を生ずる。」（第108条）というもので、ハードルはかなり高い。しかも、安保理の議席拡大に必要な憲章改正に5つの安保理常任理事国（米英仏ロ中）すべての同意が求められていることは、安保理改革をことのほか困難にしているといえるだろう。なぜなら、安保理の改組は、拒否権を持つ現行の常任理事国の特権的な地位に一定の影響を及ぼさないわけにはいかず、抵抗がかなり強いことは容易に想像できることである。だが、安保理改革の必要は「国際の平和と安全の維持に主要な責任を負う」（憲章第24条）という安保理が、1945年の設立から60年以上が過ぎ、21世紀になってその役割をさらに拡大するなかで、引き続きごく一部の国（第2次世界大戦の戦勝5カ国）のみに特別な地位を与えられていることへの現状変更の訴えであり、それは、安保理の決定の正統性をさらに高めるための要請と捉えることができるだろう。

　過去を振り返るならば、安保理の改革は、1965年に非常任理事国の数が6カ国から10カ国に拡大されたことが一度だけあった。こうして現行の15カ国による安保理が生まれ、今日にいたっている。しかし、国連創設当時、51カ国だった加盟国は193カ国（2012年12月現在）へと4倍近くも増え、安保理が取り上げる戦略的な課題の性質も大きく変化したにもかかわらず、常任理事国は5大国に限られ、非常任枠が4議席増やされてからも50年近くが経とうとする状況を21世紀の国際関係の実情に合わせていくことは、困難とはいえ、やはり重要な政治課題といえるだろう。そもそも、常任理事国による拒否権の連発によって安保理全体が機能不全に陥るという現実は、すでに冷戦時代の米ソ対立によって顕著だった。だが、こうした構造的な問題は、冷戦終結後も変わっておらず、例えば、マケドニアへの国連予防展開軍のマンデート延長に関する中国の拒否権（1999年当時、マケドニアが台湾と外交関係を持っていたことが背景にある）、イス

第4章　21世紀へ向けた国連改革

ラエル非難決議案に対する米国の拒否権、ミャンマーやシリア関連の決議案への中ロの拒否権など、常任理事国に固有の国益を反映した投票態度に垣間見ることができるだろう。このように、安保理の決定がすべての国連加盟国の行動を縛るほどの効力を有する（憲章第25条）にもかかわらず、常任理事国の恣意的な判断がその決定を大きく作用していることへの疑問が、安保理の決定の正統性を揺るがす材料になっていることは否めないだろう。

こうした問題意識から、主に冷戦終結後、国連安保理が本来の役割を果たすことへの期待を込めて数々の改革努力が重ねられてきた。1993年12月の国連総会によるオープンエンドの安保理改革作業部会の設置、1997年にマレーシアのラザリ・イスマイル国連総会議長（当時）が取りまとめた改革案（ラザリ案）、2000年の国連ミレニアム宣言での改革努力の強化に向けた決意の表明、2004年のハイレベル・パネルによる改革案の提示、2005年のG4（新たに常任理事国入りを目指す日本、ドイツ、インド、ブラジル）提案の提出といった一連の動きを経て、2009年2月からはタニン・アフガニスタン常駐代表を議長に国連総会非公式本会議における政府間交渉へと舞台が移っている。今後、具体的な改革のたたき台をベースに議論が加速することが期待されている。

代表性と効率性と正統性のバランス

安保理は、憲章上、国連が国際の平和と安全に関わる重要な問題に対して「迅速且つ有効な行動を確保する」ために設立された機関であることから、効率性は極めて重要な要素となっている。しかし、その一方で、193カ国に膨らんだ加盟国の意見をほどよく代表し、安保理の決定が一部の大国の恣意によらず、正統な判断であると国際社会が納得できるような安保理とはいかなるかたちをとるものなのか、がいま議論されている。したがって、主に次の5つの観点からの議論が必要とされている。それらは、①安保理における拡大議席のカテゴリー（従来の常任、非常任というカテゴリーの理事国数の拡大、あるいは、「準常任」といった中間的なカテゴリーを含めた議席の拡大）、②拒否権の在り方（既得権

になっている拒否権の廃止が難しければ，いかにその利用を制限できるのか），③先進国とアジア，アフリカ，ラテンアメリカなどの地域の途上国とのバランス，④拡大後の安保理の適正規模（20を越す議席が想定されているが，効率的な意思決定を阻害しない限界はどこか），⑤安保理と国連の全加盟国が参加する総会とのバランスのとれた関係の在り方，である。

　安保理の改革は，常任理事国の意向もあれば，新たに常任の議席を目指す国，そうした動きに反発するライバル国の動きなどが交錯し，これからも決して楽観することはできないだろう。しかし，国際社会の重要な政治課題に関し，真に責任ある姿勢で臨む意思と能力のある国々が代表する仕組み作りができるかどうかがこの改革努力の成否を分かつことだけは，明らかといえる。

4　21世紀の国連に託された役割

　国連の改革は，改革が目的ではなく，その改革を通じて21世紀の世界が直面する様々な諸問題に効果的に取り組むことができるかどうかが目的であることを忘れてはならない。そこで，本章では，特に，国際社会を構成する主権国家の脆弱性に対応するための改革努力，主権国家の内部で厳しい立場におかれた人々のために国際社会が直接的に支援・保護する道を広げるための改革努力，そして，国連本来の役割である「国際の平和と安全の維持」に主要な責任を持つ安保理の機能向上に向けた改革努力について検討した。これらの努力は，いずれも，20世紀に2つの世界大戦の厳しい教訓のなかから設立された「20世紀型の制度」としての国連が，よりグローバル化と科学技術革新の進んだ21世紀の諸課題にいかに取り組んでいくか，という問題への挑戦と言ってもよいだろう。

　「20世紀型の制度」とは，主権国家があくまでも国際関係の中心主体となって，政府間で集団的な意思決定をしていく国際機関のスタイルを反映したものである。21世紀の世界でも，政府間の意思決定は，国際社会の公式的な制度づ

くりの基本であることにはかわりはないが，そのプロセスにおいて非政府組織（NGO）や市民社会の人々の参画なしに進めることはできなくなっており，また，そうした声を反映しない制度についてはその正統性が問われる時代になっている。これは，ひとえに，21世紀が，主権国家の共存の時代であるとともに，多様な背景や属性を持つ人々の間の共生が求められる時代であること示している。

　アナン事務総長が自らの国連改革構想を打ち出すにあたって引用した国連憲章の前文にある「より大きな自由を求めて」という一節であったことは示唆的である。そして，その報告書には，「安全保障なしに開発はあり得ず，開発なしに安全保障は享受できないばかりか，人権の尊重がなければ，そのどちらも手に入らない。この3つの目標すべてに向かって進まなければ，どれも達成することはできない。新千年紀を迎えた国連は，どのような暮らしをしたいのかを選択する自由，このような選択を意味あるものにするための資源へのアクセス，そして，平和の中でこれらの享受を確保するための安全を，すべての人々に保障できるような世界の実現に向け，歩を進めねばならない。」と論じている。平和と開発と人権の包括的な達成の重要性は，潘基文国連事務総長にもしっかりと引き継がれている問題意識だが，1つひとつの加盟国がそこに暮らす人々の自由を開花させるような世界を築いていくことが，21世紀の国連に託された大きな役割であるといえるだろう。

参考文献

大芝亮・藤原帰一・山田哲也編『平和政策』有斐閣，2006年。
日本国際安全保障学会編『国際安全保障（「保護する責任」のゆくえ）』第40巻2号，2012年9月。
福島安紀子『人間の安全保障——グローバル化する多様な脅威と政策フレームワーク』千倉書房，2010年。
村瀬信也『国連安保理の機能変化』東信堂，2009年。
松浦博司『国連安全保障理事会——その限界と可能性』東信堂，2009年。

第Ⅱ部

21世紀における国連システムの役割と挑戦

第5章

国際の平和と安全保障

石 原 直 紀

― この章で学ぶこと ―

　1945年，第2次世界大戦の終結を受けて戦勝国グループである連合国が中心となって，国際連合（以降，国連）が創設された。国連創設の目的の中心に，国際社会の平和と安全を確保することがあったのは，国連憲章からも明らかである。

　国連は，設立当初51カ国で発足したが，その後，日本を含め大戦において連合国に敗れたかつての枢軸国，植民地から次々に独立を達成したアジア，アフリカ諸国も加盟国に加える。2011年7月には南スーダン共和国を193番目の加盟国として加え，今日，国連は世界に存在するほとんどの国を網羅する普遍的国際機構となっている。国連は，当初からそうした将来に開かれた国際機構として構想されていたが，同時に，国際連盟の教訓，第2次大戦の戦勝国主導による戦後国際秩序構想という歴史的な背景をも色濃く投影していた。国連が連盟から「集団安全保障」という考え方を継承し，強制的集団措置をとれるようにしたことは広く知られている。

　だが，第2次大戦後，米国とソ連（現在のロシア）を両極とした対立もあり，国連による「集団安全保障」の実現を模索する試みは，事実上頓挫したといわれている。一方，このように「集団安全保障」が機能しない状況下でも国連は，憲章の枠内で国際社会の平和と安全のために様々な政策手段を創出し，建設的な役割を担ってきた。また，冷戦終焉後の紛争は，国内紛争と地域紛争が中心となったため，こうした紛争に対応する国連の活動により一層の創造性を求めることともなった。

　そうした中で，平和と安全のために国連が果たすべき役割についても，個々の人間の生命や尊厳を守ることまで視野に入れた「人間の安全保障」という考え方が注目されるようになってきている。本章では，国連に期待される平和と安全への取り組みの変化について考察し，国連が平和と安全のために有する政策装置や政策手段について検討する。さらに，国連の平和政策の象徴ともいえる平和維持活動（Peacekeeping Operations; PKO）の変遷と課題についても論じることとしたい。

第5章　国際の平和と安全保障

1　「集団安全保障」から「人間の安全保障」へ

　既述のように，国連は国際社会の平和と安全を確保するため「集団安全保障」という考え方を中心に据えた。そもそも「集団安全保障」とは，各国が自国の安全保障を自らが参加する普遍的国際機構に委ね，万一，自国を含め加盟国の安全が損なわれる場合，共同でこれに対処しようとする考え方である。同盟とは異なり，あらかじめ特定の国を仮想敵国に想定しないことを特徴とする安全保障のメカニズムである。このような考え方は，国際連盟においてすでに導入されていたが，思想的には，当時，連盟の創設に先立ち民間レベルでも議論されていたものである。しかしながら，国際連盟は，これを政策として具体化するための手段については，規約上十分な措置を講ずるには至らなかった。結果的にこの概念が政策として実現することはなく，連盟が第2次世界大戦を防ぐためにはほとんど何の役割も果たし得なかったことは，歴史が明らかにしている。

　国連の創設者は，こうした連盟の反省も踏まえ，国連憲章に「集団安全保障」を実現するための具体的方法を明示することとした。国連憲章第7章において，安全保障理事会（以後，安保理）が平和に対する脅威，平和の破壊及び侵略行為が認められると判断した場合，軍事力も含む強制的な措置をとり得ることを規定したのである。そして，そのために必要とされる軍事力は加盟国が提供し，安保理の決定に基づいて平和強制の手段として活用することを想定した。さらに，そうした国連による強制的軍事行動の実施の詳細については，安保理の下におかれる軍事参謀委員会の議論にゆだねられた。

　軍事参謀委員会は，国連発足直後からこのような国連による共同軍事行動の性格や規模について議論を開始するが，激化する米ソの対立により合意を見るに至らず，1948年には議論を中止することとなる。以来，国連による共同の強制的軍事行動である「集団安全保障」構想は実現されることなく今日に至って

いるのである。冷戦が終焉し，安保理での合意形成の幅がはるかに広がり，容易になった現在においても，国連の「集団安全保障」が近い将来実現すると考える人間はほとんどいない。

著名な国連研究者，イニス・クロードが指摘するように，そもそも「集団安全保障」を実現するためには，2つの条件が必要となる。第1は，国連加盟国が安保理によって特定の国に対し軍事的制裁措置をとることを決めた場合，加盟国は，たとえ自国の利益を犠牲にしてでも制裁に協力することである。国連憲章は，加盟国から提供された軍隊を国連の旗と指揮の下に組織化し，憲章第7章に基づいて認定された平和を損なう国（々）に対して共同で軍事行動をとることを予定している。すなわち，「集団安全保障」という考え方の根底には，加盟国が平和を共有するという発想が不可欠である。たとえ自国に直接的な脅威が及んでいないとしても，他国の脅威を共有し，そのために共同行動をとるという考え方，イニス・クロードの表現を借りれば，「不可分の平和が政府と国民の思考に深く根ざすことの必要性」が前提になるのである。

第2次世界大戦という人類史上未曾有の犠牲と破壊をもたらした戦争体験の直後に人々がそうした発想を共有することは，極めて自然なことだったかもしれない。しかしながら，世界大戦の記憶が薄れ，多くの国を巻き込む戦争の危険が実感しにくい平時において，自国の平和と安全の確保を優先的な行動原理とする主権国家が，平和の共有という理念のもとに共同の軍事行動を起こすことは，決して容易ではないというのが現実であろう。多数の主権国家が併存する今日の国際社会において，各国を共同の軍事行動に駆り立てるのは，平和の共有よりはむしろ「脅威の共有」であると考えるのが自然ではないだろうか。

第2に，仮に加盟国が集団的軍事制裁に参加する意思を結集ができたとしても，制裁の対象国に対して国連の側が常に優位に立てるだけの軍事力を確保できる見通しがなければ，実際には制裁の効果は期待できない。国連側が負けるような事態になれば，「集団安全保障」という国連の安全保障メカニズムのみならず，国連そのものの崩壊にもつながることとなろう。

このような事態を避けるため，大戦の主要連合国，米，英，仏，ソ連，中国（当初は中華民国であり現在は中華人民共和国）は，自ら安保理の常任理事国としていわゆる「拒否権」という特権を持つこととし，自らに対する国際社会の制裁が発動できないようにした。言うまでもなく，このような措置は，明らかに安保理の意思決定における加盟国間の不公平を生じさせるし，「集団安全保障」が本来持つべき普遍性を損なうことも言うまでもない。この点，最上敏樹が指摘するように，「国連の安全保障体制は，普遍主義的というより個別主義的なものとして形成された」という側面を有しているのである。このことはしかし，一面でこれらの国が関係する紛争に国連が関与する道を閉ざすとともに，他方で，軍事的強制措置がこれらの国を巻き込んだ世界大戦につながる可能性，すなわち国連の崩壊につながる可能性を封じる安全弁を装置したとも言えるのである。このように国連は，「集団安全保障」という政策概念に当初から安保理における意思決定の不公平さとその適応範囲における普遍性の欠如という大きな課題を抱え込むこととなったのである。これらの条件を併せ考えるとき，「集団安全保障は，国際社会の現状の下で，基本的な障害を抱えており，それが克服されないかぎり多くを期待できないであろう」という香西茂の指摘が改めて想起されよう。

もっとも国連の歴史において，集団安全保障の発動に似た軍事行動が実施されたケースがないわけではない。1つは，1950年に勃発した朝鮮戦争である。ソ連が安保理審議をボイコットしていたという特殊な事情の下で安保理は，朝鮮民主主義共和国（北朝鮮）の38度線を超えた越境攻撃を侵略行為と断じ，米国を中心とした多国籍軍を韓国支援に派遣することを決定する。多国籍軍は国連旗の下に1953年の停戦まで軍事行動を展開した。この軍事活動は安保理の承認を得，国連旗を使用したが，実際の作戦行動に関しては，指揮，命令を含め安保理や国連事務総長が関与することはほとんどなかった。

もう1つの例は，1990年のイラクによるクウェート侵略に端を発した多国籍軍の展開である。安保理は，イラクの行為を隣国クウェートへの侵略行為とし，

米国を中心とした多国籍軍が軍事行動を通じてイラク軍の撤退を強制すること を承認した。しかし、この場合も実際の軍事行動は、多国籍軍主導で進められ、 安保理や国連の関与する余地は全くなかったと言える。従って、いずれの場合 も、憲章に想定されたいわゆる「国連軍」の行動ではない。しかし、これら多 国籍軍の軍事行動が、安保理の決定、複数の加盟国による軍隊の構成、指揮・ 命令の在り方と安保理や事務総長の関与等の条件に関し、「国連軍」とどの程 度の隔たりがあるのかにつき考えてみることは、「国連軍」構想の可能性を考 察する上で大変有益なことと思われる。

このように、国連の安全保障政策として骨格をなす本来の「集団安全保障」 の実現が期待できない状況下でも国連は、国際社会に起きた戦争と紛争に対応 するための方法を国連憲章の枠内で様々に工夫をし、多様な政策手段を活用し てきた。一方、どのような形態の紛争であれ、紛争の現場には常に命の危険に さらされる多くの一般市民がおり、難を逃れて難民化する大勢の人々がいるの である。今日の国際社会は、こうした平和と安全の危機の連鎖が国家だけでは なく様々な集団やグループによって生み出されるという現実に直面しており、 国連の平和と安全のための努力も国家のみならず人々の命の安全や人間の尊厳 の確保に直接目を向けるようになってきている。

冷戦の終焉は、紛争の性格も変えたが紛争に対する視点をも変えたのである。 冷戦時の特徴でもあった紛争に対する国家体制を巡るイデオロギー的解釈が後 退し、国内の紛争にかかわる民族、宗教の対立や紛争の人道的側面が強調され るようになったのである。そのことはおのずから国連の紛争や戦争に対する考 え方や政策アプローチの変化ももたらす結果となった。このような歴史的変化 の脈絡で登場してきたのが「人間の安全保障」という考え方である。

「人間の安全保障」という考え方がどのように国連で注目され、この概念を 巡って国連がどのような取り組みをしてきているかについて、ここで詳細に論 じることはしない。しかし、「人間の安全保障」への関心は、単に平和と安全 の分野でのパラダイム・シフトとしてではなく、冷戦終焉以降、国連活動の対

象が従来の国家中心の発想から人間1人1人の安全へと関心の対象を拡大してきていることを意味している。開発援助の新たな視点として注目される「人間開発」や人道危機へのアプローチにおける「人道介入」や「保護する責任」という新たな発想も受け入れられるようになってきている。その意味で,「人間の安全保障」も国連を含む国際協力の潮流の大きな変化の中に位置づけられ,その文脈で理解されるべきものであると言える。

　この「人間の安全保障」という概念が国連において注目を集めるきっかけとなったのは,1994年の国連開発計画(UNDP)が発行した「人間開発報告書」であった。しかし,この概念がさらにプロテクション(保護)とエンパワーメント(能力強化)という政策を通じて実体化されるべきであるという意味合いも帯びて注目されるようになったのは,2003年に当時のコフィ・アナン国連事務総長に提出された「人間の安全保障」委員会の報告書がきっかけである。さらに,コフィ・アナンは,同年に世界の平和と安全の分野の著名な専門家を集め,「脅威,挑戦と変革に関するハイレベル・パネル」を組織した。このパネルは,大きく変容する国際関係の中で「今日,国際社会が直面する平和と安全の課題について検討し,既存の組織と政策がこれらの脅威に対してこれまでとってきた対応を評価し,21世紀のすべての人々に対し国連が提供しえる「集団安全保障」のための国連の能力をいかに強化すべきかについて提言する」ことを期待されたのである。ここでコフィ・アナンは,憲章に規定されている「集団安全保障」という概念と枠組みを使いつつ,そこに伝統的な国家の安全保障のみならず,人々の安全保障を提供するうえで,どのように国連が強化されるべきか,という問題意識に立っている点が注目される。

　これを受けてパネルは,今日の人類が直面する平和と安全保障上の危機は,国連憲章が想定した国家間の戦争だけでなく,はるかに多様で複雑なものになっており,それらの要因に対して包括的に取り組むことの重要性を強調した答申を行うのである。この中で,今日の人類が当面する危機としては,貧困,環境,感染症,テロ,紛争などをあげ,こうした脅威から人間の生にとってかけ

がいのない中枢部分を守り，すべての人の自由と可能性を実現することの重要性を訴えている。従って，これらに対する包括的で共同の取り組みが必要であり，特に「保護」と「能力強化」の面で，国連はその中核的役割を担うべきである，と結論づけているのである。

こうした一連の「人間の安全保障」に注目した新たなアプローチの一環として，国連では人間の安全保障諮問委員会を設立し，国連事務局に人間の安全保障ユニットを置くとともに人間の安全保障基金といった政策手段を整備することによって具体的な取り組みを行うようになってきている。しかし一方で，この「人間の安全保障」概念を巡っては，「保護する責任」という新たな概念に代表される国際的強制行動を強調する考え方と，貧困削減をはじめとする開発の領域までも含んだ包括的アプローチを主張する考え方との間で論争が続いており，必ずしも議論が収斂するには至っていない。さらに，「人間の安全保障」が意味する概念の広さから，依然としてその政策概念としての有効性についての議論も続けられており，この概念が国連の平和と安全の活動において今後着実に主流化への方向をたどるのかについては，引き続き見守っていく必要がある。憲章で謳われた国家の平和と安全を確保するために国連は，未完の「集団安全保障」構想と個々の人間の生命と尊厳の確保までを視野に入れた萌芽的な状況にある「人間の安全保障」への関心の狭間で，次章で検討する様々な政策手段を模索してきているのである。

2 平和と安全のためのメカニズム

安全保障理事会

国連憲章は，国際社会の平和の維持，安全の確保に関し安保理や総会，事務総長の様々な責任と権限を規定している。具体的には，安保理，総会，事務総長及び事務局にそれぞれの役割を期待しつつ，とりわけ憲章第24条において，「(前略) 国際連合加盟国は，国際の平和及び安全の維持に関する主要な責任を

安全保障理事会に負わせるものとし，(後略)」と，安保理の役割に優越的な地位を与えている。

　国連が国際の平和と安全のためにどのような政策をとり得るか，また，とるべきかについては，加盟国が安保理や総会の場で決定を行う。そして，そこで決められたことを加盟国と事務総長を中心とした事務局が実施をしていく，というのが国連の政策決定と実施の基本的なメカニズムである。その意味で，まず，安保理や総会という会議体の存在そのものが国連の政策を作り出すための重要な装置であるということを認識しておく必要がある。

　加盟国は，自国を含め国際社会の平和と安全にかかわる事項を国連の総会や安保理に提起することを通じ国際社会の共通の関心事項として共有し，課題の解決に向けて協力していくための具体的政策を作り上げていく。もちろん，国際的な問題を解決する上でそれぞれ安保理や総会の会議体の構成や議事手続き，意思決定の方法などにより加盟国が作り出す協力の具体的内容や協力の度合いが異なってくることは言うまでもない。安保理は15の理事国で構成され，5つの常任理事国がいわゆる「拒否権」と呼ばれる意思決定の上での強い影響力を持っている。このことは，安保理のとり得る政策が基本的に5つの常任理事国が合意可能な範囲にとどまらざるを得ないことを意味する。他方，総会においては，すべての加盟国が一国一票の立場で審議と意思決定を行うことができるが，その決定は，拘束力のない勧告とにとどまる。上記のごとく，平和と安全に関しては，国連憲章の規定からも安保理が中核的役割を果たすことは言うまでもない。さらに，憲章第25条において加盟国は，安保理の決定が加盟国すべてを拘束することを規定しており，総会決議が勧告であることに比べれば，この点からも安保理の優越性をうかがうことができる。

　国連は，憲章第6章に従って，紛争の解決について，まず当事者に話し合いや交渉という平和的手段による解決努力を促し，それを支援するために安保理の調査や勧告機能を期待している。同時に憲章は，第7章において紛争解決のための強制的手段を定めている。第7章下の強制措置の発動には，まず6章に

おける平和的解決手段が追求されなくてはならないが，安保理による紛争状況が平和への脅威や破壊，侵略行為であるとの認定を前提として国連は加盟国が武力によらない方法と武力行使との2つの方法で紛争を収拾する手段を規定している。武力による制裁が本来はいわゆる「国連軍」による実力行使を想定し，これが事実上実現困難であることはすでに述べた。しかし，同時に憲章第41条は，「兵力の使用を伴わないいかなる措置を使用すべきかを決定することができ」るとし，続けて「この措置は，経済関係及び鉄道，航海，郵便，電信，無線通信その他の運輸通信の手段の全部又は一部の中断並びに外交関係の断絶を含むことができる」と規定している。こうした一連の非軍事的政策手段の中で最も頻繁に活用されるのが経済制裁である。

　安保理主導でこれまでにも旧ローデシア（ジンバブエ）や南アフリカの人種差別政策に対し，また，湾岸戦争前後のイラクや，最近ではカダフィ政権崩壊前のリビアに対しても経済制裁を課してきた。さらに現在も北朝鮮他いくつかの経済制裁は続いている。一口に経済制裁といってもその品目や対象を限定したり，対象国の関連の銀行口座の凍結をしたりと様々な方法が組み合わされて使われるのが一般的である。その結果，制裁の効果も一様ではなく，制裁が効果を持つまでに時間がかかることも珍しくない。また，こうした制裁がその対象とされた政府の指導者や関係者よりも一般国民にまずしわ寄せがいくという課題もあり，制裁の標的とすべき政府や人物に対しより効果的に作用する制裁の在り方を工夫する，いわゆるスマート制裁（スマート・サンクション）と呼ばれる方法についても検討，実施がなされている。さらに，制裁の実効を確保するために臨検や飛行制限区域の設定などの措置と組み合わせて対象国に圧力をかける場合もある。いずれにせよ，制裁を決定して発動する場合，安保理のもとに制裁の監視委員会を設置し，履行状況を監視することで実効性を確保する努力がなされる。こうした武力制裁以外の様々な手段を機動的に実施することによって，安保理は国際の平和と安全に関わる課題の解決に貢献をしてきたといってよい。

一方で，安保理は近年その扱う課題の範囲を拡大してきているという主張がなされている。自ら国連大使として安保理の審議に参加した経験を有する北岡伸一も2005年の7月にジンバブエの人権状況について安保理が討議の俎上にのせたことについて「（前略）がんらい『国際社会の平和と安全』を議論する場であった安保理の守備範囲を拡大しつつあることである」とこの傾向について指摘をする。さらに国際テロに関して安保理が採択した一連の決議に関し，安保理が立法機能さえ担うようになっている，との見解も存在する。こうした状況に対しては，本来の安保理の権限を逸脱しているとして，強い懸念と警戒を示す加盟国も少なくない。

　いずれにしても，安保理は，多様で複雑化する国際の平和と安全についての様々な課題に柔軟，かつ現実的に対応してきたと言える。昨今のシリア情勢を巡る常任理事国米，英，仏と中，ロの対立による安保理のジレンマは冷戦下の安保理を想起させ，国連の能力の限界論を勢いづかせかねない。しかし，安保理は本来，そのように設計されたメカニズムであり，そこに限界があるのはやむを得ないことと言わなければならない。現在，安保理に代わるような国際の平和と安全を扱うメカニズムは存在しないし，その限界を意識しつつも，安保理の有する特性を最大限に生かしながら平和と安全にかかわる課題に取り組む他に手立てはない。近年の安保理改革論議はあるものの，国連創設以来，安保理の基本的な仕組みや構成はこれまでに大きな変化をしていない。しかし，一方で国際社会の環境変化は，安保理の能力に大きな変化をもたらしてもきた。その意味で，「安保理の限界と効果的紛争介入の間の関係は決して固定的，静的なものではなく，紛争や国際社会の変貌に対応して，絶えず限界の克服を通じて効果的介入の実現を図るダイナミックな関係であった」という安保理の可変性を強調した松浦博司の指摘は適切なものと言えよう。

　　総　会
　冷戦下で米ソの対立が安保理の意思決定に著しい制約を課す状況下で，総会

は，時として安保理の機能を補完するのみならず，加盟国が1国1票の平等の立場で議論に参画できる場として，安保理とは異なる役割をはたしてきた。総会が安保理の補完機能を果たした例としては，1950年に採択された「平和のための結集決議」があげられよう。同決議は，安保理が常任理事国の対立で機能しない場合，総会が安保理に代わって政策を討議し決定できるようにした。実際，1956年にエジプトによる「スエズ運河国有化」に端を発した第2次中東戦争において，紛争当事者である英，仏両国の拒否権行使で動きのとれなくなった安保理に代わって，総会が国連緊急軍（UNEFI）の創設と派遣を決めたことにより，停戦への道を開いたことは，格好の例といえる。

また，平和と安全保障にとって極めて重要な意味を持つ軍縮や軍備管理の面でも総会の果たしてきた役割は小さくない。加盟国すべてが参加する対話と協議のフォーラムである総会は，軍縮について国際世論を形成，集約し，条約を含む様々な国際社会の規範やルール作りにおいて成果を上げてきた。1968年に採択された核兵器不拡散条約（NPT），1996年に採択された核実験包括的禁止条約（CTBT）など核兵器関連の条約に加え，生物兵器禁止条約や化学兵器禁止条約など大量破壊兵器の規制に関し，大きな成果を生み出してきた。国連で軍縮担当の事務次長を務めたこともある明石康は，軍縮，軍備管理の分野における国連の活動について「戦後世界は軍縮や軍備管理について，かなりの数の多国間条約や協定を結んできているし，それによって世界の平和と安全に貢献しているのは疑えない」と総会が軍縮に貢献してきた点を評価している。さらに，総会は軍縮に関する特別総会の開催を通じて軍縮を求める国際世論の糾合を図るなど，国際社会に存在する軍縮，軍備管理を通じて平和を支援しようとする専門家や一般市民の声を結集して具体的な成果に結びつけるための貴重な場と機会を提供していると言える。

言うまでもなく，国連を中心に作られてきたこれらの条約の多くには核兵器保有国，主要な武器の生産国などが参加していないという限界はある。さらに，国連の枠組みの外で進められる米ロによる核軍縮交渉やジュネーブの軍縮会議

第5章　国際の平和と安全保障

など，国連の総会以外の様々な対話と交渉のフォーラムも存在する。しかしこうした様々な軍縮のメカニズムが連携し，多層的に軍縮や軍備管理を促進する国際環境を創り出していくことは，間違いなく軍拡を推し進める力に一定の歯止めをかける効果を果たしていると言える。こうした総会の働きについて，明石は「国際平和を守るのは，大小すべての国が集まる総会のような場所で，国際世論を結集することで達成されることもある」とその意義を指摘している。

事務総長

すでに述べたように，憲章第6章は，紛争の平和的解決の手段として交渉，審査，仲介，調停などを仲裁裁判，司法的解決などと並んで重要な政策手段と位置づけている。これらの紛争解決のための手段は，個々の国を含め様々な主体によってもとられ得るもので，決して国連や国連事務総長だけをこうした政策の担い手として期待しているわけではない。しかし，同時に憲章は加盟国がとる措置に関し，安保理への報告や安保理による調査なども想定しており，そうした過程で安保理と連携して活動を行う国連事務総長の役割が重要であることは言うまでもない。

事務総長は，加盟国とともに国際の平和と安全を脅かす怖れのある事態について安保理に注意喚起をできることになっており（憲章第99条），平和と安全における事務総長の外交的権限と役割は大きく，国連の有する重要な政策手段の1つであると言える。事務総長は，加盟国の要請を受けて総会や安保理に様々な問題についての情報や分析を報告書の形で提出するとともに，総会，安保理の決議の実行においても紛争当事者間の仲介機能や紛争現地での調査など重要な役割を期待されることが多い。そうした責任を果たすため事務総長は個々の紛争について個人代表や特使を任命し，当事者との交渉を委ねる形で事務総長の仲介機能を実践することが多い。また，事務総長の特使や特別代表等は政治ミッションや平和構築ミッションの責任者としても現地で国連の平和活動に従事している。さらに，事務総長は後に詳述する国連のPKOの現場での責任者

を事務総長特別代表として任命し、現場の活動の監督責任を委ねつつ国連事務局として必要な決定を行い、安保理の政策決定における補佐的な役割を果たすわけである。このように、平和と安全に関する事務総長の権限と責任は、事務総長個人だけではなく事務総長統括の下、多くの事務総長を補佐する高官によって担われている。安保理や総会と連携しながら幅広くダイナミックに展開する事務総長による外交は、国連が平和と安全の分野で責任を果たす上で有力な政策手段の1つであることは疑いを入れない。

3　平和維持活動

冷戦期の平和維持活動（PKO）

国連の創設者たちは、今日、平和維持活動（PKO）と呼ばれる活動については、全く想定していなかった。従って、国連憲章のどこを見ても平和維持活動（PKO）という字句は見当たらない。この極めてユニークな国連活動は、いわゆる「国連軍」の構想が頓挫する中、冷戦下に様々な紛争の解決に向けて国連のなし得る活動を模索する過程で経験的に創造、発展してきた活動といえる。

1948年のイスラエル独立をきっかけとした第1次中東戦争、カシミール地方の帰属をめぐるインドとパキスタンの紛争の調停にあたった国連が、停戦の監視を効果的に実施するためにそれぞれ軍事監視要員を配置したことにPKOの起源を求めるのが一般的である。前者は国連休戦機構（UNTSO）として、後者は国連インド・パキスタン軍事監視機構（UNMOGIP）として、いずれも今日までその活動を継続している。さらに、今日、PKOの活動原則として知られるPKOの定型を確立したのが、1956年の第2次中東戦争時の停戦監視を目的に設立された第1次国連緊急軍（UNEFI）であるとされる。その際、この活動を組織する上で当時のカナダのピアソン外相とハマーショルド事務総長の迅速で緊密な連携は国連でも語り草になるほど国連の平和活動における優れたリーダーシップとして記憶されている。

第5章　国際の平和と安全保障

　このようにして発展してきたPKOは，翌年，ハマーショルド事務総長が総会に提出した一般に「研究摘要」と呼ばれている文書において活動原則や態様が整理された。今日PKOの活動原則として定着した3つの原則，すなわち，①展開に際しての紛争当事者の同意，②活動に際しての不偏不党の立場の堅持，③自衛目的に限定した武器使用が確立されたわけである。冷戦期に国連はこうしたPKOを上記のイスラエルと周辺アラブ諸国の紛争，カシミールを巡るインド，パキスタンの紛争，さらにコンゴ，キプロスなどの国内紛争の解決支援策として活用していくこととなる。

　1988年までの冷戦期に国連は15のPKOを設立したが，これらのPKOは，基本的に軍事要員を中心として構成し，主として紛争当事者の引き離しや停戦監視といった活動を行った。すなわち，PKO自体が直接紛争解決を目指すわけではなく，停戦を安定的，持続的なものとしながら対話や交渉による問題の解決を模索する和平プロセスの側面支援としての活動であると考えられてきている。また，冷戦時には地域紛争が米ソの直接の武力衝突につながることを回避するため，PKOへの参加部隊もカナダや北欧諸国，比較的中立的とみられた国々を中心に構成される，というような工夫と傾向もみられた。さらに，もともと憲章に明文規定のない活動であるPKOは，ハマーショルド元事務総長によって6章半の活動と比喩的に呼ばれることもあったものの，基本的には第6章，すなわち紛争の平和的な解決のための方法と理解されてきた。

　PKOは，加盟国から軍事要員の提供を受けて国連が組織し，事務総長の責任のもとに展開される活動であることから，いわゆる「国連軍」と対比されることも少なくない。しかし，武力を使って強制行動を行う「国連軍」と武力行使は自衛目的と極めて狭く限定されるPKOとでは，その活動の性格に根本的な相違があることを忘れてはならない。冷戦期に国連は15のPKOを展開したが，冷戦がもたらした安保理の機能の制約の中でPKOという独創的な政策手段を創出し，国際社会の平和と安全に貢献をしてきたことは，国連の平和と安全にかかわる具体的活動として高く評価されるべきであろう。このような

PKOは，しかし，冷戦の終焉とともに大きな変貌を遂げることとなる。

4　冷戦後のPKO

　冷戦後，国際社会の平和と安全の課題は大きく性格を変えたことはすでに述べた。冷戦下のもっとも深刻な脅威とされた米ソの核戦争という危険の可能性が小さくなる一方で，冷戦下で抑え込まれていた民族対立や宗教対立などに起因する地域や国内の紛争が頻発することになる。冷戦下の大国の対立が大きな影を落としたカンボジアやモザンビークなどの紛争の後始末，旧ユーゴスラビアの国家解体の過程で引き起こされた民族浄化，脆弱な統治機構の下で飢餓をきっかけとした大規模な人道危機をともなったソマリアの紛争，同じくアフリカのルワンダにおけるフツ族とツチ族の対立によるジェノサイドなど国連は複雑で多様な危機への対応を次々と求められることとなった。

　安保理において米ロの協調の幅が大きく拡がったことは，平和と安全における国連の政策手段の選択の幅を拡げ，その実行を容易にした一方で，これまでになく複雑な国内紛争に国連PKOが動員されていくこととなる。このようなPKOの転機となる活動は，1989年のナミビアの独立支援に派遣された国連ナミビア独立支援グループ（UNTAG）があるが，1992年から翌年にかけてカンボジアで活動を展開したカンボジア暫定統治機構（UNTAC）こそその規模と活動内容の多様さにおいて，ポスト冷戦のPKOの典型とされる新たな活動形態を提示することとなったのである。

　UNTACは，従来のPKOの活動の中心である停戦監視に加えて，難民帰還支援，文民警察による活動，さらに，カンボジアの国民和解政府を樹立するための民主的選挙の実施，行政監督から人権擁護，復旧・復興支援など多岐にわたる活動を展開した。このような多彩なプログラムをPKOとして実施することになったのは，カンボジアの国内紛争の収拾に際して，紛争各派の停戦と武装解除だけでは不十分であり，上記の活動を総合的に展開していく必要がある

と判断されたためである。紛争当事者の一派であるポル・ポト派の和平プロセスからの離脱とUNTACの活動への妨害など様々な困難に直面しつつも，UNTACは民主的な選挙をやり遂げ，カンボジアに国民和解政府を作り，長年に及んだカンボジアの内戦終結に大きな貢献をした。こうしたUNTACに代表される新しいPKOの形態は，複合型PKO，または多機能型PKOともいわれ，モザンビーク，東ティモールなどその後の同種の国連PKOの展開を通じて定着していくことになる。

しかし一方で，冷戦後のPKOはいくつかの試練にも直面する。ソマリア，旧ユーゴスラビア，更にルワンダで経験した困難は，PKOの歴史に厳しい教訓を残すことになるのである。それぞれのPKOの目的や活動内容は異なるものの，これらのPKOの挫折からは，次のような課題が浮かび上がってきたのである。ソマリアにおいては，和平達成の支援とともに人道支援を活動内容に含むPKO，第2次国連ソマリア活動（UNOSOM II）であったが，そこでは積極的な武力行使を含むPKOによる平和強制が試みられた。その結果，ソマリアの紛争当事者，さらにソマリア国民との対立を激化させ，PKOが紛争の当事者となっていく。結局，PKOも多くの犠牲者を出すとともに所期の目的を達することなく撤収に追い込まれることとなった。

旧ユーゴスラビアにおいても同国の解体の過程でセルビア系，クロアチア系，ムスリム系の間で民族浄化と呼ばれる紛争が連鎖的に拡大したことに対処するため，国連PKO，国連保護軍（UNPROFOR）が組織された。UNPROFORはこれを抑止し，人道支援を行う活動を中心に活動を展開し，一定の成果はあげたものの，紛争当事者が真剣に停戦を実施する意志を欠いたこと，またロシアを含むヨーロッパ諸国がそれぞれの政治的思惑から和平プロセスを一致して支援できなかったことなどにより，PKO活動としては限界に直面した。何とか事態を打開したのは，NATOによって行われた空爆であり，こうした国連外の主体の強制行動によって強引な和平を進めざるを得ない結果となった。

ルワンダに関しては，1994年にフツ族とツチ族の歴史的対立がジェノサイド

（大量虐殺）という悲劇を引き起こすことになるのだが，国連加盟国はこうした危機的状況に直面しながらも極めて小規模の PKO，国連ルワンダ支援ミッション（UNAMIR）を展開しただけだった。再三の現地からの要請にもかかわらず PKO の強化など積極的な対応をとらなかったことが事態を悪化させ，ジェノサイドにつながった。ここでは，加盟国の紛争に対する偏った姿勢，特にアフリカの紛争に対する欧米諸国を含む加盟国の冷淡な姿勢が厳しく問われることとなった。

　国連は創設以来2012年の8月までに67の PKO を創設したが，既述のように1988年までに作られた PKO が15であったことを考えれば，冷戦後の PKO を巡る劇的な変化がみてとれる。これらの PKO の中には，旧ユーゴスラビア，ハイチ，東ティモールのように現地の情勢の変化に応じて任務の内容や活動の範囲を変化させた複数の PKO もあるが，PKO に対する国際社会のニーズが著しく高まったことは明らかである。このように多くの PKO の展開を通じて，国連は新たな PKO の可能性を切り拓くとともに，その能力の限界をも明らかにする結果となった。また，それに伴って PKO という政策選択肢について加盟国の姿勢も大きな変化を経験することになる。1990年代後半には，加盟国は国連 PKO を一時的に縮小していく。しかし，その後，アフリカの紛争への関与などを通じ再び PKO の拡大傾向が続き，2012年7月の時点では16の PKO がアフリカを中心に展開し，その予算規模も全体で年間約72億ドルと PKO 史上最も大規模な活動を行うようになっている。

5　平和維持活動の課題

　こうした冷戦後の平和維持活動（PKO）の活動経験の蓄積と平行して，PKO の活動について様々な観点から政策的な検討もなされることとなった。その最初のきっかけは，冷戦後最初の国連事務総長となったブトロス・ガリによる政策提言であった。1992年，事務総長に就任したエジプトのブトロス・ガリは，

冷戦の終焉という国際社会の大きな環境変化，また強い個性に裏打ちされた積極的なリーダーシップによって大胆な政策提言を行った。安保理の要請を受け，彼が作成した「平和への課題」(An Agenda for Peace) は，国連憲章の枠内において，冷戦の終焉という新たな国際環境の下でいかに国連の平和と安全の分野における能力を強化すべきか，という問いに答えようとするものであった。ブトロス・ガリは，その中で様々な提言を行うが，とりわけPKOの強化に関し，平和強制という大胆な構想を打ち出す。これは，ガリ自身も述べているように，いわゆる「国連軍」とは異なるものの，PKOが従来の自衛に限定された武力行使を超えて，必要があれば，安保理から与えられた任務を実施するためにより積極的な武力行使を行うべき，とする考え方である。そのために加盟国は，普段から自国の軍隊のトレーニングと準備をする可能性について積極的に検討すべきである，というものであった。

　さらにガリは，国連は国際社会の平和と安全のために，予防外交，平和創設，平和維持という従来から存在したアプローチに平和構築という新たな活動を加えるべきであり，この4段階を切れ目なく実施していくことにより国連が効果的に紛争解決に貢献できる，と主張した。この平和構築という概念について，ブトロス・ガリは上記の文書の中で「紛争に逆戻りしないよう平和を強化するための基盤を整備し，支援する活動」と説明を加えている。しかし，このガリの2つの主要な提言は，その後の実際のPKOの活動の中で正反対の結果をもたらすこととなる。

　PKOの平和強制については，加盟国の間でも十分な議論とコンセンサスが作られないままに，ソマリアや旧ユーゴの活動の中で部分的に実施され，その結果はすでに述べたように，挫折を経験することになる。ブトロス・ガリ自身，1995年に提出した「平和への課題──補遺」において，加盟国には平和強制に取り組む用意がなく，PKOは従来の自衛目的に限定された武力行使という原則に立ち返るべきであることを表明した。

　一方，平和構築に関しては，平和維持と平時の開発援助の間の効果的な橋渡

しをすることによって，紛争後の脆弱な社会が紛争に逆戻りすることを防ぐ活動として積極的な評価を得ていくことになる。国連は，2005年に平和構築を支援する協議体として平和構築委員会の立ち上げを決定し，それを支援する組織を事務局に設置するとともに，様々な平和構築にかかわるプロジェクトの実施を財政面で支える平和構築基金を設立した。国連は，こうした平和構築のための政策メカニズムを通じて具体的には，武装解除，動員解除，社会への再統合（DDR），地雷処理，治安部門を含む統治機構の整備，紛争時の責任者の処罰，コミュニティの和解促進など多様なプログラムを実施している。

PKOに関する政策的検討は上記にとどまらない。ルワンダでの教訓を踏まえて，ブトロス・ガリの後を受けたコフィ・アナン前事務総長は，アルジェリア外相を経験したベテラン国連外交官であるラフダール・ブラヒミに1990年代の成果と教訓に立ったPKOの強化策についての検討と提言を要請する。これを受けて2000年に作成されたのがいわゆる「ブラヒミ報告書」（正式な文書名は，「国連平和活動に関するパネル報告書」）である。同報告書は，安保理のPKOの任務の規定の仕方からPKOの活動原則，事務局や現場の支援体制を含め，広範にPKO強化のための提言を含んだものとなっている。

同レポートはPKOの武力行使という課題については，伝統的なPKOの活動原則を尊重することの重要性を強調しつつも，与えられた任務遂行については「積極的な作戦行動」を視野に入れるべきであるとしている。この「積極的な作戦行動」が実態として先のガリが提案した平和強制とどのように異なるのか，については必ずしも明らかでないし，PKOの現場での活動において実際どのように判断されるべきものかについても曖昧さを残した。

最近のPKOではコンゴにおける活動のように，憲章第7章に言及するPKOも増えてきており，与えられたマンデートに対する妨害行為に対しては，武装ヘリコプターなども動員しつつ積極的な対応が行われているようである。しかし，PKOにおける武力行使の在り方については，書かれた政策的方針や原則よりも現場でそうした方針をどう具体的に適用していくか，という判断の

方がむしろ困難であり，重要でもある。何故ならば仮に，任務遂行の範囲であり，抑制的なものであっても武力行使の効果がどのような結果をもたらすかは，優れて紛争当事者の政治的意思と戦闘能力によるからである。妨害を行う相手が相対的に軽武装でPKOの武力の限定的行使でこれを排除できるのであれば，その効果は期待できるかもしれない。しかし，ソマリアや旧ユーゴスラビアでの経験のように，紛争当事者が組織的にPKOの活動を妨害しようという意図を持っている場合，あるいはそのような変化が起きた場合，PKOが紛争当事者との戦闘に継続的に巻き込まれることにもなり得る。PKOの限定的な武力行使の効果は，つまるところ紛争当事者の政治的意思と両者の戦闘能力という相対的な要素に左右されざるを得なくなる。こうしたことを併せ考えると，PKOの武力行使に関する可能性についてとり得る選択の幅は，自ずと決まってくると言えよう。組織化が非現実的な「国連軍」とPKOとの間には，加盟国の姿勢を含めて大きな隔たりがあり，これを簡単に埋めることはできないのである。

　他方，このような国連の政策手段の現状から武力行使については，国連以外の主体，たとえば有志連合による多国籍軍やNATOといった地域機構に委ねるという選択肢が試みられてきてもいる。1991年の湾岸戦争や1999年の東ティモールにおける多国籍軍の軍事行動，旧ユーゴスラビアやコソボにおけるNATOの軍事行動などは，国連以外の主体が安保理の承認を受けて行った事例である。さらに，旧ユーゴスラビアやコソボ，イラク戦争後のイラクやアフガニスタンなどでは国連以外の主体がPKOを実施し，文民警察活動やその他の平和構築にかかわる活動は国連が行うといった分業のパターン，スーダンの事例のように，PKOそのものをアフリカ連合（AU）と国連が合同で展開するハイブリッド型PKO，ダルフール国連・AU合同ミッション（UNAMID）などPKOについても活動態様と担い手について多様なパターンが登場しつつある。国際社会がその都度可能で適切な政策手段を選択するという意味において，積極的に評価できる面もあるかもしれない。しかし，これらの政策手段が常に用

意されているわけではないし、また異なる組織による連携、合同の活動という点で、より複雑な問題が課題として出てくる可能性もある。

　国連のPKO局とフィールド支援局は、ブラヒミレポート以後も2008年には、PKO改革イニシアティブの一環として「国連平和維持活動——原則と指針」、いわゆる「キャップストーン・ドクトリン」と呼ばれる文書を作成し、PKOの計画段階から実施に至る過程の指針の再整理と明確化を試みている。同文書は、PKOの武力行使という課題に関し、ブラヒミ報告書において提起された「積極的なPKO」とは、「安保理のマンデートに基づき受け入れ国と主要紛争者の同意のもとに戦術レベルで行使される強制行動」であり、「これとは対照的に平和強制は、当事者の同意に基づかず戦略的、国際的なレベルでなされるもの」と、両者の違いを明らかにしようとしている。このような活動原則の明確化作業が必要かつ有意義であることは言うまでもない。しかしながら、既述のように、武力行使の範囲や可能性については、現場での実際の判断に大きな困難が伴っており、国連と軍事要員提供者である加盟国との間には依然として明快な合意を作り出せていないのが実情である。

　また、国連は、2009年に同じくPKO局とフィールド支援局のイニシアティブで「ニューホライズン」と呼ばれるプロセスの一環として、加盟国、国連事務局、安保理の間でPKOをめぐる現状と取り組む課題について3者の間で議論を喚起するための非公式文書を作成した。さらに、PKOと人道支援機関とのパートナーシップに関する統合的アプローチの追求など、PKOの課題に関し多角的な取り組みを進めている。

　これらの現場での活動原則に加え、PKOが安保理から負託された任務を遂行するうえでもいくつかの満たすべき条件がある。これは、ブラヒミ報告でも強調されている点であるが、第1にPKOの展開の前提条件である紛争当事者の受け入れ同意の確実性を見極める必要がある。同意は、停戦の確保を前提とした受け入れ同意、即ちPKOへの協力意思の信憑性が極めて重要となる。時として紛争当事者は、PKOの存在を自分たちの政治的、軍事的利益の増進に

利用しようとする。言い方を変えると，PKO の存在と活動がたとえ中立的であっても，紛争当事者が局面的に相手方に有利な状況がもたらされたと判断するとPKOへの妨害行為に出たり，はなはだしい場合は，PKOへの攻撃となったりすることもある。ソマリアや旧ユーゴスラビアの場合，このような状況が顕著であったし，成功したカンボジアの活動においても，紛争当事者の一派であるポル・ポト派はしばしばこのような行動に出た。

第2に，これもブラヒミ報告はじめ複数の報告書で強調されていることであるが，PKO の創設を決める際に，安保理は，PKO の必要性と効果について慎重に検討をしたうえで現実的な任務を与えるべき点である。加盟国は，しばしば紛争への有効な対応を見いだせない中で，いわば不作為の隠れ蓑として国連PKO を利用することがある。最近の事例ではシリアに展開したPKO もそのような事例の1つといえよう。たとえ形式的にシリアの政府，反政府勢力との間に PKO 受け入れ同意が成立したとしても，明らかに紛争の勢いと性格からして時期尚早の展開であり，結局，撤収に追い込まれることとなった。

第3に重要なのは，安保理が創設を決めたPKO に対し，十分な人員，機材，資金といったリソースを確保することの重要性である。言うまでもなく，PKOへの軍人や部隊の提供は加盟国の自発的意思によるものであり，だれも強制のできるものではない。しかし，不十分な規模と体制で不安定かつ危険な状況下に展開することは，PKO の要員を危険にさらすこととなる。さらに，その活動の頓挫は，国際社会のPKO と国連への信頼性を損なう結果ともなるのである。

最後に重要なのが，事務総長を中心とした国連PKO活動の運営能力である。安保理という政策決定の主体，国連事務局という本部の支援と現場での活動，これらが三位一体となって効率的に運営されることが不可欠である。時に現場と本部とのコミュニケーションギャップ，状況の認識についてのギャップがPKO の活動の阻害要因として指摘されることがある。ブラヒミ報告，キャップストーン・ドクトリンなど一連の政策文書により，こうしたPKO の運用に

ついて明らかに改善がもたらされてはいる。しかしながら，活動主体や活動内容が一層複雑化していくPKOにおいて，こうした課題を国連のみの努力で解決しようとすることには限界のあることも認識する必要があろう。

　これまで本章において，国連の平和と安全に関する活動を憲章の規定に沿って骨格となる「集団安全保障」の考え方とその実現可能性について検討した。また，「集団安全保障」構想の実現が困難視される中，冷戦後は，国家間の戦争のみならず人間1人ひとりの生存と尊厳にまで活動関心の対象を拡げる動きがみられることを指摘した。このような平和と安全の理念と政策の大枠の中で国連は，安保理，総会，事務総長と事務局といった政策資源を活用しながら，平和の仲介役，支援の担い手として現実の戦争や紛争に対応してきた。さらに，国連の平和活動の象徴ともいえる国連PKOについて，その歴史的変容を概観し，現在の課題と可能性についても検討を行った。

　「集団安全保障」構想と「人間の安全保障」を想定した活動の間には，平和と安全を巡る多様な課題が存在する。国際社会の変化と紛争の態様の変化は，国連の平和政策に新たなアプローチを求め続ける。戦争や紛争の現場における和平へのニーズの変化と国連の対応能力の強化というダイナミズムの中で国連の平和と安全の取り組みは，一層複雑さを増していっているように思われる。21世紀の国際社会の平和と安全の維持のためには，加盟国と国連事務局，さらに昨今のPKOで重要な役割を担うようになった地域機構やNGOなど，関係者すべてを巻き込んだ不断の工夫と努力が必要とされよう。

参考文献

最上敏樹『国際機構論（第2版）』東京大学出版会，2010年。
香西茂『国連の平和活動』有斐閣，1991年。
北岡伸一『国連の政治力学』中央公論新社，2007年。
松浦博司『国連安全保障理事会――その限界と可能性』東信堂，2009年。
明石康『国際連合――軌跡と展望』岩波書店，2006年。
Inis L. Claude, Jr., *Swords into Plawshares*, (Fourth edition), New York and

Toronto: Random House, 1971.
UN Document A/59/565
UN Document A/47/277-S/24111
UN Document A/55/305-S/2000/809

第6章

国連システムと開発

大 平　　剛

── この章で学ぶこと ─────────────────────────────

　経済社会分野における国連の活動は，安全保障分野における活動と並んで重要な活動である。しかしながら，国連による経済社会分野での活動は非効率的かつ非効果的であるとして非難されてきた。国連機関による開発活動が本格化した1960年代以降，今日に至るまでの歴史は，そのような批判を受けて実施された機構改革の歴史であったともいえる。

　本章では，まず経済社会分野における国連の実像を示し，どのような機能と役割を国連システムが担っているのかを明確にするとともに，システム内における諸機関の関係を明らかにして，この分野における関係機関の活動をシステムとして機能させることの難しさについて考察する。

　第2節では，開発分野における国連システムを取り巻く状況に焦点を当て，どのような国際環境のもとに国連システムが置かれているのかを明確化して，ここに加わる外部からの影響を考察する。具体的には国際開発援助レジームの発展に焦点を当て，国連システム，世界銀行，経済協力開発機構・開発援助委員会（OECD／DAC）の3者が当該レジームの発展にどう関わってきたのかを明らかにする。

　第3節では第2節での議論を受けて，開発分野において国連システム内でどのような改革が行われているのかを考察する。その考察からは，国連がレジームにおける議論という外部要素を国連システム内に取り込む作業が行われていることが明らかとなる。このような考察を通じて，長年課題とされてきた開発援助活動のシステム化を国連が模索している状況が示される。

　第4節では，国際政治経済状況の変化とともに国際開発援助レジームも大きく変容を遂げつつあることを，新興国の台頭に焦点を当てて考察するとともに，そのような状況下で国連システムに新たに生じた動きを取り上げ，開発分野における新たな挑戦を考察する。

───

第6章 国連システムと開発

1 経済社会分野における国連の実像

　国連の機構図を見ると，経済社会分野に関わる機関や部署の多いことがわかる。それらを大別すると，①経済社会理事会とその下部委員会，②専門機関，③総会の補助機関の3つに分けることができる。この節ではこれら3つのグループについて概説するとともに，その関係を明らかにする。経済社会理事会の任務と権限については憲章第62条に定められており，その管轄する領域は，経済，社会，文化，教育，保健および関係事項とされ，軍事や政治に関する事項以外のほとんどすべての領域を網羅していると言える。そのため，本来，国連は安全保障理事会と経済社会理事会の2つが車の両輪のように機能し，前者が「恐怖からの自由」を，後者が「欠乏からの自由」に対処するように制度設計されていた。しかし，実態はそのようにはなっておらず，機能不全に陥っている。本節では，なぜそのような事態に陥ったのかを説明し，経済社会分野における国連システムの実像を明らかにする。

　なお，一般的に「国連」という用語は，総会，安全保障理事会，経済社会理事会，国際司法裁判所，事務局，信託統治理事会の6つの主要機関を指すものとされ，総会等の補助機関と専門機関を含める際には「国連システム」という用語が用いられる。本章で前者を示す際には「国連本体」という用語を用い，単に国連と表記する際には，広義の国連を意味する専門機関を含んだ「国連システム」を指すものとする。

経済社会理事会とその下部組織

　経済社会理事会は麻薬委員会や人口開発委員会といった機能委員会の他に，地域委員会とその他の機関によって構成される。2番目の地域委員会には，アフリカ経済委員会（ECA），欧州経済委員会（ECE），ラテンアメリカ・カリブ経済委員会（ECLAC），アジア太平洋経済社会委員会（ESCAP），西アジア経済

社会委員会（ESCWA）の5つの地域委員会がある。3番目のその他の機関の中には非政府組織委員会という委員会があるが，これは憲章第71条によって，経済社会問題に関するNGOと協議する権限が経済社会理事会に付与されているからである。国家間の協議の場である国連に市民社会の声が反映される仕組みが備わっている点は，国連を民主的に運営するという点で重要である。

経済社会理事会は設立時には18の理事国で構成されていたが，1965年には27カ国に，そして1973年にはその倍の54カ国へと理事国数は増えていった。また，その表決には過半数制を採っており，そのことが経済社会分野における機関の増加とそれにともなう機能不全をもたらすことに繋がった。そのことについては後述する。

専門機関

専門機関は，国際復興開発銀行（IBRD）と国際開発協会（IDA）の両機関を世界銀行グループとして1つに数えると全部で15存在するが，なかには国際連合が設立される以前から存在していた専門機関もある。たとえば国際労働機関（ILO）は第1次世界大戦後の1919年に設立されているし，万国郵便連合（UPU）に至っては1874年に設立されている。また，国連本体が設立されて以降に設立された機関としては，1966年設立の国連工業開発機関（UNIDO）や1977年設立の国際農業開発基金（IFAD）といった機関もある。なお，UNIDOが専門機関となったのは1985年である。設立の経緯からも明らかなように，専門機関はそれぞれが自律した国際機関であり，独自の予算および事務局を持ち，国連本体とは独立した運営方法を採っている。

専門機関については国連憲章第9章「経済的及び社会的国際協力」における第57条において定義され，経済社会理事会の任務を謳った第63条の規定に従って，国連本体と連携するための協定を結ぶものと定められている。連携協定を結んだ専門機関は経済社会理事会に活動の報告を行うが，経済社会理事会は専門機関と協議を行ったり，勧告を行ったりする権限を有し，専門機関の活動を

調整することができると定められている。

総会の補助機関

総会が経済社会分野と関わることについては,憲章第13条1項bの次のような規定に拠っている。すなわち「経済的,社会的,文化的,教育的及び保健的分野において国際協力を促進すること並びに人種,性,言語又は宗教による差別なくすべての者のために人権及び基本的自由を実現するように援助すること」が総会の目的の1つとされ,そのための研究を発議したり勧告が出来るように定められている。

この規定に基づき,多くの計画や基金が設立されてきた。代表的な計画としては,1966年設立の国連開発計画(UNDP)や1963年設立の世界食糧計画(WFP),それに1972年にスウェーデンのストックホルムで開かれた国連人間環境会議後に設立された国連環境計画(UNEP)がある。また,近年の国連改革の一環で,女性問題に関わるいくつかの機関や部署が統合され,2010年に国連女性機関(UN Women)が発足している。基金としては,1946年設立の国連児童基金(UNICEF)や1969年設立の国連人口基金(UNFPA)がある。これらの計画や基金以外にも「調査・研修」を目的とした機関も設立されており,代表的なものとしては国連社会開発研究所(UNRISD),国連訓練調査研究所(UNITAR),国連大学(UNU)がある。なお,すべての補助機関は総会決議によって設立される。

組織の肥大化と機構改革

以上見てきたように,経済社会分野には数多くの機関と部署が関わっており,国連がシステムとして機能するのは容易なことではない。モーリス・ベルトラン(Maurice Bertrand)はかつて,国連の構造が複雑であるのは不合理な歴史的要因のせいであって,「無意味な業務の重複」と「根拠のない機能の区別」が見られると述べた(ベルトラン 1995:73)。

なぜ組織が肥大化したのか。別の言い方をすれば，国連創設以降，なぜ多くの機関が誕生してきたのか。その答えは，総会および経済社会理事会での表決方法と国連における南北対立という政治的な要因に求めることができる。すでに述べたように，経済社会理事会での表決方法は過半数制である。また，一国一票制度を採用している総会においても，重要事項以外の表決には過半数制が採られる。総会の多数派は経済協力や技術協力を求める開発途上国であり，彼らが新たな機関の設立を求めたことで組織は肥大化したのである。1960年代と1970年代に設立された機関が多いのは，植民地から独立を果たした途上国が国連で多数派を占め，当時，国連においてあたかも一枚岩であるかのように団結して政治力を発揮していたからである。その最たる例が，貿易と関税に関する一般協定（GATT）に見られる先進国主導の国際貿易体制に対抗するために1964年に設立された国連貿易開発会議（UNCTAD）であった。このような事情のなかで生み出された機関のなかには，既存の機関と活動が重複するものがみられ，加盟国から拠出される有限かつ希少な資源を求めて，機関間の駆け引きや現場での縄張り争いなどが行われるようになり，国連機関による援助活動は非効果的かつ非効率的なものとなってしまったのである。

2　国際開発援助レジームの形成・発展と国連

国際開発援助レジーム

　国際開発の主体は，国家が主体であるものと市民社会組織（CSO）や非政府組織（NGO）といった非国家が主体となるものとに大別できる。国家による援助は国家対国家の関係で実施される二国間援助と，国際機関に対して出資・拠出という形で資金をいったん預け，そこから配分される形をとる多国間援助とに分かれる。多国間援助はさらに国連に関係するものと国連とは別の国際組織によるものとに分かれるが，それにはたとえば難民問題にも関わる国際移住機関（International Organization for Migration; IOM）といった組織が含まれる。こ

第6章　国連システムと開発

のように数多くの主体が関わる国際開発分野では，国際政治経済状況の変化に影響を受けながら援助の潮流が形作られていく。

　国際関係の特定の領域において原則，規範，ルール，意思決定手続などが明確になっているものを国際レジームと呼ぶが，代表的なものとしては，WTO（世界貿易機関）を中心とする自由貿易レジームや核兵器の拡散を防止するための核不拡散（NPT）レジームといったものが挙げられる。国際開発援助についても，同様のレジームが形成されているとの認識がある。稲田十一は「主要なドナー（援助国・援助機関）を中心とする，ある特定の開発思想とアプローチが，他のドナーにも影響を与え，そこに共通の規範とルールに基づく枠組みが形成されて，他のドナーもその規範とルールに則って援助・融資を行うような制度」と国際開発援助レジームを定義している（稲田 2009：201）。

　このような国際開発援助レジームの中に国連システムは位置し，レジームの形成と発展を促すプレーヤーであるばかりか，レジームから影響を受ける対象でもある。そのため，第3節で詳述する国連システムにおける改革を理解するには，国際開発援助レジームそのものの理解が必要である。そこでレジームの形成と発展に関わってきた主要なプレーヤーであるOECD/DACと世界銀行の役割についても押さえておく必要がある。

　2国間援助を行う主要な先進国政府はいずれもDACのメンバーであり，国際開発援助レジームを動かす主役であるといえる。そのため，DACにおける議論の動向は，国連諸機関や世界銀行といったレジームに関係するその他のプレーヤーの政策にも影響を及ぼす。また，世界銀行は国連システムの中に位置づけられるとはいえ，その資金規模は他の国連諸機関を凌ぎ，1プレーヤー単位で見るとその開発援助分野での影響力は大きい。ちなみに，DAC加盟諸国全体の年間の純支出額がおよそ1100億ドルであるのに対して，世界銀行のそれはIBRDとIDAを合計しておよそ430億ドル，国連諸機関の合計に至っては65億ドル程度に過ぎない。UNDPだけを見れば，各国からの拠出金からなるコア・ファンドはおよそ10億ドルにすぎない。

なお、1990年代後半以降の援助の新たな潮流とレジームの発展状況を理解するために、国際開発援助分野での重要事項を表6-1にまとめた。この表を中心に3者のレジーム形成・発展における役割と1990年代半ば以降の取り組みを考察する。

OECD/DACの役割

2012年時点でのOECDの加盟国数は34を数えるが、委員会の1つであるDACにはそのうちの23カ国と欧州連合（EU）が構成メンバーとして名を連ねている。DACは、①途上国向け援助の量的拡大と効率化、②加盟国による援助の量と質に対する定期的検討、③贈与ないしは有利な条件での借款による援助の拡充、という3つの目的を掲げて1961年に創設された。このうち2点目については、加盟国間で相互に援助審査（ピア・レビュー）を行うことになっており、4年ないし5年に一度の頻度で加盟国はその援助実績と政策について他の加盟国による審査を受け、審査結果は報告書として公表されることになっている。このような審査によって、DACのメンバー国の援助政策は一定の方向へと収斂することになるのである。また、援助方針を共有する目的で、多くのガイドラインも策定されている。

1990年代半ば以降のDACの役割として特筆すべき点は2つある。1つは1996年に策定された『21世紀に向けて——開発協力を通じた貢献』（DAC新開発戦略）である。これはミレニアム開発目標（MDGs）の原型となったものであり、貧困、教育、保健、健康といった分野において、達成すべき数値目標と達成期限を明確化した点において画期的なものであった。2点目は2003年のローマ調和化宣言以降、DACが主導して取り組んできた援助効果に関する世界的な議論である。とりわけパリで開催された第2回目のハイレベル・フォーラムでは「パリ援助効果宣言」が出され、①オーナーシップの強化、②ドナーと被援助国との間の整合性（アラインメント）、③ドナー間における援助の調和化、④開発成果マネジメント、⑤相互説明責任の5原則に基づいて援助の効果を向

第6章 国連システムと開発

表6-1 1990年代半ば以降の国際開発に関わる主要事項

年	国連システムおよび世界銀行	OECD/DAC	その他の特記事項
1994	『開発への課題』ガリ事務総長報告書	UNDP に DAC のオブザーバー資格	
1995	国連社会開発サミット		
1996		『DAC 新開発戦略』	
1997	『国連の再生』アナン事務総長報告書、UNDG の設立		
1998	・CDF の提示（世銀）		
2000	・国連ミレニアム・サミット開催および MDGs の設定 ・グローバル・コンパクトの創設 ・HIPCs イニシアティブ（世銀） ・PRSP の枠組み開始（世銀）		
2001	MDGs と PRSP の連携合意		9.11米国同時多発テロ
2002	・国際開発資金国際会議（モンテレイ会議：メキシコ） ・国連強化のための変革へのアジェンダ ・持続可能な開発に関する世界首脳会議（Rio＋10、ヨハネスブルク）		
2003		ローマ調和化宣言	イラク戦争
2005	世界サミット（国連首脳会合）	パリ援助効果宣言（第2回援助効果向上ハイレベル・フォーラム）	
2006	Delivering as One（『一丸となっての支援』）報告書		
2008	第1回国連開発協力フォーラム（UNDCF）	アクラ行動計画（第3回援助効果向上ハイレベル・フォーラム）	・リーマン・ショック ・G20首脳会合の開始
2009		中国・DAC 研究グループの創設	第1回 BRICs サミット（エカテリンブルク）
2010	・第2回 UNDCF ・MDGs サミット（ニューヨーク）		第2回 BRICs サミット（ブラジリア）
2011		・DAC 創設50周年 ・釜山成果文書（第4回援助効果向上ハイレベル・フォーラム）	第3回 BRICS サミット（三亞）
2012	・第3回 UNDCF ・国連持続可能な開発会議（Rio＋20、リオ・デ・ジャネイロ）		第4回 BRICS サミット（ニューデリー）

（注）南アフリカ共和国が正式にメンバーとして招かれた第3回サミット以降は BRICS、それ以前は BRICs と分けて表記している。

（出典）稲田十一（2012：253）、OECD/DAC, 2006, *DAC in Dates The History of OECD's Development Assistance Committee*, Paris: OECD、ECOSOC の UNDCF に関するウェブサイト（http://www.un.org/en/ecosoc/dcf/index.shtml）（アクセス日：2012年9月24日）をもとに筆者作成。

上させるとした。なお，この5原則のもと，2010年を目標年と定め，12の指標を用いて進捗状況がモニタリングされた。

　ここで，②のアラインメントと③の調和化について説明を加えておこう。アラインメントとは，被援助国の国家開発戦略，制度，手続に従ってドナーが援助を実施するということであり，被援助国の援助に関する取引費用（transaction cost）を削減することがねらいである。また，調和化とは実施する側のドナー間で役割分担を行い，活動の調整を行って重複を避けるということである。このような援助協調（aid coordination）と援助の調和化（aid harmonization）によって，援助効果の向上を図るという国際開発援助レジームにおける方向付けをDACは主導してきたのである。援助効果向上に対するこのような世界的な議論には，2国間援助機関だけでなく多国間援助機関である国連システムも関わっており，調和化やアラインメントが実践されている。そのことについては次の第3節で詳述する。

世界銀行の役割

　世界銀行が国際開発援助レジームの形成にどのように関わってきたのかを押さえておきたい。

　開発分野においてはレジームが乱立して錯綜している状態，すなわち「レジーム・コンプレックス」（Regime Complex）がつくりだされてきたという。小川裕子によれば，国連システムが貧困削減アプローチを採る一方で，世界銀行が成長促進アプローチを採ったことから，2つのレジームは長らく並立関係にあり，そこに米国の政党政治が絡むことで競合関係が続いてきたという（小川2008）。

　競合関係では貧困削減アプローチと経済成長アプローチとが，まるで振り子が揺れるかのように時代ごとに優劣が交代してきた。1960年代には近代化が推進されて成長アプローチが優位であったが，1970年代には60年代に思ったほど貧困が削減できなかった事から，貧困層に直接裨益するベーシック・ヒューマ

ン・ニーズ（BHN）アプローチが採用され，貧困削減アプローチが優位に立った。1980年代に累積債務危機が発生すると，その処方箋である構造調整政策が主流となり，貧困削減アプローチは後景に退くこととなった。この構造調整アプローチでは，マクロ経済的支援である限りIMFと世界銀行の了承と勧告を受けることがドナーの前提とされ，ドナー間での協調が強化されるとともに，新自由主義的考えが共有された，と高橋基樹は述べている（高橋2006：251）。先進国が途上国に援助を供与する際には，貿易の自由化や規制緩和といった新自由主義的考えに則ったコンディショナリティが課されることとなり，先進国間での援助政策は収斂していったのである。

　しかし，1990年代にはいると競合関係は解消され，アプローチの統合化が進むことになった（小川2008）。小川も述べるように，本来，開発は経済成長と貧困削減のどちらか一方を推進すれば達成できるわけではなく，両方が必要である。1990年代に入るとそのような認識が高まり，世界銀行，国連システムの双方においてアプローチの見直しが行われるとともに，OECD/DACにおいてもその認識は共有されたのである。

　DACにおいては，統合アプローチのもとで，上述した「DAC新開発戦略」が1996年に策定された。世界銀行では『世界開発報告書』の1990年版で貧困をテーマに取り上げ，成長促進アプローチからの転換をはかり始めた。貧困削減アプローチを採ってきた国連システムでも，UNDPが『人間開発報告書』の1996年版で人間開発と経済成長とは不可分な関係にあるとしてアプローチの転換を図ったのである。このように1990年代に入ってアプローチの統合化が行われることとなり，DACの新開発戦略を基盤とするミレニアム開発目標においても統合アプローチが採用されている。世銀では重債務貧困国（HIPCs）への援助の重点化と貧困削減戦略ペーパー（PRSP）の採用が行われ，今日に至っている。また，表6-1に見られるように，2001年にはMDGsとPRSPとの連携が世界銀行と国連システムとの間で合意され，従来のレジームの並立状態は解消されたと捉えられる。

以上見てきたように，OECD/DAC，世界銀行，国連システムの3者は貧困削減という規範と経済成長という規範の両方を統合させた新しい規範に基づいて行動するという方向で一致を見，ここに国際開発援助レジームの発展・深化を認めることが出来る。

3　国連開発援助のシステム化

国連の再生——アナン事務総長による改革

前節で見たように，国際開発援助分野においてレジームと呼びうるものが形成され，発展してきた。国連システムもそのレジームの内側にあって，レジームのなかのプレーヤーであるとともに，レジームから影響を受ける客体でもある。本節では，国連が開発分野においてシステムとして機能するために進めている改革を国際開発援助レジームにおける世界的な議論，すなわち援助効果の向上という観点から考察し，システムとして機能することの可能性と課題について検討する。

国連という組織が肥大化を遂げるなかで，活動の重複や縄張り争いなど，非効率的な援助の実施が長く問題視されてきたことについては，すでに第1節で述べたとおりである。この長きにわたる課題に対して，改善の兆しが見え始めたのはここ15年ほどのことである。きっかけは前事務総長であったコフィ・アナン（Kofi Annan）が，事務総長就任に際して発表した『国連の再生——改革に向けたプログラム』（*Renewing the United Nations: A Programme for Reform*）であった。

この報告書のなかでアナンは，従来の国連による活動が調整を欠いた方法で行われてきたと述べ，一貫性と対応力を持った国連に再生させると誓い，専門機関との関係を抜本的に改革する必要性を説いたのである。彼が報告書の中で示したアイデアには，①開発分野に関わる国連機関の活動を調整することを目的とした国連開発グループ（UNDG）の創設，②現場で活動する国連の計画と

基金が提供する国別レベルの援助を統合してシステムとしての一貫性を持たせるための国連開発援助枠組み（UNDAF）の実施，それに③現場での窓口を一本化して手続を簡素化したり，機関間のコミュニケーションの改善を図ることを目的とした国連ハウス（UN House）の設置があった。

以下では，その中でUNDGに焦点を当ててその役割と意義について考察し，次に，現場レベルにおける活動の一貫性を高めるために，アナン事務総長の退任直前にとりまとめられた *Delivering as One*（一丸となっての支援）という報告書で示されたアイデアを紹介して，それらのアイデアが機能しているのかどうかを最新の評価報告書をもとに考察する。

UNDG

アナン事務総長のアイデアによって創設されたUNDGは，表6-2にあるように32の機関（ただし，経済社会理事会の地域経済委員会は1年ごとの輪番制）によって構成され，国連機関による開発活動を調整して，被援助国がミレニアム開発目標などの国際的な開発目標を達成できるように，一貫性があり効果的かつ効率的な支援を届けることを目指している。

ここで注目したいのは，15ある専門機関のうち9つの機関がメンバーとして名を連ねていることであり，総会付属の計画や基金だけでなく，国連からは自律した存在である専門機関を含む国連システム全体にまで活動の調整が及んでいる点である。機構的には，UNDGは事務総長を議長とする主要執行理事会（CEB）の元にあり，CEBには専門機関を含む国連のすべての機関の長が名を連ねている。なお，UNDGの長はUNDP総裁が務め，進捗状況を事務総長及びCEBに報告することとなっている。また，UNDGの内部では13の機関からなる諮問グループがあり，諮問グループはUNDG議長に対して運営に関するアドバイスや指示を行うものとされている（表6-2参照）。

このようにUNDGは専門機関を含む開発分野に関わる機関を横断的に束ねており，国連の長年の課題であるシステムとしての一貫性を欠いた状態を解決

第Ⅱ部　21世紀における国連システムの役割と挑戦

表6-2　UNDG構成メンバー

総会付属機関	事務局，経済社会理事会	専門機関
〈計画と基金〉 UNDP UNICEF UNFPA WFP UNHCR UN-Women UNEP UNCTAD UN-HABITAT UNODC 〈その他の機関〉 UNOPS UNAIDS	〈経済社会理事会　地域委員会〉 ECA ECE ECLAC　（5つの経済委員会については，1年ごとの輪番制） ESCAP ESCWA 〈事務局〉 ・広報局（UNDPI） ・国連人権高等弁務官事務所（OHCHR） ・子どもと武力紛争に関する事務総長特別代表（OSRSG/CACC） ・経済社会局（DESA） ・アフリカ担当事務総長特別顧問室（OSAA） ・後発開発途上国ならびに内陸開発途上国，小島嶼開発途上国のための高等代表事務所（UN-OHRLLS）	WHO IFAD UNESCO FAO UNIDO ILO UNWTO WMO ITU
オブザーバー：世界銀行，国連パートナー基金（UNFIP），人道問題調整室（OCHA），事務総長スポークスマン，副事務総長室局長		

（注）　下線の引かれた機関は輪番制を取らない諮問グループ機関で，点線，二重下線，波線で示した機関は，それぞれがグループを形成しており，その中の一機関が1年の任期で輪番制によって諮問グループ機関となる。何も線が引かれていない機関は諮問グループ機関とはならない。
（出典）　UNDGホームページ（http://www.undg.org/index.cfm?P=13，アクセス日：2012年9月15日）をもとに筆者作成。

するための取り組みがなされているのである。

「一丸となっての支援」

アナン事務総長が取り組んできた改革は，彼が任期を終える直前に設置した「開発・人道支援・環境における国連システムの一貫性に関するハイレベル・パネル」による提言で締めくくられた。MDGsをはじめとする国際的な開発目標を達成するために，国連の業務活動をどうやってうまく調整するかを探求することが2005年の世界サミット成果文書のパラグラフ169によって合意され，それを受けて，このハイレベル・パネルは2006年11月に *Delivering as One*（「一丸となっての支援」）と題する報告書を提出した。その中で開発分野に対する改革として次の4つのOneが案として示された。

第6章　国連システムと開発

　1つ目はOne Leader，すなわち現地レベルにおける国連による開発援助活動を1人のリーダーが率いるということ。これにはすでに常駐調整官（Resident Coordinator）という制度が定着しており，彼／彼女の指揮下で現場の活動は調整されることになる。UNDPの現場のプレゼンスが高いため，これまではUNDPの常駐代表（Resident Representative）が常駐調整官を兼務することが多かったが，そのような在り方も徐々に変化して，適切な人材を国連システムから広く登用するように制度変更がなされている。2つ目はOne Budget，すなわち1つの予算のもとで活動を実施するということ。3点目はOne Programme，すなわち数多くのプロジェクトを1つのプログラムのもとに統合するというもの。最後はOne Office，すなわち適切な場合には事務所をも1つに統合するというものである。
　この「一丸となっての支援」により国連機関間で制度や手続が一本化され，取引費用という無駄が削減されるとともに，活動の効率化が図られるとしている。また，被援助国側にとっても現地の国連窓口が一元化されるとともに一貫性のあるプログラムが示されることで，効率的な業務の運営が可能になるとされている。「一丸となっての支援」が案として表明されたところ，アルバニア，カーボベルデ，モザンビーク，パキスタン，ルワンダ，タンザニア，ウルグアイ，ヴェトナムの8カ国が試験実施国として名乗りでた。試行開始から5年が経過したが，このような国々で果たして「一丸となっての支援」は成功しているのだろうか。ここでは，2012年6月に総会に提出された評価報告書（A/66/859）をもとに，この取り組みの評価と国連がシステムとして開発援助活動を行う上で今なお抱える課題を取り上げ，国連という機構がシステム化に際して抱える根本的な問題について考えてみたい。
　報告書は上記の4つのOne以外に，One Voice（1つの声）とOne Fund（1つの基金）が試験実施国に見られたとして，これらを加えた6つの点において評価を行っている。進捗状況に対する評価は，「とても強い」「強い」「中程度」「少ない（あるいは弱い）」「とても少ない（あるいはとても弱い）」の5段階で

行われたが，結論から述べると「1つのプログラム」「1人のリーダー」「1つの予算」「1つの基金」の4つは「中程度」，「1つの声」は「強い」，「1つの事務所」は「少ない」という全体的にあまり芳しくない評価結果となっている。

　これらの評価の中で特筆すべきは，「1人のリーダー」と「1つの声」についての評価である。「1人のリーダー」については，UNDPの常駐代表と常駐調整官の機能の線引きはうまくいったと評価されたものの，常駐調整官の権限は未だに弱いとされた。そこには現場における機関同士の横の関係よりも各機関の現場と本部という縦の関係の方が重視された事が原因だとされている。また，唯一「強い」と評価された「1つの声」では，それぞれの機関の権限と専門性に基づきながら，協力して相手国政府との意思疎通を図り，相手国政府との対話におけるシステムの一貫性が改善されたとしている。

　以上の評価から言えることは，各機関の現場と本部をつなぐ縦の関係の方が，現場における機関間の横の関係よりも強く，常駐調整官（1人のリーダー）に権限を集中させようとする試みが現場の実態にそぐわないということであろう。現場ではピラミッド型ではない対等な水平型の構造が好まれ，常駐調整官による「調整」のもとで，「1つの声」が戦略として採られたものと考えられる。本部レベルにおいて関係諸機関が対等な関係である以上，ピラミッド型の構造を現場に持ち込むには無理があるということだろう。

　「一丸となっての支援」という国連による改革は，ドナー間における援助の調和化や被援助国の制度へのアラインメント，さらには被援助国のオーナーシップの重視など，「パリ援助効果宣言」の5原則に沿って行われており，複数の援助機関の間での「援助の調和化」や「援助協調」の実験的意味合いを持つ。この実験から得られた教訓をフィードバックして，国連諸機関による現場での開発援助活動のさらなる調和化を目指すこと，さらにはそれを2国間援助機関をも含む大きな枠組みへと敷衍していくことが求められている。援助効果を向上させるための実験の場として国連システムが果たす役割は大きい。

4　国際開発援助レジームの動揺と国連システムの挑戦

新興国の台頭と既存の秩序の動揺

　OECD/DAC，世界銀行，それに国連システムが中心となって構築してきた国際開発援助レジームが，2000年代に入って以降，揺らぎ始めている。その大きな要因の1つは2008年9月15日に発生したリーマン・ショックとそれに続く先進諸国における金融不安であり，もう1つは中国やインドをはじめとする新興国の台頭である。後者の中でも中国の存在感は大きく，国際政治経済における影響力は無視できないものとなっている。このような国際状況の変化の中にあって，先進国が主導してきた国際開発援助レジームも大きな変化を示し始めている。

　まず世界銀行における変化を見ておこう。世界銀行の総裁にはこれまで最大出資国である米国出身の米国人が就くことが慣例とされてきた。しかし，第11代のロバート・ゼーリック（Robert B. Zoellick）総裁の後任人事については，この暗黙の了解に対して新興国および途上国側から異議が差し挟まれ，新興国と途上国が推すナイジェリアのンゴジ・オコンジョ・イウェアラ（Ngozi Okonjo-Iweala）財務大臣と米国を中心とする先進国側が推す韓国系米国人であるジム・ヨン・キム（Jim Yong Kim）ダートマス大学学長との争いになった。結果はキム氏が第12代総裁に選出されることになり，米国人が総裁になるという慣例は続いたものの，現状を打破しようとする新興国および途上国の動きが顕著であった。

　次にOECD/DACにおける変化を押さえておきたい。DACは2011年に創設50周年を迎えたが，制度疲労を起こしているといった批判が起き始めている。それには，先進国の経済力が弱まりつつある中でOECDにおける先進諸国の政治力も低下し始めたことが背景にある。また，中国がアフリカ大陸で開発協力活動を活発化させ，多くのアフリカ諸国に曲がりなりにも経済成長をもたら

しているから，長年にわたる開発援助活動にもかかわらず十分な成果を達成できてこなかったDACに対して，その存在価値自体が問われ始めているのである。さらには，たった24の国および地域機関が援助潮流の世界的な議論を主導してきたことに対して，その正統性自体も問われ始めている。すなわち，グローバル・ガバナンスという視点で捉えたときに，DACの場での決定が果たして民主的であると言えるのか，という問いかけが起こっているのである。

　DACはこのような自らの置かれた状況を冷静に分析し，組織の存続をかけて早くから行動を起こしている。その証左が中国との間で進められてきた中国-DAC研究グループであり，2007年に開始されたロシアとのOECD加盟をめぐる協議であり，さらには中国，インド，ブラジル，南アフリカ共和国といったBRICSの4カ国およびインドネシアとの間で2008年に開始された協議である。OECDは「先進国の金持ちクラブ」と揶揄されるとともに，そのメンバーとなるには，民主主義国家であることや市場経済国であることが暗黙の条件であったとされている。しかし，このようになかには国内に人権問題を抱える新興国との関係も強化しようとするなど，これまでの性格を大きく変えようとしている。そのDACが危機意識を持って注視しているのが，次に見る国連開発協力フォーラム（UNDCF）の動きである。

国連開発協力フォーラム（UNDCF）

　2005年に開かれた国連世界サミットにおいて，ECOSOCの下に国連開発協力フォーラムを設立することが決まった。その目的は，①国際開発協力の動向と進展を確認すること，②多種多様な開発アクターによる開発活動をより整合性を持ったものにすること，③国連の活動において規範と業務のつながりを強化することであるとされた。フォーラムは2年に一度開催されることとなっており，第1回目が2008年に開催され，以後，隔年で開催されている。

　まずは，このUNDCFが持つ意義や利点について考えてみよう。開発問題について議論する場はこれまでDACが主であったが，そこは限られたメンバ

一，しかも先進国が主導する議論の場であり，援助する側が参画する仕組みであった。それに対して，国連の場での議論は193の加盟国に開かれており，被援助国である途上国も参画できることから，より民主的であると言える。そのことは開発分野における将来的なグローバル・ガバナンスの実現を考えても，UNDCFがその核となる可能性を秘めていることを示していると言えよう。

　2点目は1点目とも関わるが，UNDCFが今日の開発協力で注目されている南南協力や三角協力を議論する場として，適切であるとともに一日の長があるということである。BRICSをはじめとする新興国による開発協力が注目を集めるようになると，途上国間での協力形態である南南協力に対する議論が活発化してきたが，このことの背景には，金融不安によって援助資金を減らさざるを得ない先進国側が，開発に関する世界的な議論に新興国を関わらせたいとの思惑があった。途上国が多く参画するUNDCFは，その意味からもDACの場でこの点を議論するよりも適切なのである。また，南南協力は2000年代に入って注目されるようになったが，もともとは1970年代に国連で示されたアイデアである。「途上国間技術協力」(Technical Cooperation among Developing Countries; TCDC) という名称でUNDP内に特別部署を設置することが1974年の総会決議 (A/RES/3251 (XXIX)) で決まり，今日までその活動は続いている。このような事情から，国連の場にはノウハウやデータの長年の蓄積があり，南南協力を議論する場としてふさわしいのである。

　3点目はポストMDGsとの関係である。2015年にはMDGsが期限を迎えることとなっており，それ以後の開発目標の策定についての議論が開始されている。2012年に開かれた「国連持続可能な開発会議 (Rio+20)」では，MDGsの達成を目指しつつも，新たに「持続可能な開発目標」(Sustainable Development Goals; SDGs) を設定することが確認された。このような世界的な開発目標を設定していくにあたって，そのたたき台を議論していく上でUNDCFは適切な場であると言える。目標を策定していく段階から多くのステークホルダーの声が反映されれば，それだけ目標には正統性が付与されることになるからである。

このようにいくつかの利点があるものの，解決しなければならない課題もある。その1つはUNDCFでの決定に拘束力がないことである。これは総会決議についても言えることで，国連の機構改革のなかで議論していかなければならない長期的課題である。今ひとつは，UNDCFも国家という単位を基本に据える国連の構造のもとにあって，市民社会組織の参加が限定されていることである。2012年の会議では「開発協力におけるフィランソロピー組織の役割」が議題の1つに含まれており，市民社会組織の役割にも注目が集まっているが，当事者である市民社会が適切に参画できる仕組みの構築が望まれている。

　国際政治経済状況の変化を受けて国際開発援助の趨勢も変化する。開発援助や開発協力の担い手が多様化するとともに，国際開発を牽引する主役の交代も起きようとしている。そのような状況の中で，国連は援助の潮流に合わせて機構改革を行うとともに，新しい枠組みを提示してきた。新しい国際政治経済秩序の形成が模索されている中で，開発分野における国連の新たな挑戦が始まろうとしている。

参考文献

稲田十一「グローバル・ガバナンス」下村恭民・辻一人・稲田十一・深川由起子編著『国際協力（新版）』有斐閣選書，2009年，199-231頁。

稲田十一「援助機関と被援助国──パートナーシップとオーナーシップ」勝間靖編著『テキスト国際開発論──貧困をなくすミレニアム開発目標へのアプローチ』ミネルヴァ書房，2012年，251-269頁。

大平剛『国連開発援助の変容と国際政治──UNDPの40年』有信堂高文社，2008年。

小川裕子「開発援助におけるレジームの状態」日本国際政治学会『国際政治』153号（グローバル経済と国際政治）有斐閣，2008年，122-139頁。

下村恭民『開発援助政策』日本経済評論社，2011年。

城山英明『国際援助行政』東京大学出版会，2007年。

高橋基樹「国際開発援助の新潮流──グローバル・ガバナンスの構築に向けて」西川潤・高橋基樹・山下彰一編著『国際開発とグローバリゼーション』日本評論社，2006年，239-272頁。

ベルトラン,モーリス(横田洋三・大久保亜樹訳)『国連の可能性と限界』国際書院,1995年。

Chaturvedi, Sachin, Thomas Fues and Elizabeth Sidiropoulos eds., *Development Cooperation and Emerging Powers: New Partners or Old Patterns?*, London: Zed Books, 2012.

Stokke, Olav, *The UN and Development: from Aid to Cooperation*, Bloomington, IN: Indiana University Press, 2009.

第7章

人権，法の支配

望月康恵

この章で学ぶこと

　人権の保護と促進は，平和，開発と並び，国際連合（国連）の主要な目的の1つである。1948年の世界人権宣言の採択を始めとして国際社会は人権規範を定め，人権を保護し促進するためのメカニズムを創り，人権問題の解決に向けた取り組みを行ってきた。かつては国内管轄事項であった人権は，現在では国際関心事項として扱われている。自由権や社会権の保護，人種や女性への差別の撤廃，拷問の禁止，子どもや障害者の権利の保護等について国連で宣言や条約が制定され，各国の人権状況については国際的な機関で審議されてきた。また個人の権利の保護や促進に加えて，集団としての「発展の権利」や，人間の生命や生活を守る「人間の安全保障」の考えも提唱されてきた。2006年に設立された国連の人権理事会は，各国の人権状況について定期的に審査を行う。人権条約によって設立された委員会は，加盟国によって提出された報告書を審議し進捗状況を監視する。さらに重大な犯罪行為者を処罰する国際刑事裁判所（ICC）も設立されるなど，不処罰の阻止と法の支配の確立に向けた取り組みもなされている。

　人権という地球規模の関心事項に対する国連の活動は，国際機構による，ある種のガバナンスの現象を示している。本章では，人権の保護と促進に向けた国連の機能と活動を検討する。まず人権に関する国際社会のこれまでの取り組みについて概観し，人権の保護と促進に向けた国連や条約機関の機能を探る。また非政府組織（NGO）や企業など利害関係者（ステークホールダー）の役割の拡大についても明らかにする。さらに国際的な刑事裁判所の設立の経緯と機能を検証し，重大な犯罪行為者の訴追と処罰を国際社会として行う意義と今後の課題について分析する。

第7章　人権，法の支配

1　人権の主流化の動き

歴史的経緯——すべての人の権利の保護と促進に向けて

　2度の世界大戦を経て，国際社会は，平和と安全の維持と国際協力の重要性を確認し，そのために基本的人権を守り，人間の尊厳を尊重することの重要性を理解した。国連憲章の目的の1つとして，「人種，性，言語又は宗教による差別なくすべての者のために人権及び基本的自由を尊重するように助長奨励することについて，国際協力を達成すること」（第1条3項）が定められた。また人民の同権と自決の原則に基づいて，国家間の友好関係の発展が求められた。国連憲章の人権に関する規定は一般的なもので，国家間の平和や友好関係に求められる安定や福祉という条件を創るために，人権の必要性が考えられていた。国連に対しては，「一層高い生活水準，完全雇用並びに経済的及び社会的の進歩及び発展の条件」，「経済的，社会的及び保健的国際問題と関係国際問題の解決並びに文化的及び教育的国際協力」「人種，性，言語又は宗教による差別のないすべての者のための人権及び基本的自由の普遍的な尊重および遵守」の促進が求められた（第55条）。国連の加盟国は，この目的を達成するために国連と協力して行動を取ることを約束したのである。

　はやくも1946年に国連の経済社会理事会は，下部機関である人権委員会に対して，包括的な国際人権章典の制定を要請した。第32代アメリカ合衆国大統領フランクリン・ルーズベルトの夫人エレノア・ルーズベルトが人権委員会の議長となり，世界人権宣言が起草された。宣言の作成においては，世界中の思想家が意見を寄せた。前文と30の条文により構成される世界人権宣言は，1948年12月10日に国連総会で採決された（賛成48，反対0，棄権8）。世界人権宣言は，人権の内容を具体化し，人権を包括的に扱った初めての国際的な文書であった。この宣言の採択を受けて，12月10日は「世界人権デー」となっている。日本でも12月4日から10日を人権週間と定め，啓発活動が行われている。

世界人権宣言の採択後には，国際人権規約の制定が試みられた。当初は，1つの条約を作成する提案がなされていたが，権利の特徴の違いや国家間の意見の相違から，2つの条約が制定された。1つは，「市民的及び政治的権利に関する国際規約」（自由権規約）であり，個人に対して国家が権利を尊重し保証する責任を負い，直ちに実施する義務を負う。もう1つは，「経済的，社会的及び文化的権利に関する国際規約」（社会権規約）で，権利の実現の達成が漸進的に求められる（いずれも1966年採択，1976年発効）。自由権規約は「国家からの自由」を，社会権規約は「国家による自由」を求めるものである。世界人権宣言と2つの人権規約，また市民的及び政治的権利に関する国際規約の2つの選択議定書を併せて「国際人権章典」と呼ぶ。

社会的な文脈での人権の意義

国際人権章典は，人類社会の構成員である個人の平等かつ奪い得ない権利を定めているが，特定の集団や社会的に弱い立場におかれている個人の人権の保護と促進の必要性も徐々に確認されていった。労働に関しては，すでに第1次世界大戦後から，国際労働機関（ILO）を中心に労働関係の宣言や条約が定められていた。第2次世界大戦後は，国連において女性，子ども，障害者など特定の人々の人権に関する規定が作成された。

大戦後はまた，西欧諸国の支配下にあったアジア，アフリカ諸国で民族自決権が主張され，1950年代から60年代にかけて，多くの植民地が独立を果たした。2つの人権規約の第1条はいずれも，人民の自決の権利を謳い，すべての人民が自決の権利を有すること，また政治的地位を自由に決定し，経済的，社会的，文化的発表を自由に追求することを定めている。

1970年代には，さらに，自由権，社会権に続く第3世代の人権として，発展の権利が提案された。1986年には，国連総会で「発展の権利に関する宣言」（41/128）が採択された。同宣言は，発展の権利が不可譲の人権であり，すべての人間と人民が，すべての人権と基本的自由が完全に実現される，経済的，社

第7章 人権，法の支配

会的，文化的，政治的発展に参加し，貢献し，享受する資格を有すると定めた。この発展の権利については，1993年にウィーンで開催された世界人権会議においても，基本的人権の不可欠な部分を構成することが再確認された。発展の権利はまた，個人の権利であると同時に集団の権利としても理解されている。アフリカでは，人および人民の権利に関するアフリカ憲章（アフリカ人権憲章，バンジュール憲章，1981年）において，すべての人民がその自由と独自性を十分に尊重し，かつ人類の共同遺産を平等に享受して，経済的，社会的，文化的に発展する権利を有すると規定される。ただし発展の権利については，権利の内容や権利主体としての個人と集団の関係性について議論となっている。重要な点は，人権の保護や促進に関して，社会の状況が影響を及ぼしていること，また国家が人権を保護し促進するための方策を取ることが求められながらも，国家による措置が十分ではない場合には，国家間または国際社会の協力や支援の下に，人権の保護や促進に資する措置を取る重要性が確認されてきたことである。

人権を社会の文脈で理解する必要性は，開発援助分野においても確認されていった。たとえば，1990年に国連開発計画（UNDP）は，人間開発の概念を提唱し，人生において個人の能力が発揮できるように能力を育成し，権利を実現する重要性を指摘し，人間の福祉を開発の最終目標として掲げた。2000年には国連で世界ミレニアムサミットが開催され，ミレニアム開発目標（MDGs）が採択された。MDGsには，極度の貧困と飢餓の撲滅，普遍的な初等教育の達成，ジェンダー平等の推進と女性の地位向上，幼児死亡率の引き下げ，妊産婦の健康状態の改善，HIV／エイズ，マラリア，その他の疾病の蔓延防止など，人権の中でも特に社会権と関連する内容が含まれており，2015年までの達成が求められている。さらに冷戦の終結を経て，グローバリゼーションによって相互依存が深まる社会において，人々を中心とした安全保障の概念として「人間の安全保障」が提唱された。人間の安全保障概念は，国家の安全保障を補完する概念であり，社会の様々な脅威から個人の生命や生活を守りつつ，個人や社会の能力を強化することの重要性に着目するもので，国際協力の重要性が主張

表7-1 国連で採択された人権に関する主な宣言と後に制定された条約

国連で採択された宣言	条　　約
世界人権宣言（1948年）	市民的及び政治的権利に関する国際規約（1966年採択, 1976年発効）, 経済的, 社会的及び文化的権利に関する国際規約（1966年採択, 1976年発効）
子どもの権利宣言（1959年）	児童の権利に関する条約（1989年採択, 1990年発効）
あらゆる形態の人種差別の撤廃に関する国際連合宣言（1963年）	あらゆる形態の人種差別の撤廃に関する国際条約（1965年採択, 1969年発効）
女性差別撤廃宣言（1967年）	女子に対するあらゆる形態の差別の撤廃に関する条約（1979年採択, 1981年発効）
拷問等禁止宣言（1975年）	拷問及び他の残虐な, 非人道的な又は品位を傷つける取扱い又は刑罰に関する条約（1984年採択, 1987年発効）
障害者の権利に関する宣言（1975年）	障害者の権利に関する条約（2006年採択, 2008年発効）
強制失踪からの全ての者の保護に関する宣言（1992年）	強制失踪からのすべての者の保護に関する国際条約（2006年採択, 2010年発効）

（出典）　筆者作成。

されてきた。

　このように, 人権の保護と促進については政府などの公権力によってもたらされる人権侵害を主な関心事項とするが, 今日ではより広範囲に国家と個人, 私人間, また企業などの活動における人権の保護と促進が論じられる。加えて紛争, 貧困状況, 紛争後の平和構築における人権の保護と促進の重要性も確認されている。

基準の設定から条約の制定へ

　国連における人権活動は, 人権の国際化と普遍化に向けた取り組みである。人権に関する基準や規範が宣言として設定され, その後, 法的拘束力のある条約が制定されてきた。宣言の採択と条約の制定には関連性が見られ, 宣言の採

択後になされる人権条約の起草は、人権を保護し促進するための措置やその発展を促すものである。国際的な基準を定める文書の起草や採択は、基準設定活動と呼ばれる。

条約も宣言も人権の保護と促進において意義を持つ。人権条約は法的拘束力を持つ文書であり、締約国は条約上の義務を負うが、多数国間条約は一定の締約国数に達しない場合には発効しない。また条約は、非締約国に対しては拘束力が及ばないといった限界がある。さらに締約国による条約の留保や解釈宣言は、人権条約の国内での適用を制限しうる。他方で、宣言は、条約のように法的拘束力を有さないものの、国連の活動で日常的に援用されている。また人権条約の非締約国に対しても、国連は加盟国に対して宣言を援用して人権の保護と尊重を促しており、国連の場やその活動において、宣言は重要な役割を担う。

2　国連における人権の保護と促進

国連における人権の保護と促進に向けた取り組みとしては、上述の通り人権に関する宣言の採択や条約の制定がある。さらに、国家が宣言や条約上の義務をどのように遵守し実行しているのか、確認や監視が行われている。

主要機関

国連の主要機関のなかで、総会と経済社会理事会が人権問題を扱う（国連憲章第13条、第62条）。国連総会には6の主要委員会があり、その中で第3委員会は、社会、人道、文化問題を扱い、人道、人権に関して審議する。2010年には、第3委員会は56の決議案を審議し、その半数以上が人権に関するものであった。さらに第3委員会では女性の地位向上、子どもの保護、先住民族、難民問題も審議する。総会での審議はまた政治的な意義も持つ。2011年のシリア内戦による大規模な人権侵害に対して非難の声が上がったが、安全保障理事会（安保理）では、常任理事国による拒否権の行使によって決議案が否決された。しかしほ

ぼ同じ内容の決議が，総会において圧倒的多数で採択され，シリア政府による人権侵害行為への非難と一般市民に対する攻撃の終了が求められた（A/66/253）。

　経済社会理事会は，国連憲章第68条において，人権の伸長に関する委員会を設けることが規定されており，1946年には上述の通り人権委員会が設立された。国連改革の一環として，2006年には人権理事会が設立され，人権委員会は任務を終了した。

　安保理は，人権問題を扱う機関ではないが，国際の平和と安全の維持の文脈で，人権問題を審議してきた。安保理は，南アフリカ共和国（南ア）の人種隔離（アパルトヘイト）政策に関して，1977年，同政府による政策と行動が国際の平和と安全に対する危険を孕んでいるとして，憲章第7章に基づいて武器禁輸を課した。また1990年代以降，紛争下で一般の市民が攻撃の対象となり犠牲となることが問題となり，安保理では，紛争における一般市民の保護について審議し決議を採択している。さらに2011年には，安保理は，リビア政府による人々への大規模かつ体系的な攻撃が人道に対する罪に相当することを考慮し，同政府に対して，人権と国際人道法を尊重し行動することを促し，国連憲章第7章に基づいてあらゆる措置を取ることを決定した。

　安保理の決定によって設立される国連の平和維持活動も，人権に関する任務を行ってきた。国連エルサルバドル監視団（ONUSAL 1991-1995）には，紛争当事者の合意に基づいて人権に関する協定を検証する任務が与えられた。日本の自衛隊も参加した国連カンボジア暫定行政機構（UNTAC 1992-1993）には人権部門が設立され，カンボジアの代表機関であった最高国民評議会に対して，国際人権条約の批准を奨励した。UNTACの人権部門はまた人権侵害の申立の調査を実施した。さらに，紛争下で市民が犠牲となることから，1990年末からは平和維持活動が市民を保護する任務を行う場合もみられる。

第7章 人権, 法の支配

補助機関

　国連の補助機関の中でも,人権高等弁務官事務所(OHCHR)と人権理事会が,加盟国における人権の保護と促進に向けて包括的な役割を担う。

人権高等弁務官事務所 (OHCHR)　人権高等弁務官事務所は,総会決議(A/48/141)によって設立された。1980年代からジュネーブの国連本部に人権センターが設立され人権問題を扱っていたが,1993年の世界人権会議において,より強力な権限と組織を有する人権機関の創設が決定された。人権センターに代わり,人権高等弁務官事務所が設立された。人権高等弁務官が同事務所を代表する。2008年9月からは,南ア出身のナバネセム・ピレイが第6代の人権高等弁務官を務める。人権高等弁務官事務所は,国連における主要な人権機関である。人権高等弁務官事務所の目的は,人権違反行為を防止し,すべての人権の尊重を確保し,人権保護の国際協力を促し,国連全体の活動を調整し,人権分野における国連システムを強化し合理化することである。人権高等弁務官事務所はまた,国連諸機関のすべての任務に人権のアプローチを統合する取り組みに主導的な役割を担う。さらに国連憲章に基づいて設立された人権機関や特別手続,また人権諸条約によって設立された委員会の活動を支援し事務局の役割を担う。

人権理事会　人権理事会は,2005年のサミット成果文書に基づいて,翌年,総会によって設立された(A/60/251)。人権理事会は,総会が選出する47カ国により構成され,理事国はアフリカ,アジア,東欧,ラテンアメリカとカリブ海諸国,西欧およびその他,の5の地域に配分される。

　人権理事会の会合は毎年10週間ずつ計3回,ジュネーブの国連本部で開催される。また構成国の3分の1の要請に基づいて,特別会合を開催できる。これまでに19の特別会合が開催されており(2012年9月現在),緊急の状況について決議が採択され,調査団の派遣や特別報告者の任命が決定されてきた。人権理事会のメカニズムとしては,普遍的定期審査(UPR),特別手続,人権理事会諮問委員会,申立手続がある。

第Ⅱ部　21世紀における国連システムの役割と挑戦

　普遍的定期審査（UPR）とは，すべての国連加盟国を対象とした，人権状況の審査手続である。UPR の目的は，各国家による人権の義務と約束の実行を審査することであって，すべての国家に対して実施される。またこの審査は，相互対話に基づく協力的な手続である。なお人権理事会の理事国はその任期中に UPR を受けなければならない。

　UPR の具体的な手続や方法は以下のとおりである。人権理事会では，1年に48カ国の審査が行われ，4年ですべての国家の審査がなされる。審査は，人権理事会のすべての理事国で構成される作業部会で行われる。したがって作業部会と呼ばれているものの，実質的には全体会と構成は同じである。審査では各審査国に対して，くじ引きで選ばれた，異なる地域に属する3カ国によって構成される報告者チーム（トロイカ）が，審査会合の進行役を担う。

　審査は相互対話の方式で行われ，審査の時間として各国3時間が配分される。審査の対象となる情報として，国家が作成した報告書，条約機関，特別報告者や他の国連の文書の情報など，人権高等弁務官によって作成された情報がある。さらに，他の利害関係者も追加の情報を提供し，人権高等弁務官事務所が情報の要旨を作成する。

　UPR での審査の基準は，国連憲章，世界人権宣言，人権条約，当該国家による誓約や約束である。また国際人権法との関連から，国際人道法も考慮される。審査は，審査対象国と人権理事会の相互対話で質疑応答の形式をとり，他のオブザーバー国や利害関係者も参加できる。

　審査の後，トロイカによって結果報告書が用意される。その際には審議対象国も関与できる。結果報告書には，審議での質問，コメントおよび各国家が行った勧告，審査国による約束が含まれる。なお勧告は各理事国が行うものであって，人権理事会としての勧告ではない。審査対象国は，各理事国からのそれぞれの勧告について，受け入れるか否かを報告書に明示する。

　作業部会で作成された報告書は部会での採択後，人権理事会の全体会議で採択される。UPR の結果は，国家により，また状況に応じて関連する利害関係

者によって実施されなければならないが、勧告を実施する主要な責任は国家にある。2回目以降の定期審査では、以前の審査でなされた勧告に対して、どのような措置を取ったのか、各国家は人権理事会に対して情報を提供しなければならない。また国際社会としては、能力構築や技術支援に関する勧告や結論の実施に対する支援が求められる。

　人権理事会諮問委員会（諮問委員会）は、かつての人権委員会の下部機関であった人権促進保護小委員会に代わる組織である。18名の専門家により構成される諮問委員会は、人権理事会のシンクタンクとして位置づけられており、人権理事会の要請に基づいて、専門知識を提供する。諮問委員会は、特定の国家の状況についてではなく、特定の人権侵害状況を扱う。また決議の採択や決定は行わない。諮問委員会では、これまで、人権教育と訓練、食糧への権利、失踪者、ハンセン病に係る差別、平和への権利について検討を行ってきた。諮問委員会はまた国家の国内人権機関やNGO、市民社会との関係を構築する。NGOも諮問委員会の会合に参加できる。諮問委員会の会合は、年に2回まで上限10日間、開催される。

　申立手続は、個人や組織が人権侵害の申立を行い、人権理事会の注意喚起を促す措置である。この手続きは、1970年に経済社会理事会決議1503に基づいて設立された、非公開の個人通報制度（1503手続）を修正したものである。

　申立手続は、世界のあらゆる地域や状況で生じた、すべての人権についての、重大かつ信頼できる程度に立証された侵害の一貫した形態に対処するものである。この手続は、1503手続と同様にすべての過程において非公開であり、被害者を志向した措置である。

　申立手続の通報は、人権高等弁務官事務所に対して送付される。受理される通報は主に次の基準を満たさなければならない。まず、通報は政治的に動機づけられたものでなく、その目的が国連憲章、世界人権宣言および他の人権法分野の文書に合致しなければならない。次に人権侵害の事実と、侵害された権利に関して記述されていることが求められる。また通報を行えるのは、被害者個

人や集団，あるいは他の個人や NGO 等の集団である。さらに，通報は，特別手続や人権条約機関または他の国連や地域的な手続によって既に取り扱われた事案ではないものに限定される。また国内における救済手段がすでに尽くされていなければならない。

　人権高等弁務官事務所に送付された通報は，人権理事会内の通報作業部会と事態作業部会によって扱われる。諮問委員会の5名によって構成される通報作業部会は，通報の内容を審査し，その受理可能性を決定し，侵害の主張を評価する。その後，通報作業部会は，受理された通報と関連する勧告を含む記録を事態作業部会に渡す。

　事態作業部会は，人権理事会の各地域グループから構成される5理事国の各代表により構成され，個人の資格で任務を遂行する。事態作業部会は，通報作業部会からの情報と勧告に基づいて，人権侵害について人権理事会に報告書を提出し，また勧告を行う。その後，作業部会の報告は人権理事会に付託される。両作業部会は年に2回，各5日間会合を開く。

　特別手続とは，旧人権委員会によって設立された様々なメカニズムの総称である。特定の国家の状況（国別手続），ある特定の人権侵害（テーマ別手続），特別報告者や特別代表，独立専門家などによる調査も含まれる。2012年現在，12の国と36の分野が扱われている。独立した専門家や集団が国連によって任命され，特定の人権侵害の状況を監視し報告書を作成し，さらに犠牲者の権利を保護するために関連当局と連絡を取る。特別手続による調査と勧告は，すべて人権理事会に報告される。

条約に基づく委員会

　人権の保護と促進のための基準や条約が制定された場合，その実行者は一義的に国家であり，国家が条約を締約し，人権上の義務を国内で実施していくことが求められる。そこで各国での措置が，人権条約に合致して取られてきたのか確認が継続して求められる。人権条約に基づいて設立された委員会が，締約

第7章 人権，法の支配

表7-2　人権条約に基づく委員会一覧

条約機関名	条約	締約国による報告の提出と委員会による審査（定期報告審査）	国家通報制度	個人通報制度	その他
市民的及び政治的権利に関する国際規約人権委員会（自由権規約委員会）	市民的及び政治的権利に関する国際規約（自由権規約）	第40条	第41条**	第一選択議定書第1条	なし
経済的，社会的及び文化的権利委員会（社会権規約委員会）	経済的，社会的及び文化的権利に関する国際規約（社会権規約）	経済社会理事会決議1985/17	選択議定書第10条**	選択議定書第1条	調査制度選択議定書第11条
人種差別撤廃委員会	あらゆる形態の人種差別に関する国際条約（人種差別撤廃条約）	第9条	第11条	第14条***	なし
女性差別撤廃委員会	女子に対するあらゆる形態の差別の撤廃に関する条約（女性差別撤廃条約）	第18条	なし	選択議定書第1条	調査制度選択議定書第8条
拷問禁止委員会	拷問及び他の残虐な，非人道的な又は品位を傷つける取扱い又は刑罰に関する条約（拷問等禁止条約）	第19条	第21条**	第22条***	調査制度第20条
子どもの権利委員会	児童の権利に関する条約（子どもの権利条約）	第44条*	なし	なし	なし
移住労働者権利委員会	すべての移住労働者及びその家族構成員の権利の保護に関する国際条約（移住労働者の権利条約）	第73条	第76条**	第77条***	なし
障害者の権利委員会	障害者の権利に関する条約（障害者権利条約）	第35条	なし	選択議定書第1条	調査制度選択議定書第6条
強制失踪に関する委員会	強制失踪からのすべての者の保護に関する国際条約（強制失踪条約）	第29条	第32条**	第31条***	親族等による捜査要請第30条　委員会による現地調査第33条

（注）＊子どもの権利条約に加えて，児童の売買，児童買春及び児童ポルノに関する児童の権利に関する条約の選択議定書，武力紛争における児童の関与に関する選択議定書の各締約国は，子どもの権利委員会に対して報告を提出する。
　　　＊＊国家通報の受諾宣言を行っている国に限る。
　　　＊＊＊個人通報の受諾宣言を行っている国に限る。
（出典）　筆者作成。

国の状況を定期的に審査する。

　国連は，これら人権条約委員会の活動を支援する。委員会は，政府の代表ではなく専門家によって構成される。委員会は国連の機関ではないものの，国連と協力関係にあり，国連人権高等弁務官事務所が，会議開催，資料作成等の支援を行う。また締約国から提出される政府報告書は，国連事務総長を通じて委員会に提出される。委員会は，ジュネーブまたはニューヨークの国連本部で会合を開催し，国連に定期的に活動報告を行う。委員会は締約国の状況を客観的に評価し，国家による法的義務の実施を奨励し，さらに国連による国家への支援についても提案する。

　人権条約に基づいて委員会が設立されてきた。委員会に関しては，条約に規定されている。社会権規約は委員会について定めず，社会権規約委員会は，経済社会理事会決議1985/17によって設立された。また表7-2のとおり9の条約機関は，各人権条約について，締約国の人権条約の履行を監視し，履行を確実にするように国からの定期報告を審議し，国に対して勧告を行う。これ以外にも拷問等禁止条約選択議定書に基づいて拷問禁止条約小委員会が設立された。同小委員会は，拷問や他の残虐な非人道的または品位を傷つける取り扱いや刑罰を防止するために，締約国の拘留場所を訪問し，締約国に対して勧告を行う。

　人権条約に基づく実施措置としては，国家報告制度，国家通報制度，個人通報制度，調査制度がある。

　国家報告制度とは，締約国政府が，自国による人権条約の実施状況について，定期的に報告書を委員会に提出し，委員会が審査を行う制度であり，人権条約の制度として最も一般的である。条約機関の審査は，委員会の委員と政府代表者との質疑応答の形式を取り，建設的対話が目指されている。なお報告書の審査の後に，委員会は最終所見（総括所見，最終見解）を公表する。最終所見には，報告に関する肯定的な側面，懸念および勧告が含まれる。締約国はそれらを尊重しまたは措置を取ることが求められる。

　国家通報制度とは，人権条約の締約国が，他の締約国による条約義務の不履

行を委員会に通報し，注意を喚起する制度である。この制度は，市民的及び政治的権利に関する国際規約，人種差別撤廃条約，拷問禁止条約，移住労働者の権利条約，強制失踪条約に定められている。ただし人種差別撤廃条約を除き，その他の人権条約において，締約国は委員会による締約国からの通報を受理し検討する権限を受諾宣言によって認めることにより，国家通報制度を利用できる。またこの国家通報は，同様に受諾宣言を行った国に対してのみ実施が可能である。国家間の政治的な配慮が働くために，国家通報制度は実際には機能していない。

個人通報制度とは，人権条約の締約国の管轄下にある個人が，条約上の権利を国家によって侵害された旨を委員会に通報し，委員会が検討する制度である。この制度により委員会が通報を受理しまた検討を行うためには，①人権条約とその選択議定書の締約国を対象とする場合（市民的及び政治的権利に関する国際規約と選択議定書，女子差別撤廃条約と選択議定書，障害者権利条約と選択議定書）と，②条約締約国が，個人による通報を委員会が受理し検討する権限を持つ旨を認める宣言を行う場合（人種差別撤廃条約，拷問禁止条約，移住労働者の権利条約，強制失踪条約）がある。

個人通報制度を用いる際には，次の条件が満たされなければならない。まず個人通報は，通常，条約違反の被害者である個人によってなされる。集団も通報できる場合や（人種差別撤廃条約，女子差別撤廃条約），非政府組織が代理として通報を行うこともできる（自由権規約）。委員会が個人通報を受理する条件としては，通報が匿名でないこと，権利の乱用でないこと，条約の規定と両立することである。また委員会が個人通報を検討するためには，同一の事項が他の国際的な調査や解決手続によって，過去に検討されたことがなく現在にも検討されていないこと，またすべての国内的救済措置が尽くされていることが求められる。

調査制度とは，委員会が自ら調査を実施する制度である。締約国によって提出された見解と，他の信頼できる入手可能な情報を考慮して調査が行われる。

調査は秘密裏に実施される場合(拷問等禁止条約)もある。また委員による現地調査も行われる(女子差別撤廃条約選択議定書,障害者権利条約選択議定書,強制失踪条約)。その他,親族等による捜査要請に応じて,委員会が関係国に対して情報提供を要請する措置も定められている(強制失踪条約)。

なお,社会権規約には,実施措置について定められていなかったが,国連総会は2008年12月に,個人通報制度,国家通報制度,調査手続を規定した経済的,社会的,文化的権利に関する国際規約の選択議定書を採択した。同議定書は2009年に署名のために開放された(2013年5月発効)。

3　利害関係者の役割

人権問題に関係する利害関係者(ステークホルダー)として非政府組織(国連憲章では民間団体と規定,NGO)や企業が挙げられる。利害関係者は,人権の分野においてどのような役割を担うのだろうか。

非政府組織(NGO)

非政府組織(NGO)は,政府から独立した立場で,人権の保護と促進に向けて取り組み,政府の行動を自発的に監視する役割を国内外で担っている。一般の市民によって設立され活動を行うことを根拠とする組織の正当性が,NGOの存在意義を高めてきた。人権の分野におけるNGOの役割としては,次の通り分類される。

第1に,啓蒙活動がある。人権NGOは,人権の保護や促進を目的として設立されている。NGOは自ら調査を行い人権状況の実態を明らかにし,人権状況について人々を啓発する。NGOはまた世界規模の会議に参加し,会議の開催に合わせてNGOが主催する会合を開催することによって人々の注意を喚起する。第2に,条約や宣言の起草に関わる。すでに国連憲章の起草段階においても,アメリカの代表団の一員であったNGOが,人権規定の制定に働きかけ

た。NGOは，政府の代表団の一員として，あるいはNGOのネットワークを用いて人権条約の起草に関わる。障害者権利条約の策定には，障害者に関連するNGOが参加し，NGOが提出した条約案を基礎にして議論が行われた。第3に，監視活動がある。人権条約上の国家の報告書審査の際には，NGOが作成した報告書（カウンターレポートまたはオルタナティブレポート）が参考とされ，国家報告審査の前に実施される会期前の作業部会では，NGOによる文書の提出が求められ（自由権規約委員会，社会権規約委員会），NGOに口頭で意見を述べる機会が与えられている（自由権規約委員会，社会権規約委員会，女子差別撤廃委員会）。子どもの権利条約や移住労働者権利条約では，各委員会がNGOに対して助言を要請できる。NGOによる情報提供は，締約国政府の報告とは別の観点から，当該国の人権状況を明らかにする取り組みとなる。第四に，支援活動がある。NGOは，発展途上国における教育支援や母子の健康を守る支援など，現地での具体的な活動も行う。

　NGOはまた，国連や人権機関と連携し国連の活動に関わる。経済社会理事会は一定の条件を満たすNGOに対して協議資格を認めており，この資格が与えられたNGOは，国連の会合に出席し意見書の提出が認められている。

企　業

　企業は経済的利益を追求する組織であるが，社会的な責任が問われるようになり，人権の保護や促進に向けての取り組みも求められるようになった。

　まず企業で働く労働者の雇用状況についてである。かつてスポーツ関連の多国籍企業の製品が，不当な児童労働によって生産されていたことが明らかになり，不売運動へと発展した。企業が製品やサービスの提供によって利益を追求する際に，その過程に携わる人々の権利を守り尊重する重要性が確認されている。

　2000年に発足した国連グローバル・コンパクトは，人権の保護と促進に向けた，企業や団体による自発的な取り組みである。グローバル・コンパクトでは，

各組織が，10の基本原則に賛同しその実現に向けて継続して活動することが求められる。この原則には，人権擁護への支持と尊重，人権侵害に加担しないこと，労働組合の結成と団体交渉権の実効化，強制労働の排除，児童労働の排除，雇用と職業における差別の撤廃など，企業活動における人権の保護と促進に関する基準が含まれている。

4　重大な国際犯罪の訴追と処罰

不処罰の阻止に向けて

　国連においては，人権に関する宣言が採択され，条約が制定されることによって，国家の管轄権にある個人の権利の保護と促進が促されてきた。国際社会に普遍的に適用される基準を制定することで，あらゆる国や地域に居る人々の人権が守られ改善される取り組みがなされてきた。その一方で，重大な犯罪行為を処罰する動きも見られる。

　戦争や紛争中の犯罪行為について，国際法に基づく個人の責任の追及は，第2次世界大戦後に設立された国際軍事裁判所（ニュルンベルグ国際軍事裁判所）と極東軍事裁判所（東京裁判）において行われた。これら軍事裁判所では，平和に対する罪，戦争犯罪，人道に対する罪を罪状として，戦争中の指導者が訴追，処罰された。これら裁判所については，戦勝国によって事後的に設立され，また敗戦国の指導者のみが処罰の対象となるなど平等原則に違反すること，事後法による裁判は認められないこと，また国際法上，国家の行為を理由として個人の責任は追求されないこと等が批判されてきた。

　従来，人権侵害行為に関する訴追や処罰などの司法機能は，主権国家にある。ただし国際社会において保護されるべき利益を侵害した行為については，行為者や被害者の国籍国や犯罪の行為地にかかわらず，すべての国に管轄権の行使が認められている。これを普遍主義といい，国は「引き渡しか訴追」の原則に基づいて，法違反者については自らの国で裁判を行うか，あるいは裁判権が設

定されていない場合には犯罪人を他の国に引き渡すか，いずれかを行うことが求められる。普遍主義については，児童の売買等に関する選択議定書，拷問等禁止条約，強制失踪条約に規定されている。

　各国家の司法機関において訴追，処罰が実施される一方で，個人による重大な犯罪行為を国際法によって定め，国際法に基づいて訴追し処罰する取り組みが行われてきた。大戦後から1990年頃までの約40年間，紛争によって多くの人々の人権が侵害されながらも，重大な人権侵害を行った個人——通常は政治指導者——については，罪が問われない状況であった。冷戦が終わり，国際社会で人権規範が共有されるようになると変化が生じた。チリの元大統領ピノチェトが軍事政権下で行った人権侵害行為に対して，1996年にスペインで刑事告発がなされた。その2年後に，手術のためにイギリスに滞在していたピノチェトに対してスペインが仮拘禁を要請し，イギリスで身柄が拘束された。ピノチェトは，自らの行為について国家元首として免除を主張したが，イギリスの貴族院は，拷問等禁止条約上の拷問について，ピノチェトは免除されないと判断し，スペインへの引き渡しを認めた。その後，健康上の理由によって，ピノチェトはチリに帰国したものの，チリでは特権が奪われ多くの訴追が行われた。これを1つの契機として，いかなる地位にある者でも，重大な犯罪行為については免責の対象とならず処罰されることを示し，不処罰をくい止める重要性が徐々に認識されていった。

　アドホック裁判所

　国際的な刑事裁判所の設立は，旧ユーゴスラビアにおける紛争によって大規模な人権侵害が生じたことが契機となった。旧ユーゴスラビア国際刑事裁判所（ICTY）は，旧ユーゴスラビアの領域内で行われた，国際人道法の重大な違反について責任を負う者を訴追する目的で，1993年に安保理決議827に基づいて設立された。同様の刑事裁判所として，1994年にルワンダ国際刑事裁判所（ICTR）が安保理決議955によって設立された。ICTRの設立の背景には，同年

4月から数カ月間で約80万人が殺されたルワンダでのジェノサイドに対して,国際社会が効果的な措置を講ずることができなかった事実がある。ICTRは,ジェノサイドとその他の違反に責任を有する者の訴追を目的として設立された。ICTYは2016年,ICTRは2014年に任務を終了する予定である。

国連憲章第7章に基づくこれら2つのアドホック裁判所は,共通の特徴を持つ。第1に,両裁判所は,大規模な人権侵害が生じた現地の状況と国際の平和と安全に対する脅威との関連が確認され,設立された。安保理の補助機関である裁判所の活動に,すべての国連加盟国は従う義務を有する。

第2に,管轄権の競合が定められた。ICTYやICTRと関係国の国内裁判所は,特定の犯罪行為について共に管轄権を有する。ただし国際裁判所は国内裁判所に優越するので,ICTYもICTRも国内裁判所に対して手続のいかなる段階でも自らの権限に服するように要請できる。

第3に,ICTY,ICTRは重大犯罪のみを対象とすることから,大物の政治指導者の訴追と処罰のみがなされる。そこで,軽微な犯罪行為については,国内裁判所で手続が取られる。また国際的な刑事裁判所での任務の終了に合わせて,国内の司法制度が整備された。ボスニア・ヘルツェゴビナには戦争犯罪裁判部が設立され,ルワンダでは死刑が廃止された。アドホック裁判所の活動は,紛争後の社会における司法機関の再建や国際的な基準に合致した法制度の設立を促すものとなった。

その他にも,国際社会が関与して,シエラレオネ特別裁判所(国連とシエラレオネとの協定),東ティモール重大犯罪パネル(国連東ティモール暫定行政機構の規則),カンボジア特別法廷(カンボジア国内法)等が,アドホックな刑事裁判所として設立された。

国際刑事裁判所(ICC)

2002年に,国際刑事裁判所規程によって設立された国際刑事裁判所(ICC)は,常設の国際的な刑事裁判所である。ICCは,「国際社会全体の関心事であ

第7章　人権，法の支配

る最も重大な犯罪が処罰されずに済まされてはならないこと」，また「犯罪を行った者が処罰を免れることを終わらせ，もってそのような犯罪の防止に貢献することを決意」して設立された。ICCは，最も重大な犯罪を行った者に対して管轄権を行使し，国家の刑事裁判権を補完する。ICCは個人を対象とする裁判所である。国家間の法律上の紛争を扱うのは，国連の主要機関である国際司法裁判所（ICJ）であり，ICCとは別個の組織である。ただしICCは国連と関係を持つ。ICCの管理や監督を行うのは締約国会議であり，ICCの所在地であるオランダのハーグまたは国連本部で会合を開催する。またICCと締約国会議の費用は，ICCの資金から支払われるが，その資金は，締約国が支払う分担金（国連の通常予算の分担率が基礎となる）と国連総会の承認により国連が提供する資金により充当される。

　ICCの訴追の対象となる犯罪行為は，集団殺害犯罪，人道に対する犯罪，戦争犯罪，侵略犯罪である。またICCは，締約国が犯罪を訴追しあるいは処罰する能力を有しない場合に限って，管轄権を行使できる（補完性の原則）。

　ICCは裁判所長会議，裁判部門（上訴裁判部門，第一審裁判部門，予審裁判部門），検察局と書記局により構成される。裁判部門は裁判官により構成される。裁判官は独立して任務を遂行し，いずれの2名も同一の国の国民であってはならない。裁判官の選出にあたっては，世界の主要な法体系が代表されていること，地理的に公平に代表されていること，さらに男女の裁判官が公平に代表されなければならない。検察局（検察官と職員により構成）もICCの一機関であるが，ICCの他の機関から指示を求めたり受けてはならず，独立して任務を遂行する。書記局は，司法分野以外の裁判所の運営や業務を担当する。

　なお，すべての締約国により構成される締約国会議が，裁判所の運営に関して管理や監督を行い，予算を決定する。締約国会議には，議長団として，議長（1名），副議長（2名），構成員（18名）が置かれており，その任期は3年である。

　ICCが管轄権を行使するのは，①締約国による，検察官への事態の付託，②

国連憲章第7章に基づく安保理による検察官への事態の付託，③検察官による自発的な捜査の着手，の場合である。検察官は，捜査に係る許可を予審裁判部に対して請求し，予審裁判部の許可によって捜査が開始される。予審裁判部は，検察官からの請求に基づいて，逮捕状や召喚状を発布する。ICCは独自の警察組織を持たず，締約国はICCの捜査や訴追に協力する義務を負い，被疑者を逮捕するための措置を取らなければならない。なお欠席裁判は認められておらず被疑者の身柄が拘束された後に公判が行われる。裁判は第1審と上訴裁判部の2審制である。適用される刑罰は，拘禁刑，終身刑，罰金である。刑罰の最高刑は終身刑であり死刑はない。なお拘禁刑は，刑を言い渡された者を受け入れる意思を示した国の中から，ICCが指定する国で執行される。7カ国の状況について16の事件がICCで処遇されている（2012年9月現在）。

5 国際社会における人権のさらなる保護と促進に向けて

　人権や法の支配の分野における国際機構の役割や機能の拡大は，グローバル・ガバナンスの発展過程としても捉えられる。主権国家を前提とする国際社会において，人権の保護と促進に向けた取り組みには課題もある。
　第1に，国際機構における人権の保護と促進は，国家主権との相克を示す。主権国家により構成される国際社会においては，個人は直接の国際法上の主体ではない。国際機構が人権の保護と促進を目的として，積極的に取り組むことは，主権国家との関係において，「主権か人権か」という対立構造を提示する。
　第2に，国家は主権国家であることを理由として，領域内にいる人々の人権を侵害することは認められていない。ただし，ある国内の人々の権利が侵害されている状況に対して，国際社会が措置を取る場合には，当該国家の同意あるいは安保理による決定が法的に求められる。1994年のルワンダでのジェノサイドや，2011年のリビアやシリアで生じた大規模な人権侵害を阻止し人々を保護するために，国際社会として具体的にどのような措置を取ることができるのか，

実践的な課題となっている。人間の安全保障の概念が提唱されているように，人々の生命を守る重要性は国際社会で確認されるものの，関係国の同意や安保理の決定によらずに措置を取ることは，困難な状況にある。

　第3に，国際機構による活動の実行性の確保についてである。国連から任命された特別報告者や人権条約機関による調査が，当該国家の協力が得られずに実施できない場合もある。刑事裁判所についても，現地捜査が行えず，あるいは裁判所から逮捕状が発せられながら，被疑者の身柄が拘束されないこともある。国家による協力が条約上義務づけられながらも，それが得られない状況は，不処罰の阻止を妨げる行為ともなりえ，さらには国際社会における法の支配をも損ないかねない。

　第4に，人権機関の役割についてである。締約国は各条約機関に対して，定期的に報告書を提出し審査のための会合に参加することが求められている。報告書の準備と審議，そのフォローアップは，締約国にとって負担でもある。そこで，条約機関の機能を統合する提案が，国連人権高等弁務官よりなされている。本来，条約機関による締約国の人権状況の審査は，建設的対話を通じて，締約国の人権の保護と促進を目指している。組織の発展や手続の複雑化により，機関の本来の目的が見失われ，あるいはその手続が人権の保護や促進に貢献しないものになってはならないであろう。

　同様の問題は，人権理事会においても見られる。人権理事会は，相互対話を通じて，人権の保護と促進を追求するが，人権理事会の設立の目的との合致について指摘される。主権国家間での政治的な配慮や，政治的な対立によって，実際的な相互対話が難しい場合もあろう。また相互対話がなされたとして，人権侵害の実態がどの程度明らかになり，また人権の保護と促進に結びつくのか，目的との関連性も問題となる。加えてUPRにおいてすべての国の人権状況が審査対象となることは評価されるものの，3時間の審査によって，何がどこまで審査できるのか，審査の意義と成果も問われるであろう。

参考文献

阿部浩己・今井直・藤本俊明『テキストブック国際人権法（第3版）』日本評論社，2009年。

尾崎久仁子『国際人権・刑事法概論』信山社，2004年。

清水奈名子『冷戦後の国連安全保障体制と文民の保護——多主体間主義による規範的秩序の模索』日本経済評論社，2011年。

滝澤美佐子『国際人権基準の法的性格』国際書院，2004年。

村瀬信也・洪恵子共編『国際刑事裁判所——最も重大な国際犯罪を裁く』東信堂，2008年。

最上敏樹『国際機構論（第2版）』東京大学出版会，2006年。

望月康恵『移行期正義——国際社会における正義の追及』法律文化社，2012年。

ヤヌシュ・シモニデス編著／横田洋三監修『国際人権法マニュアル——世界的視野から見た人権の理念と実践』明石書店，2004年。

横田洋三編『国際人権入門』法律文化社，2008年。

横田洋三編『新国際機構論（上・下）』国際書院，2006年。

渡部茂己編著『国際人権法』国際書院，2009年。

第8章

ジェンダーと国連

本 多 美 樹

この章で学ぶこと

　冷戦の終焉は，宗教・民族問題を原因とする数多くの紛争を引き起こし，難民・国内避難民の大量発生という事態を招いた。これらの問題は単に人の流出にとどまらず，人権侵害，飢餓・貧困問題，教育問題などと複雑に絡み合い，国際社会にとって脅威となっている。さらに，越境犯罪，薬物の蔓延，感染症の拡大，環境問題といった極めて多岐で広域にわたる「グローバル・イシュー」も深刻である。私たちが留意すべきは，これらのグローバル・イシューのほとんどがジェンダーの問題と深く関連している点である。

　ジェンダーとは何を意味するのか。国連はジェンダーをめぐる問題についてどのような取り組みをしているのか。この章では，国連の活動における主要課題の1つであるジェンダーの平等と女性のエンパワーメント（能力強化を通じた社会的地位の向上）に焦点を絞り，この分野での国連の機能と役割について学ぶ。その際に，ジェンダー問題を国際関係の流れの中に位置づけて学ぶことによって，ジェンダーをめぐる問題が国際政治といかに密接に関わっているかを知る。

　国連は創設以来，女性の人権およびジェンダーの平等に取り組んできた。近年では，「人間の安全保障」や「ミレニアム開発目標（MDGs）」といった具体的な理念と目標を掲げ，様々なアクターとのパートナーシップの下でジェンダー問題の改善を進めている。2010年には，これまで個別に活動していたジェンダー関連の部署のリソースと機能を集結し，政策調整を行う「UN Women」を設立した。

　本章では，まず，ジェンダーの視点がなぜ国際社会の問題を解決する際に重要になったのかについて整理したのち，ジェンダーをめぐる問題をイシュー別に分け，それらに取り組む国連機関の活動について歴史的経緯を踏まえながら概観する。最後に，ジェンダーの平等と女性のエンパワーメントを目指す国連の組織・活動と課題について考える。

第Ⅱ部　21世紀における国連システムの役割と挑戦

1　国際政治のなかのジェンダー

ジェンダーとは

　生物学的な性差を指す「セックス」（sex）とは異なり，「ジェンダー」（gender）とは，社会的・文化的に作られた性差を指す。

　例えば，私たちは，「男らしい，女らしい」「男は仕事，女は家庭」といった言葉をしばしば耳にしたり，口にしたりする。普段何気なく使用している場合でも，実は，特定の価値観に基づいた男女の関係や社会的権威の存在を無意識のうちに受容していることになる。また，それを特に問題とは思わずに，ジェンダーに目を向けないことで，社会や経済の構造や制度，職場や家庭内のジェンダーに起因する差別や不平等に気づかない場合も多い。

　ジェンダーの捉え方は，国の伝統や文化，宗教，慣習，価値観などによって異なる。生まれた時の性別に応じて，教育や社会，政治の場で，その人のジェンダーが社会的に構築されることによって，社会との繋がり方，性別役割分業などの強制，様々なサービスへのアクセスの不平等などの弊害が生じてきた。

　そこで，国際社会で起きる様々な問題を解決する際に，ジェンダーの視点を取り入れることによって，男性と女性が異なる状況にあり，異なるニーズを持つことを認識し，それぞれのニーズに応じた対策を講じて，ジェンダー格差を解消することが重要になった。この視点は，開発，教育，保健衛生，安全保障などの分野にも取り入れられ，これまで気づかなかった，あるいは目を背けていた問題について，国際社会に何らかの対応を迫ることになった。

　国連は設立から65年以上にわたって女性の人権とジェンダーの平等を実現するために，多くの決議や条約を採択してきた。ジェンダーに関する国連文書については2節で述べるが，最も重要とされるのが，女性の人権に関する基準を制定した「女性差別撤廃条約」（1979年，第34回国連総会）と，ジェンダー政策を各国で取り入れる際の行動指針を示した「北京宣言及び行動綱領」（Platform for Action; PFA)(1995年,以下「北京行動綱領」)である。「北京行動綱領」では,「ジェンダーの主流化」(gender mainstreaming)(PFA, パラグラフ201)という用語が初めて明記された。

ジェンダーの主流化とは,男女平等を目指して,すべての政策,事業などにジェンダーの格差を解消しようとする視点を組み入れることを指し,「北京行動綱領」以降,国連機関の国連経済社会理事会(Economic and Social Council; ECOSOC)をはじめとする欧州連合(European Union; EU)などの機関においてもジェンダーの定義がなされた。

ジェンダーという概念は,フランスの哲学者ボーヴォワール(Simon de Beauvoir)が『第二の性』(*Le Deuxième Sex*, 1949年)の中で,「人は女に生まれるのではない,女になるのだ」と言及し,女らしさとは社会的に作られるものであると指摘したことに始まる。その後,アメリカの女性運動家フリーダン(Betty Friedan)が,『新しい女性の創造』(*The Feminine Mystique*, 1963年)のなかで,家庭からの女性の解放を呼びかけて,ウーマン・リブ運動が高揚するきっかけを作った。そして,1970年代のフェミニズム運動では,「個人的なことは政治的である」(The Personal is Political)というスローガン掲げ,夫婦や恋人,家族の私的な関係に潜む権力や暴力の問題を指摘した。彼女らは,私的な関係はより大きな社会構造のなかに組み込まれており,それに目を向けなければジェンダー問題は解決しないと考えた。そして,従来はプライベートな問題として放置されていたカップル間の暴力も社会問題として捉えられ,ドメスティック・バイオレンス(domestic violence; DV)を防止する法律も各国で成立するようになった。

「グローバル・イシュー」としてのジェンダー

ジェンダーの主流化の一方で,個人の安全保障の問題は,国連開発計画(United Nations Development Programme; UNDP)によってまとめられた『人間開発報告書』(Human Development Report)(1994年度版)のなかで,包括的な安

全保障の概念として初めて取り上げられた。報告書で提唱された「人間の安全保障」（Human Security）概念は、「1人ひとりの個人の保護と自立のための能力強化」に重点を置いたアプローチであり、フェミニズムの安全保障観と共鳴し合うものであった。

　従来の安全保障研究の主流である伝統的安全保障研究は、多様な相関関係の抽出によって紛争の原因を究明することに主眼を置いてきた。それに対して、フェミニズムの視点に立つ安全保障研究は、個人と個人、個人と社会あるいは個人と国家の関係性に着眼し、国家間および国内紛争の被害者としての女性や、紛争後の平和構築や国家建設の主体あるいは客体としての女性、そして戦後の復興支援活動の中で見落とされがちな女性の存在を指摘した。

　このように、伝統的な国際関係論である現実主義は国家間の安全保障関係を説明するものであったため、個人の安全保障は軽視されてきたが、冷戦後の民族紛争や飢餓・貧困問題、環境問題など多岐にわたるグローバル・イシューの広がりによって、国際社会は、従来とは異なる安全保障の視点を必要とした。そこで、提起されたのが、「人間の安全保障」（あるいは「非伝統的安全保障」〔Non-Traditional Security〕）の概念である。

　しかし、「人間の安全保障」の概念は、格差解消のために極めて重要であるが包括的であるため、ジェンダーの要素が見落とされているとの指摘もなされている。社会的弱者には男性も女性も含まれるが、女性は、紛争や災害の犠牲者になりやすく、暴力の対象や人身取引の被害も受けやすい。紛争後の無法状態、社会的混乱、暴力の蔓延によって女性の安全が確保できないために女性の社会参画が阻害される状況や、差別的な司法体系によってジェンダーの公正が実現しにくい状況を考慮すればするほど、人間の安全保障ニーズのなかでも特に女性への配慮が必要だという主張である。ジェンダー要素への関心が払われない限り、人間の安全保障は不十分であるというのが多くのジェンダー研究者に共通する議論である。

　そこで、人間の安全保障の理念のもと、女性と子どもを含む社会的弱者に配

慮し，キャパシティ・デベロップメント（capacity development），つまり，開発途上国が自らの開発課題対処能力を強化（エンパワー，empower）しようという取り組みが，「ミレニアム開発目標」（Millennium Development Goals; MDGs）に反映された。

MDGs は，2000年9月にニューヨークの国連本部で開催された国連ミレニアム・サミットにおいて，147の国家元首を含む189の国連加盟国代表による「国連ミレニアム宣言」として採択された。より安全で豊かな世界づくりへの協力を約束する宣言と1990年代に開催された主要な国際会議やサミットでの開発目標をまとめたものである。

MDGs には，国際社会が2015年までに達成すべき目標として，①極度の貧困と飢餓の撲滅，②普遍的初等教育の達成，③ジェンダーの平等の推進と女性の地位向上，④乳幼児死亡率の削減，⑤妊産婦の健康の改善，⑥HIV／エイズ，マラリアおよびその他の疾病の蔓延防止，⑦持続可能な環境の確保，⑧開発のためのグローバル・パートナーシップの推進，が挙げられた。ジェンダー平等の重要性は，目標③に掲げられており，他の7つの目標もすべてジェンダーと深く関連している。

ジェンダー・イクイティー（**男女共同参画**）

国際社会には，その国の人々の生活の質や発展度合いを示す指標がいくつか存在するが，男女間の不平等性を変数に入れて国の開発の達成度を調査したものとして，UNDP による『人間開発報告書』（Human Development Report）がある。報告書が示す「人間開発指数」（Human Development Index; HDI）とは，平均寿命，教育水準，成人識字率，1人当たり国民所得などから算出し，人間開発の最大レベル（潜在的レベル）を表す。数字が「1」に近いほどその国の潜在力が高いことを意味する。

表8-1に見るように，測定国中3年連続で1位であったノルウェーのHDIは0.943で，最大94.3％の人間開発の達成度が可能な状況にあることを示す。

一方、最下位値は、コンゴ民主共和国の0.286であり、人間開発の最大達成度が28.6％であることを表す。

また、人間開発の達成度において男女の不平等による人間開発度の損失を表すのが、「ジェンダー不平等指数」(Gender Inequality Index; GII) である。2009年までは、女性の政治や経済活動への活躍度を示す「ジェンダー・エンパワーメント指数」(Gender Empowerment Measure; GEM) が用いられていたが、2010年からGIIに変更された。GIIでは、「エンパワーメント」に加えて、妊娠死亡率や成人妊娠率に基づく「健康」、女性の労働力への参加に基づく「労働」が考慮されている。値は、「0」（完全に平等）から「1」（完全に不平等）までの数字で表される。たとえば、最下位値はイエメンの0.769であり、男女不平等の結果、人間開発に76.9％の損失が出たことを示す。

一方、日本のGIIは0.123（14位）であり、男女不平等の結果、人間開発に12.3％の損失が出たことを示す。2009年まで使用されていた指標によると、日本のGEMは109カ国中57位（2009年）、同じ年のHDIは10位であり、極端にジェンダーの評価が低かった。しかし、2010年から統計の取り方が変わったことで、表8-1のように、HDIは12位、GIIは14位になり、ジェンダー格差が改善されたかのように見える。

しかし、世界の1200以上の企業や団体が参加する「世界経済フォーラム」(World Economic Forum) が公表する「グローバル・ジェンダー・ギャップ指数」(Global Gender Gap Index; GGI)（表8-1、右列）によると、日本のGGIは0.6514で、135カ国中98位であった。

GGIは、経済・教育・政治・保健の4分野での労働力、賃金格差、管理職の男女比、専門・技術職の男女比から算出しているため、たとえGDPが高く、就学率の水準が高い先進国であっても、ジェンダー格差があれば順位は低くなりうるし、途上国であっても上位になりうる。「0」がジェンダーの完全不平等、「1」がジェンダーの完全平等を表す。1位のアイスランドでさえ0.853で、約15％の格差が残っている。

第8章 ジェンダーと国連

表8-1　世界の人間開発度とジェンダー格差

順位	HDI （人間開発指数）	順位	GII（ジェンダー 不平等指数）	順位	GGI（ジェンダー・ ギャップ指数）
1	ノルウェー (0.943)	1	スウェーデン (0.049)	1	アイスランド (0.8530)
2	オーストラリア (0.929)	2	オランダ (0.052)	2	ノルウェー (0.8404)
3	オランダ (0.910)	3	デンマーク (0.060)	3	フィンランド (0.8383)
4	アメリカ	4	スイス	4	スウェーデン
5	ニュージーランド	5	フィンランド	5	アイルランド
︙	︙	︙	︙	︙	︙
11	スイス	11	韓国		
12	日本 (0.901)	12	ベルギー	96	タジキスタン
13	香港	13	スペイン	97	マレーシア
14	アイスランド	14	日本 (0.123)	98	日本 (0.6514)
15	韓国	15	イタリア	99	ケニア
︙	︙	︙	︙	︙	︙
187	コンゴ民主共和国 (0.286)	146	イエメン (0.769)	135	イエメン (0.4873)

（注）　HDIでは，「1」に近いほど，その国の潜在力が高いことを意味する。GIIでは，「0」に近いほど，ジェンダーが平等であることを示す。GGIでは，GIIとは逆に，「1」に近いほど，ジェンダーが平等であることを示す。
（出典）　*UN Development Report 2011*, UNDPと*The Global Gender Gap Report 2011: Ranking and Scores*とWorld Economic Forumを基に筆者が作成。

　さらに，GGI算出の際に用いる4分野（経済・教育・政治・保健）の女性の参画状況を示した「分野別指数」（図8-1）を見ると，日本の「ジェンダー・イクイティー」（Gender Equity；男女共同参画）は，分野によってばらつきがあることが分かる。指数は「1」に近いほど，その分野への女性の参画が多く，ジェンダーの平等が高いことを意味する。

　1位のアイスランドのように，4つのどの分野においても女性の参画が1に近く，バランスがとれていれば，菱形に近いグラフになる。日本の状況は，教育・保健分野では，1位のアイスランドと同様に女性の参画度が高く，特に保健分野では0.980で135カ国中1位である。しかし，政治分野では0.072で101位であり，参画が著しく低いことが分かる。

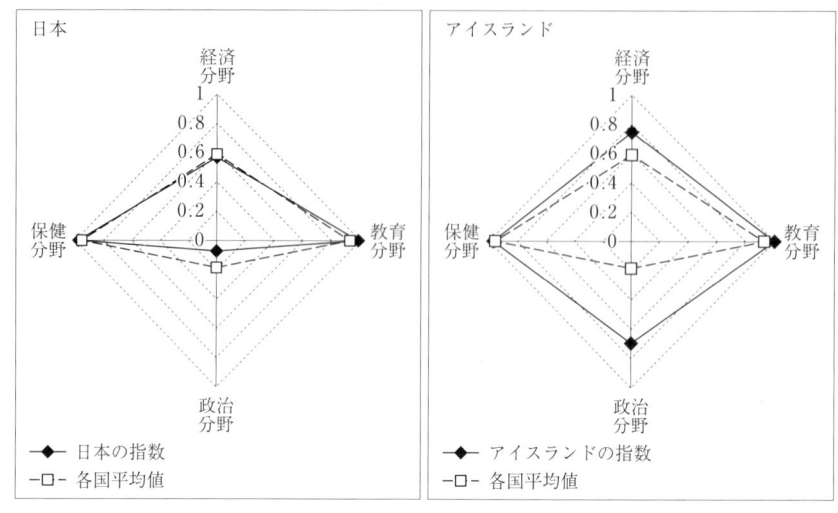

第Ⅱ部　21世紀における国連システムの役割と挑戦

(注)　1に近いほど菱形に近くなり，男女の平等が高いことを示す。
(出典)　*The Global Gender Gap Report 2011*, World Economic Forum, pp. 212-213 を基に筆者が作成。

図 8-1　日本とアイスランドの女性参画度（分野別指数）

以上のように，日本は，UNDPの人間開発指数HDIでは上位に位置するが，ジェンダー格差の統計GGIでは98位で先進国中最下位である。この差をどのように理解すればよいのか。その理由として，日本は，女性の高等教育に力を入れているにもかかわらず，社会では女性を活かしきれていないとの指摘がなされている（*Global Gender Gap Report* 2011：26）。

─ *column*　紛争と女性兵士 ─────────────

2000年に全会一致で採択された女性と平和，安全に関する国連安全保障理事会（以下，安保理）決議1325は，戦争が女性に及ぼす影響を取り上げ，紛争の解決と予防，平和構築，平和維持活動（Peacekeeping Operations; PKO）のあらゆる段階への女性の貢献を強調した。具体的には，紛争下での男女のニーズの違い，女性や子どもの暴力からの保護，PKOを含む平和構築のすべての活動へのジェンダーの視点の導入と女性の十全な参画の徹底が盛り込まれた。

決議採択後の10年間で，PKOに多くの変化が見られた。たとえば，平和維持ミ

ッションの交渉から意思決定,治安セクター改革,地雷対策,法の支配執行など多くの面でジェンダー問題が優先された。その後も実行力を強化するため,安保理決議1820（2008年6月19日），1888（2009年9月30日），1889（2009年10月5日）が採択された。事務総長報告（S/2010/498, 2010年9月28日）には，PKOにおけるジェンダー主流化の実績として,治安部隊改革によって警察や軍に女性が増えたこと,選挙に女性の参画が増えたこと,兵士以外に紛争に関わった女性（スパイやメッセンジャー,料理人など）の社会復帰が増えたこと,地域の治安が良くなったこと,性暴力の実態が表面化するようになったことなどが挙げられた。

安保理決議1325（2000年10月31日）
- あらゆるレベルの意思決定で女性の参加と代表を増やす。
- 紛争中の女性と女児の特殊な保護のニーズに注意を払う。
- 紛争終結後のプロセスにジェンダーの視点を取り入れる。
- プログラム策定,報告と安保理ミッションにジェンダーの視点を入れる。
- 国連のPKO活動にジェンダーの視点とこれに関する研修を取り入れる。

PKOにおける女性の軍事専門家,部隊,警察要員の数は3,332人（2010年）で，2005年の3倍以上に増えた。しかし,女性の文民要員は全体の30％に達する一方,警察部隊を含む軍事要員は3％に満たず,警察要員も8.7％以下である。だからといって,女性兵士を増やすことが共同参画の目的ではない。女性のみで編成された警察部隊のパトロールによって現地の女性に安心感を与えたり,紛争当事者間の和解や法制度の整備にジェンダーの視点を入れたりなど,治安回復や平和構築プロセスで,女性が女性に行う支援の重要性が増している。 　　　　（本多美樹）

2　女性に関する国際会議と成果文書

基本的人権の保障は,国連憲章において,「……人種,性,言語又は宗教による差別なくすべての者のために人権及び基本的自由を尊重する……」（第1章第1条第3項）と謳われている。

さらに,「世界人権宣言」は,「すべての人民とすべての国民とが達成すべき共通の基準として」公布された（1948年,第3回国連総会）。世界人権宣言は人権の歴史において重要な地位を占めるが,法的拘束力を持たないため,その内

容を基礎に，条約化したものとして，「国際人権規約」が第21回国連総会（1966年）にて採択され，1976年に発効した。人権諸条約のなかで最も基本的かつ包括的なものである。

国際人権規約は，世界人権宣言が理想とする「自由な人間」であるためには市民的・政治的権利が保障されるだけでなく，欠乏からの自由，つまり経済的，社会的，文化的権利の確保が必要であるとの観点から，社会権と男女平等の規定を含めた。さらに，翌年の国連総会では，市民的と政治的権利と，経済的・社会的・文化的権利に分けて2つの人権規約の作成が決定された。それらが，「経済的，社会的及び文化的権利に関する国際規約」（「A規約」，以下「社会権規約」）と，「市民的及び政治的権利に関する国際規約」（「B規約」，以下「自由権規約」）である。

両規約によって，男女の平等の権利の確保が規定された。社会権規約では，人種，皮膚の色，性，言語，宗教などによる差別が禁止され，自由権規約においては，自由権を侵害され，国内で救済を受けられない人が，国連の自由権規約委員会に救済を求めることができる個人通報制度と，死刑制度廃止が規定された。社会権規約の締約国数は160（2009年5月現在），自由権規約の締約国数は165（2010年1月現在）である。

このようにして法律が整い，すべての人権と男女の平等が規定されたが，実際は平等が実現されていないとの認識が広がり，女性解放運動を背景に女性への差別撤廃を求める動きが活発化した。

1967年の第22回国連総会の総会決議では，「女性に対する差別撤廃宣言」が採択され，「男性と同等の権利を否定し制限する女性差別は，基本的に不正であり人間の尊厳に対する侵犯を構成する」（第1条）とし，男女同権を訴えるとともに，女性への差別的な法律・規制，慣習，慣行を廃止するよう求めた（第2条）。その後，法的拘束力を有する「女性差別撤廃条約」（1979年，第34回国連総会）が採択され，女性の人権に関する国際基準が制定された。

経済開発の視点から女性の権利が注目されたのは1970年代である。国際社会

には，経済開発における女性の貢献を認識し，女性を開発過程に参加させる動きが出てきた。1975年の国連婦人年には，「平等・開発・平和」をスローガンに第1回世界女性会議がメキシコシティで開催され，女性への差別の撤廃，開発への参加が求められた。1976〜85年は「国連女性の10年」(U.N. Decade for Women) に指定され，5年後には，「国連女性の10年中間年世界会議」(1980年) が，10年後の最後の年には，「国連女性の10年をしめくくる世界会議」(1985年) が開かれた。

1990年代に入ると，女性の人権保障に関する動きは一層活発になった。1992年の地球サミットでは，「ジェンダー平等と女性のエンパワーメントは持続的可能な開発に不可欠なものである」(Agenda 21, Section III, Chapter24) と認識された。女性が，自らが所属するコミュニティの意思決定過程に意識的に参加して，力を付け，家族やコミュニティの健康や生産性の向上や，次世代への貢献を担う存在として注目された。翌年に開催された「世界人権会議」では，「女性の権利は人権である」をスローガンに，「女性と少女の人権は，普遍的人権の不可譲，不可欠，かつ不可分な一部である」と宣言された。

女性への暴力に関しては，1993年の国連総会で，「女性に対する暴力撤廃宣言」が採択され，従来は国際人権規約の範疇外だった夫婦や恋人など私的な関係間での暴力も対象とされた。また，人権侵害を受けた個人の申し立ての受理と締約国での調査を担う機関として，「女性差別撤廃委員会」(Committee on the Elimination of Discrimination against Women; CEDAW) (1999年，女性差別撤廃条約の監視機関) が設置された。個人通報のシステムは，被害者を救済すると共に，CEDAWでの審議を通じた国際人権基準の明確化を促すことができる。

女性の人権を守るため，各国での国内実施のための行動指針を示した「北京行動綱領」は，1995年に第4回世界女性会議（北京会議）で採択された。

2000年に入ってからの国際社会は，より具体的な目標を掲げて，ジェンダー格差の解消に取り組んできた。北京会議の5周年記念と「北京行動綱領」のフォローアップのため，「女性2000年会議——21世紀に向けての男女平等，開発

及び平和」(2000年,第23回国連特別総会)が開かれた。2005年には,第49回国連女性の地位委員会において,「北京宣言及び行動綱領と第23回国連特別総会の成果に関する10年間の見直しと評価」(「北京+10」)と,「北京+10」ハイレベル会合が開かれ,2010年には,第54回国連女性の地位委員会「グローバルな15年間の見直しプロセス」(「北京+15」)が持たれている。

　開発,教育,保健,環境など「生と性」に関わるあらゆる分野におけるジェンダー問題を,国際社会が一体となって解決すべき問題と捉えて目標を掲げたのが,2000年の国連ミレニアム・サミットにおいて採択された「国連ミレニアム宣言」と「MDGs」である。2015年までを期限として目標を掲げ,国連機関が各国政府,NGO,企業,個人など多くのパートナーと連携して活動を展開している。

3　ジェンダー・ニーズに取り組む国連機関の機能と役割

　ジェンダー分野に関わる国連機構は2つに大別できる。1つは,国連事務局の関係部署である。国連加盟国が決議や成果文書の採択を通じて規範を形成する際の事務的,実施的なサービスを提供するほか,各国の決議の実施状況について情報を収集し,事務総長報告を作成する。これらは,国連分担金で運営される。

　もう1つは,支援国の要請に基づいて国レベルで事業を実施する基金(fund)と計画(programme)である。これらはドナー国の自発的な拠出金によって運営される。基金・計画には,UNDP,国連人口基金(United Nations Population Fund; UNFPA),国連児童基金(United Nations Children's Fund; UNICEF)などが含まれる。機関は各々の執行理事会で承認される予算と計画に基づいて,個々の支援業務を策定・実施する。また,各々の重点分野で計画を進める一方,MDGsのように活動が多岐にわたり,様々な担い手が必要とされる場合には,国連と協定を結ぶ専門機関や国際金融機関,国際NGOや各

第8章 ジェンダーと国連

国政府と連携する。

 国連事務局と基金・計画の間には，本部で形成された規範を現地で実践する流れと，支援現場からのニーズを本部での規範形成に反映させる双方向の流れがあり，両者は相互補完的関係にある。以下に，ジェンダー問題に取り組む国連の基金・計画機関の機能と役割について，主な分野である開発，教育，保健に限定して紹介する。

開発と女性

 途上国の開発計画に女性の視点が導入されたのは1950年代だが，「開発と女性」(Women in Development; WID) という概念は，デンマークの女性経済学者であるボズラップ (Ester Boserup) が，『経済開発における女性の役割』(*Women's Role in Economic Development*, 1970年) の中で，開発は男性と女性に異なる影響を及ぼすとして問題提起をしたことで注目された。その後，フェミニズム運動を背景に，国連婦人年 (1975年) に開かれた世界女性会議では，「国連女性の10年」が設定された。

 国際社会は，従来は省みることのなかった経済開発への女性の貢献を認識して女性に焦点を当て，女性のニーズに対応し，女性を開発過程に参加させるWIDアプローチを推進するようになった。WIDアプローチは，女性を開発の受益者としてだけでなく，担い手として捉えて，開発計画への女性の参画は不可欠とする認識に立つ。これによって，開発が女性に期待する点は明確にされたが，女性を重点的に援助すべき対象と捉えたため，女性を取り巻く家族関係や男性中心の社会構造の影響は捨象された。その結果，女性の参画は保障されず，男女の従属的関係や固定的な性別役割分業の問題も解消されなかった。

 そこで，1980年代から注目されたのが，「ジェンダーと開発」(Gender and Development; GAD) アプローチである。WIDが女性を均一な集団と捉えて分析や援助の対象としたのに対して，GADは，ジェンダーをめぐる社会関係，つまり男女の役割や関係に目を向けた。一見男女に中立に見える政策でも，役

割分業やジェンダー格差によって，男女に異なる影響を及ぼしうることから，すべての開発課題にジェンダーの視点を組み込む配慮をする。主な開発援助機関は GAD アプローチに基づき，ジェンダーの主流化や女性のエンパワーメントを推進している。

開発分野で重要な機能を担う主な国連機関には，UNDP，UNICEF，国連婦人開発基金（United Nations Development Fund for Women; UNIFEM，現在は UN Women 内）が含まれる。

UNDP は，「女性は開発の受益者であるとともに，開発の主体的な担い手でもある」との考えに基づいて，ジェンダーの平等と開発に取り組んできた。女性は様々な経済活動に従事しているだけでなく，家庭やコミュニティにおける無償の労働を通じて，社会・経済基盤を支え，次世代を育んでいるとの理由からである。2008～11年の「ジェンダー平等支援戦略」（Gender Equality Strategy）では，貧困削減，民主的ガバナンス，危機予防と復興，エネルギーと持続可能な環境の4分野に重点を置いて活動した。この戦略では，女性や女児に対する暴力を持続的な人間開発と MDGs の達成を阻む大きな障壁と捉え，特別な対応が必要であると位置づけている。

その他，貧困層への金融サービス「マイクロファイナンス」（microfinance）にも関連政府と基金を設立して支援をしている。マイクロクレジットを得た貧困層の女性が世帯内で発言力を増し，エンパワーメントを実現すれば貧困削減に貢献するとの考えからである。誰でもアクセスできる差別的でない金融システムを構築するために（MDGsの目標8），UNDP が提供できることは多い。

一方，UNIFEM は，第1回国連女性会議での要望によって設立された女性の人権充足に寄与する組織である。2010年から，国連のジェンダー関連機能を集結した組織「UN Women」（本節4項）に組み込まれている。UNIFEM は，世界中にジェンダーアドバイザーや専門家のネットワークを持つことから，女性の課題を国家，地域，世界に結びつける役割をもつ。UNDP のジェンダー政策の実施や活動を支えるほか，ジェンダーが UNDP の取り組みのなかに十

分に取り込まれるよう，プロジェクト評価に関わり，「北京行動綱領」と「女子差別撤廃条約」で確約された事項を実現するための支援をする。途上国のジェンダー予算の作成の支援，ジェンダー平等のための資金獲得と運用にも携わる。

他方，UNICEF は，子どもの権利の保護と基本的ニーズの充足，子どもの潜在能力を引き出せるよう支援を進めている。「児童の権利に関する条約（子どもの権利条約）」（1989年，第44回国連総会）を規範として活動しており，子どもの権利が恒久的な倫理原則，国際的な行動基盤として確立されることを目的とする。1985年に初めて女性と女児のための政策を確定し，女性の社会的・経済的エンパワーメントの促進が，女性の正統な権利と子どもの生存と発育への鍵だとして重視してきた。

現在，開発援助に携わる国連機関は40を超える。その数の多さから，プログラムの重複や資金獲得競争などの問題が生じた結果，現地に合わない援助活動が行われているとの批判もある。そこで，開発援助を一本化するために「Delivering as One Pilot Initiatives」（2007年）が進められている。国連機関が先導して被援助国に対して指示をするのではなく，支援を受ける国が本当に必要とする分野に援助を行うことが狙いである。4つの原則，すなわち「One Leader」「One Program」「One Budget/One Fund」「One Office」に則り，より効率的な開発援助を目指している。国連改革の1つでもある。

教育と女性

社会の開発や発展において重要な鍵を握るのが，教育の平等である。子どもが安心して教育を受け，より良い社会を作る次世代に育つことは社会の安定のためにも，貧困問題の解決のためにも不可欠な要素である。そして，初等教育の普及にはジェンダーの平等が大きく関わっている。

国連教育科学文化機関（United Nations Educational, Scientific and Cultural Organization; UNESCO）は，UNICEF，世界銀行，各国政府，NGO とのパート

ナーシップの下で,基本的人権としての教育という視点から「万人のための教育」(Education for All; EFA)運動を通して女子・女性教育の普及を進めてきた。2015年までに世界中のすべての人が初等教育を受けられ,日常生活の簡単な読み書きができる(識字)環境を整備する取り組みである。「ダカール世界教育フォーラム」(2000年)では,EFA実現の具体的な目標として,恵まれない子どもに総合的な就学前保育・教育を行うことや,少数民族出身の子どもに配慮しつつ,すべての子どもが無償で質の高い義務教育にアクセスでき,修学を完了できるようにすること,成人識字率50%を達成することなどが掲げられた。

各国や国際社会の努力によって,成人識字率はどの世代においても向上しており,1985～94年から2000～07年の間にその割合は10%上昇した(ユネスコ『EFAグローバルモニタリングレポート』2010:17)。特に,中国とインドでの改善は著しい。かつては成人の半分以上が非識字者という状況であったが,現在は3分の2以上が識字者となった。

一方,途上国では,15歳以上の人口のうち7億5900万人が非識字であり,その3分の2近くは女性である。南アジア,西アジア,サハラ以南のアフリカでは,3人に1人を上回る成人が非識字である。特に,ブルキナファソ,ギニア,マリ,ニジェールでの割合は70%にのぼる。非識字の要因には,人口増加,資金不足,戦争や内戦に加えて,地理的条件,親の学歴,民族や宗教の慣習,母語,障害などのジェンダー格差がある。現在のペースでは,2015年になっても,世界の成人人口の約13%は非識字のままだと推定される(ユネスコ 2010:17)。

そこで,子どもの教育に力を入れてきたのがUNICEFである。2000年の世界教育フォーラム以降は,UNICEFが主導機関となって,二国間援助機関やアフリカのNGOと連携して,「国連女子教育イニシアティブ」(UN Girls' Education Initiative)を進めてきた。また,緊急事態下にある国家を支援して,災害によって教育が犠牲にならないように支援する活動を,国際NGOであるセーブ・ザ・チルドレンと共に展開している。

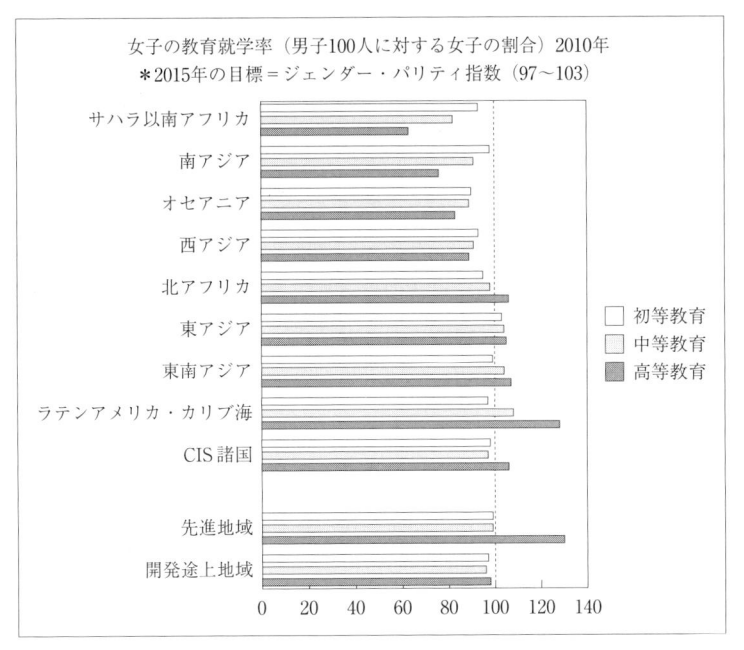

column データから見るジェンダー──世界の女子教育就学率

女子の教育就学率（男子100人に対する女子の割合）2010年
＊2015年の目標＝ジェンダー・パリティ指数（97〜103）

- サハラ以南アフリカ
- 南アジア
- オセアニア
- 西アジア
- 北アフリカ
- 東アジア
- 東南アジア
- ラテンアメリカ・カリブ海
- CIS諸国
- 先進地域
- 開発途上地域

凡例：□ 初等教育／□ 中等教育／■ 高等教育

（注）「ジェンダー・パリティ指数（gender parity index; GPI）」とは、ジェンダーの平等値を表す。MDGsでは、100から±3を加味して、97〜103を目標にしている。100以上は、女子の就学率が男子のそれを上回っていることを示す。オセアニアについては、2010年の数値が未公表のため2008年の数値を示した。

（出典）The *Millennium Development Goals Report 2012*（UN, 2012）を基に筆者が作成。

初等教育では、MDGsの目標に近づきつつあるが、オセアニア、サハラ以南のアフリカ、西アジアでの状況は依然として厳しい。中等教育で男女格差が最も大きい3地域（サハラ以南のアフリカ、西アジア、南アジア）は全体的な就学率も低い。対照的に、ラテンアメリカ・カリブ海、東アジア、東南アジアでは女子の就業率が男子のそれを上回っている。高等教育では、男女平等が達成されているように見えるが、これは、CIS諸国、ラテンアメリカ・カリブ海、北アフリカ、東南アジア、東アジアでの女子就業率が高いためである。その他の地域では男子の就業率が女子のそれをはるかに上回っている。

（本多美樹）

リプロダクティブヘルス・ライツと女性

リプロダクティブヘルス (reproductive health) とは、「性と生殖に関する健康」と訳され、「人間の生殖システム及びその機能と活動過程のすべての側面において、単に疾病、障害がないというばかりでなく、身体的、精神的、社会的に完全に良好な状態であること」（カイロ国際人口開発会議〔以下、カイロ会議〕1994年）を意味する。そして、リプロダクティブライツ (reproductive rights) とは、「すべてのカップルや個人が子どもの数を決める権利、そのための情報や手段を得る権利、また、最高水準の健康を享受する権利」を指す。

健康問題は男女に共通する課題であるが、あえて女性の健康に焦点を置く理由は、女性が妊娠や出産の機能を持つために、男性とは異なるニーズがあり、特別な保健サービスが必要だからである。また、社会や文化、慣習における独特の性の慣習や異なる価値観が原因となり、女性が保健サービスを受ける際の障害になる場合が多いことから、国際社会の支援が必要とされる。

そこで、国際社会は、家族計画、母性・新生児ケア、安全な人工妊娠中絶、生殖器系感染症、HIV／エイズ、不妊症に関する活動を展開してきた。MDGsでは目標5に「妊産婦の健康の改善」を掲げており、2015年までに妊産婦の死亡率を1990年水準の4分の1に削減する努力がなされている。その結果、2010年の世界の妊産婦死亡率は、1990年から47％減少し、28万7,000人になった。ほとんどの地域で進展が見られたが、サハラ以南のアフリカでは、MDGsが達成できない状況である (*Trends in Maternal Mortality 1990 to 2010*: 24)。アフリカ諸国では、女性が妊娠や出産を自分で決められないため、望まない妊娠や立て続けの出産が原因でたくさんの女性が命を落としている。

リプロダクティブヘルス・ライツが国際社会の問題となったのは1960年代である。独立後の途上国での急激な人口増加と、それによる食糧危機や貧困問題、開発とのバランスが問題視されたため、国連や途上国が人口抑制政策を実施したことに始まる。経済開発にとって人口の抑制が必要であることから、女性に避妊具の使用が強制されたが、そのような政策は女性の人権と健康を侵害する

第8章 ジェンダーと国連

として問題になった。カトリックやイスラム教徒も人口政策に対して，強い異議を唱えた。

その後，NGOによる活動の成果もあり，カイロ会議では，人権の視点から人口政策の理念と女性の健康に関する国家の役割が明確にされた。リプロダクティブヘルス・ライツの概念も定義され，180カ国近くの代表によって行動計画が採択された。各国の人口政策はリプロダクティブヘルス・ライツを考慮してなされるべきであり，文化的・社会的に根づいたジェンダーの関係に焦点を当てることが必要とされた。その重要性は1999年の国連特別総会（A/S-21-5, 1999年7月1日）でも確認されている。

リプロダクティブヘルス・ライツへの国際社会の関与が大きくなる一方，キリスト教原理主義勢力による人工妊娠中絶への反対によって，途上国向けの保健プログラムへの資金援助が中断されるといったバックラッシュ（backlash）といわれる巻き返し現象も起きた。このように，リプロダクティブヘルス・ライツは，宗教的，政治的な影響も受けてきたが，現在の国際社会では，健康を守ることがすべての人間の普遍的な人権であり，国家はそのサービスを提供する義務があるとの合意が形成されつつある。

各国の拠出金の運用において中心的役割を担う国連機関は，世界保健機関（World Health Organization; WHO），UNFPA，UNICEF，国連合同エイズ計画（Joint United Nations Programme on HIV and AIDS; UNAIDS）である。

リプロダクティブヘルス・ライツの具体的な活動には，妊産婦の健康改善，望まない妊娠の低減，HIV／エイズ対策がある。開発の分野では，避妊具を提供する家族計画の推進が中心であったが，人権を基盤とする保健サービスの重要性が認識されてからは，家族計画は子どもの健康を含む母子保健と統合された形で推進されている。

WHOは，世界の医療や保健政策について幅広い活動を展開してきた。1998年に研究所がWHO本部内に設置されて以降は，リプロダクティブヘルスの研究とプログラムの開発に取り組んできた。重要活動分野には，家族計画，生

殖器系疾患と性感染症，危険な中絶の予防を含み，人権の視点に基づいた妊産婦死亡率削減プロジェクトを進めている。

また，UNFPA は，1960年代に人口政策を策定し，実施する国際機関として発足したが，カイロ会議を経て，リプロダクティブヘルスを向上させることを組織の使命としてその位置づけを転換した。家族計画サービスへのアクセス，人口統計，アドボカシー活動などを NGO との連携の下に展開している。MDGs の採択を受けて，妊産婦の死亡率を下げるための活動事業が優先課題となっている。

UNICEF は，妊産婦の健康支援が子どもの人権と正常な発達にプラスになるとの考えに基づいて，子ども向けの保健事業，教育事業，HIV／エイズ事業を展開している。途上国では，「安全な母性イニシアティブ」(the Safe Motherhood Initiative) に則り，WHO，UNFPA，世界銀行や NGO と共に，妊娠から出産までの安全なケアを目指して，助産婦の訓練や人材育成，病院への機材供与，母乳育児の推進，性と生殖に関する知識の普及を行っている。また，コロンビア大学，UNFPA，WHO とのプログラム，「妊産婦の死亡と障害の防止」(averting maternal death and disability; AMDD) では，途上国での緊急産科ケアも進めている。

HIV／エイズを専門とする UNAIDS は，国連機関としてエイズ予防と陽性者支援に重要な役割を担っている。HIV／エイズの世界的な感染拡大に対応するために，それまで別々に活動してきた国際機関のエイズ関連事業を統合・強化する目的で1966年に設立された。MDGs の目標6「HIV／エイズ，マラリア，その他の疾病の蔓延防止」の実現のため，WHO，UNICEF，UNDP，UNESCO，UNFPA，世界銀行と連携して，関係機関の活動を調整するほか，各国のエイズ対策強化のためのガイドラインの作成や人材養成，啓発活動を行っている。

リプロダクティブヘルス・ライツは性というデリケートな問題に深く関係するため，国際機関は，各国の社会や文化，民族的な慣習，価値観に配慮しつつ，

誰もが人権としての健康を享受できるようなサービスの提供を進めている。

UN Women の組織と業務

ジェンダー関連機関と，個々の国連機関が150以上の国と地域で展開する支援事業を調整してきたのは，国連本部の「女性とジェンダー平等に関する機関間ネットワーク」(Inter-Agency Network on Women and Gender Equality; IANWGE) であり，事務総長に任命されたジェンダー問題担当事務総長特別顧問が議長を務めてきた。IANWGE では，50近くの国連事務局や基金・計画，専門機関，国際金融からの参加者を対象に，「北京行動綱領」や関連文書の実施に係る支援と監視も行ってきた。一方，現場では，主に国連常駐調整官と各国連機関の常駐代表を中心に，その国における国連の支援業務全体に関する調整が行われ，ジェンダー分野については，各国連機関に配置されているジェンダー担当官が「ジェンダー・テーマ・グループ」に参加し，支援国のニーズの発掘や提言を行ってきた。

このように制度上，本部と現場には個々にジェンダー政策を調整する機能が多数存在していた。そのため，ジェンダー政策の調整機能として強力なリーダーシップの必要が求められてきた。また，基金・計画が執行理事会の決定に従ってその活動計画が策定・調整されていたため，ジェンダー問題担当事務総長特別顧問の関与も限定的にならざるを得なかった。さらに，本部と現場を有機的に結びつける機関がなかったこと，各国連機関のトップのランクや，職員数の少なさ，予算の小ささなどを原因として，活動や報告の作成にも困難を伴ってきた。

そこで，関連機関間での調整と一貫性，ハイレベルの意思決定への参加の権限，説明責任の明確化，資源と財源等の十分な確保のために，事務次長ランクのリーダーシップの下でジェンダー関連の機構を統合する新しい機構が設置された。それが，2010年に誕生した UN Women である。UN Women とは，United Nations Entity for Gender Equality and the Empowerment of

Women(ジェンダー平等と女性のエンパワーメントのための国連機関)の略称であり,以下の4つの機関を統合,強化する形で設立された。

① 女性の地位向上部(Division for the Advancement of Women; DAW)
② 国際婦人調査訓練研修所(International Research and Training Institute for the Advancement of Women; INSTRAW)
③ ジェンダー問題担当事務総長特別顧問室(Office of the Special Adviser on Gender Issues and Advancement of Women; OSAGI)
④ 国連婦人開発基金(UNIFEM)

国連総会,経済社会理事会,UN Women 執行理事会がその統治機構であり,支援と助言を通じて運営にあたる。UN Women は,主な役割として,①世界各国におけるジェンダー問題に関する施策や法整備の促進のための協力,②国連婦人の地位委員会などの政府間交渉による政策・規範策定の支援,③国連システム全体のジェンダー問題に対する取り組みの指導・調整,を掲げている。そして,活動優先分野として,①女性の参画の拡大,②女性の経済的エンパワーメント,③女性に対する暴力の根絶,④平和・安全・人道対応における女性のリーダーシップ,⑤政策・予算におけるジェンダーへの配慮,⑥グローバルな規範・政策・基準の構築,を挙げている。

事務局長には,元チリ大統領(2006~10年)であり,現在の国連事務次長であるバチェレ(Michelle Bachelet)が就任し,7つの地域グループ(アジア,アフリカ,中南米,西欧その他,東欧,財政貢献国,非DAC財政貢献国)から選出された41カ国で構成される執行理事会の監督のもとに活動する。財政貢献国とは,スペイン,イギリス,アメリカ,ノルウェーを指し,非DAC財政貢献国とは,経済協力開発機構(OECD)開発援助委員会(Development Assistance Committee; DAC)のメンバーではないが財政的に貢献する国として,メキシコとサウジアラビアを含む。

第8章　ジェンダーと国連

　UN Women が展開する世界のネットワークには，年間最低5億ドルの予算を賄うためのドナーとして期待される政府，財団，企業，団体，個人が含まれる。また，各国の女性問題担当機関，財政支援と「女性のエンパワーメント原則」の提唱活動を通じてジェンダー平等を推進する民間部門，そして，毎年開かれる国連女性の地位委員会を通じてジェンダー政策に貢献する市民社会などのパートナーシップが存在する。また，世界18カ国に独立 NGO として UN Women の使命を支援する国内委員会（National Committee）もあり，ハリウッド女優や各国王室関係者などが親善大使を務める。

---

column　日本と UN Women

　UN Women の使命を支援するため，1国1委員会の原則で，世界18カ国にある国内委員会は，独立の NGO 組織として活動を行っている。日本には1992年から UN Women 国内委員会があり，UN Women の理念の広報とともに，関係機関へ UN Women 支援の働きかけや民間の募金を集める役割を担ってきた。2009年には UN Women 日本事務所がアジアで初めて大阪府堺市に開設された（いずれも2010年までは UNIFEM の名称）。日本事務所は，UN Women が国連グローバル・コンパクトとともに推進する「女性のエンパワーメントのための指針——平等はビジネス向上のカギ」（Women's Empowerment Principles: Equality Means Business; WEPs）には，多数の日本企業が参加しており，民間セクターや市民社会を含め，UN Women との幅広い協力を進めている。

女性のエンパワーメントのための指針
• ジェンダー平等に向けた企業経営者のリーダーシップの構築
• 職場でのすべての女性・男性の公平な待遇—人権尊重と差別撤廃への理解と支持
• すべての女性・男性従業員の健康，安全，福祉の保証
• 女性のための教育，研修，専門性の開発の促進
• 女性のエンパワーメントにつながる事業開発，流通，マーケティングの実践
• 地域社会の主体的活動と啓発による平等の推進
• ジェンダー平等達成への進捗状況の把握と公表

（出典）　UN Women 日本事務所。

（本多美樹）

これまで概観したように，国連は，歴史的な合意を通じて，安全保障，開発，教育，保健，社会参画など多岐にわたる分野においてジェンダーの平等と女性のエンパワーメントを推進してきた。

ジェンダーの平等を達成することによって社会的経済的効果が生まれ，女性のエンパワーメントは経済を活気づけ，生産と成長をもたらす刺激となる。しかし，ジェンダーの格差は，程度の差こそあれ，世界中どの社会にも残っており，ジェンダーの平等は未だ実現されていない。

ジェンダー平等の実現に向けて，国際社会の当面の目標は，2015年を達成期限に据えたMDGsである。国連機関，各国政府機関，企業，NGOなどあらゆるアクターが連携して努力を続けるのはもちろんであるが，人権としてのジェンダーの平等を確保し，誰もが生を享受できるような国際社会を作っていくためには，私たち1人ひとりが日々身近なところからジェンダーについて意識し，行動していくことが，1日も早い実現への鍵となる。

ジェンダーに配慮することは，人種，宗教，国籍などを理由に社会的・政治的に不利な立場にある人々，少数民族，障害を持つ人々など，他の社会的弱者に対しても目を向ける契機にもなる。

参考文献
植木俊哉・土佐弘之編『国際法・国際関係とジェンダー』東北大学出版会，2007年。
勝間靖編著『テキスト国際開発論――貧困をなくすミレニアム開発目標へのアプローチ』ミネルヴァ書房，2012年。
国連人口基金『世界人口白書2011　人口70億人の世界――一人ひとりの可能性』（*World Population Prospects, the 2011: People and possibilities in a word of 7 billion*）国連人口基金，2011年。
軽部恵子「ジェンダー」庄司真理子・宮脇昇編『新グローバル公共政策』晃洋書房，2011年。
スーザン・マッケイ「女性と人間の安全保障」篠田英朗・上杉勇司編『紛争と人間の安全保障――新しい平和構築のアプローチを求めて』国際書院，2005年。
内閣府男女共同参画局「第3次男女共同参画基本計画における成果目標の動向」内閣

府,平成24年(2012年)6月21日。
林奈津子「国際政治学におけるジェンダー研究——アメリカの研究動向を中心として」『ジェンダー研究』第10号,2007年。
国連教育科学文化機関(ユネスコ)『EFA グローバルモニタリングレポート——疎外された人々に届く教育へ』2010年。
Devaki Jain, *Women, Development, and the UN: A Sixty-year Quest for Equality and Justice*, Indiana: Indiana University Press, 2005.
Human Development Report 2011 — Sustainability and Equity: A Better Future for All, New York: United Nations Development Programme, 2011.
The Millennium Development Goals Report 2012, New York: United Nations, 2012.
The Global Gender Gap Report 2011, Geneva, Switzerland: World Economic Forum, 2011.
Trends in Maternal Mortality 1990 to 2010, 2012, World Health Organization.

第9章

文化・知的国際協力

西 海 真 樹

この章で学ぶこと

　グローバリゼーションは，人，物，資本，情報の自由な移動とともに，地球規模で文化を普及・流通させ，知的国際協力を促進してきた。今日私たちは世界の様々な地域の書物，音楽，美術，演劇，映画，サブカルチャーに接し，世界の人々と意見を交換することを通じて，私たちの知的生活を豊かにすることができる。しかし他方で，文化・知的国際協力のグローバル化はそのときどきの支配的な文化や国に有利な形で進むことが多く，その結果特定文化の世界支配，文化の均一化，またはそれへの反作用としての文化的孤立をもたらしかねない。

　文化・知的国際協力のグローバル化がはらむ問題は複雑かつ多面的であって一括りにはできないが，上に述べた2つの側面は，2つの対照的な態度を生みだしてきた。1つは，文化の自由な交流は私たちの生活を豊かにしてくれるから，それは他の物やサービスと同様，市場と資本の論理に従って自由に行われることが望ましいという態度である。これを自由論と呼ぼう。もう1つは，市場と資本の論理のみに従った文化の交流は特定文化の世界支配を生じさせ，それは結果的に地球上の文化を画一的で貧困なものにしてしまう。それを回避するためには文化の交流に何らかの規制を加えるべきだという態度である。これを規制論と呼ぼう。

　これら2つの態度は実は古くから存在し，各国の文化政策や国際機構が定める文化に関するルール・制度に影響を及ぼしてきた。本章では，文化・知的国際交流に国際機構がどのように関わってきたかを考える。まず，国際連盟の知的協力委員会の活動を取り上げる。次いで，自由論と規制論の観点から関税貿易一般協定，世界貿易機関，経済協力開発機構において文化に関する議論がどのように行われ，どのようなルール・制度を生じさせたのかを辿る。さらに，国連教育科学文化機関の文化に関する活動を整理・紹介する。最後に，文化・知的国際協力にとって国際機構がどのような意義を有し，そこにどのような限界が見出されるのかを確認する。

第9章　文化・知的国際協力

1　グローバリゼーションと文化・知的国際協力

　グローバリゼーションの拡大・深化は，人，物，資本，情報の国境を越えた自由な移動とともに，地球規模での文化の普及，流通を促進してきた。今日，私たちは日本にいながら，世界の様々な地域の書物，音楽，美術，演劇，映画，サブカルチャーに接することができる。それらが私たちの知的生活を豊かにしてくれていることは明らかである。しかし他方で，文化のグローバル化はそのときどきの支配的な文化に有利な形で進むことが多く，その結果，特定文化の世界支配，文化の均一化，またはそれへの反作用としての文化的孤立をもたらしかねない。文化のグローバル化がはらむ問題は複雑かつ多面的であり，一括りにはできない。

　ところで，文化のグローバル化研究の第1人者であるヒュー・マッカイは，文化のグローバル化の認識枠組みについて，次のような類型化を示している。それによれば，文化のグローバル化の認識枠組みは，積極論（楽観論）と消極論（悲観論）とに大別される。積極論は，文化のグローバル化を総じて歓迎すべきものと捉える。そこには，インターネットの発達により国家のコントロールを受けない公共圏が作られ，そこで市民が自由に政治を論じ，新たな民主主義の発達が期待できるという「地球村論」や，メディアの規制緩和により自由市場が形成され，そこで消費者たる市民が多様な放送を自由に選択できるようになり，それは公共利益に沿った文化環境を生むという「自由主義論」がある。これに対して消極論は，総じてグローバル化が諸国民間の不平等を拡大再生産し，グローバル化されたメディア企業や文化産業が広く構造化されてグローバル経済の構成要素になり，それは諸領域にまたがる独占的企業体を形成する，という認識にたつ。消極論の典型である文化帝国主義論によれば，文化のグローバル化とは，欧米の支配的文化が少数文化の多様性を圧倒し均質化するプロセスであり，欧米諸国の経済的利益にかなう戦略である。ヒュー・マッカイは，

これら以外にも，ナショナルなメディアの強い持続力とローカル・ナショナルな文化の生産・消費の根強さを重視する伝統論，グローバルな文化の流れの複雑さに注目し文化帝国主義論に批判的な変容論などを紹介している。これらの諸論は，グローバル化された文化状況の具体的な各部分をよく捉えている。これらが説明する各状況の総和が，現代世界の文化状況の総体であろう。

冒頭に述べた文化交流がもつ2側面は，文化についての2つの対照的な態度を生みだしてきた。1つは，文化の自由な交流は私たちの生活を豊かにしてくれるから，それは他の物やサービスと同様，市場と資本の論理にしたがって自由に行われることが望ましいという態度である（自由論）。もう1つは，市場と資本の論理のみに従った文化の交流は特定文化の世界支配を生じさせ，それは結果的に地球上の文化を画一的で貧困なものにしてしまう。それを回避するためには文化の交流に何らかの規制を加えるべきだという態度である（規制論）。

このような2つの態度は，実は以前から存在し，各国の文化政策，関税貿易一般協定（GATT）やそれを継承した世界貿易機関（WTO）などの文化に関するルール・制度に影響を及ぼしてきた。本章では，上に述べた自由論と規制論の交錯を念頭に置きつつ，文化・知的国際交流に国際機構がどのように関わってきたか，そこにどのような意義と限界があるかを考える。以下，①では，国際連盟期の知的協力委員会の組織構造と諸活動を取り上げ，その意義を確認する。②では，自由論と規制論の交錯という観点からGATT，WTO，OECDにおいて文化に関する議論がどのように行われ，それがどのようなルール・制度を生じさせた（生じるのを阻止した）のかを辿る。③では，国連教育科学文化機関（UNESCO）の文化に関する諸活動を整理・紹介する。最後に結では，以上の議論を踏まえて，文化・知的国際協力にとって国際機構がどのような意義を有し，そこにどのような限界が見出されるのかを考察する。

2　知的国際協力の誕生と形成

国際知的協力委員会

　国際連盟創設のさいに知的交流を提議したのは，連盟規約検討委員会で活躍したベルギーのイーマンスだった。彼はパリ講和会議で「国際知的関係」を提案したが，列国代表の賛同を得ることができなかった。しかしその後，第1回の連盟総会においてベルギーのラフォンテーヌが発議した結果，連盟が国境を越えて学問や文化の知的交流を促進するという決議案が可決された。さらに1921年にレオン・ブルジョワは，国際連盟の知的活動を強化するために「知的協力と教育に関する委員会」を設置することを連盟理事会に提案した。彼は「加盟国間に相互的な知的活動の精神がなければ，いかなる国家連合も存続を期待できない」と述べ，「連盟はできるだけ早い機会に，連盟の政治的理念が，国家を結びつける知的生活のあらゆる側面といかに密接に連関しているかを証する手段をとるべきである」と理事会に勧告した。理事会は彼の提案を承認し，連盟総会もこれを受け入れた。こうして1922年に国際知的協力委員会（以下，国際委員会）が暫定委員会として設置された。それは理事会が任命する12名を超えない委員から成り，理事会の諮問機関として活動するものとされた。1925年に国際委員会は常設委員会になった。

　連盟の知的協力を討議した第5委員会の報告者を務めたフランスのバルドゥは，委員会は全会一致で知的協力と道徳的解釈の平和的影響を確信したと述べ，同時に，国際協力においては各国の独自性を尊重し，同化も浸食もしてはならないと警告している。そして，外国の文明に触れることは洗練された心を高めるのに最善の方法ではあるが，それがあまりに深く刻印されると人の心は均衡を失してしまう。したがって，国際知的協力の範囲が限られていることを認識しつつ活動を行うことが重要である，と論じている。

　知的協力の組織としては，国際委員会の他にも国際大学情報局や加盟国内の

知的協力国内委員会(以下,国内委員会)があり,国際委員会はこれらの組織と協力することが想定されていた。その具体的活動として国別調査の公表,大学に関する情報収集,科学情報の交換,出版物の交換,図書館間協力などが提案された。

設立時の国際委員会委員にはギリシア古典学のギルバート・マレー,哲学のアンリー・ベルグソン,物理学のマリー・キュリー,アルベルト・アインシュタインなど,当時の世界的知識人が就任した。他にも医学,生物学,歴史学,法学の分野の知識人が参加した。各委員の本国はフランス,インド,アメリカ,ブラジル,ドイツ,イギリス,スイス,イタリア,スペインであり,欧米出身者が大半を占めていた。中国代表が,西洋人は東洋のインテレクチュアリズムを看過すべきではなく知的協力はすべてのインテレクチュアリズムを網羅しなければならない,と述べているのが興味深い。

国際委員会は文献,大学間,知的所有権の3分科会体制をとって活動し,国内委員会は国際委員会を支援した。1929年7月にジュネーブで開かれた国内委員会会合には25の国内委員会が参加した。1931年時点で国内委員会は37カ国で設置されている。地理的配分は欧米29カ国,中米・ラ米6カ国,アジア1カ国(日本),中東1カ国である。

フランス政府の資金援助により,1926年,パリに国際知的協力機関(以下,国際機関。これが現 UNESCO の前身となる。)が創設された。国際機関は制度的には連盟から独立していたが,そのメンバーは国際委員会委員だった。国際機関には同年すでに20カ国以上が代表を派遣している。国際機関は庶務,大学関係,学術関係,法律,図書館,芸術,情報などの部局に分かれて活動を始めた。フランス政府だけでなくロックフェラー財団なども同機関に資金を援助したが,財政問題は常に同機関の活動を制約し続けた。

1930年に国際委員会内に設けられた調査部会は,国際知的協力の定義,活動分野,方法などについて報告書を作成した。それによれば,連盟の枠内での知的協力の目的は「平和を維持する手段としての国際理解の精神を奨励するため

に，知的努力のすべての分野において国家間協力を促進すること」であり，その活動分野として，理念の交換を通じた個人間の接触，知的性格を有する組織の間の協力の奨励，異なる国の文芸・芸術・科学的努力の知識の普及，国際問題についての共同研究の実施，知的権利の国際的な保護と支援，教育手段を通じた国際連盟の原則の周知，の6つが挙げられている。

1925年に常設委員会になって以来，国際委員会は東欧・中欧における知的生活への脅威に関心を寄せ，この地域における知的生活の救済を自らの任務とするようになった。さらに1920年代末までの国際委員会の主要任務は，知的な職業に就いている人々に施設を提供し，それらの人々の権利を守り，それらの人々に奉仕することであった。1930年代に入ると，日本，ドイツ，イタリアが連盟から脱退し，1939年にはソ連が連盟から除名される。その結果，連盟加盟国の地理的普遍性は損なわれた。軍国主義，ナチズム，ファシズム，共産主義のイデオロギーと政策は共通して非寛容なものであったため，それらは国際知的協力とは相いれなかった。カンデルは，国際知的協力の限界を次のように指摘している。「各国の伝統的な教育プログラムの精神や中身を何も変えないまま，連盟の目標や事業に関する新しい課程が付加された。平和の示威運動，模擬国際会議，善意の日，人形・書物・図画の交換などのプログラムが組まれたが，それらは学校の正規の課業の外にあるものであり，何かしら外部的なもの，または縁遠いものとみられていた。」このようにカンデルは，平和，国際理解，知的協力への意思がまず各国国民の中にあることを重視し，そのような意思が欠如している場合に国際活動が成果を上げることを疑問視し，国際活動が行われる際の国内的基盤確立の重要性を強調している。

1920年代から1930年代において，知的協力や文化交流は，国際関係における国家政策において軽視され，狭隘な国家利益の追求の手段となっていたことは否定できない。しかし同時に，入江昭が指摘するように「連盟が政治的分野でその無力を露呈しつつあったときに，国際委員会はその活動を断念することなくむしろ強化していった」側面があることもまた事実である。軍国主義，全体

主義，共産主義が諸国民の自由な知的交流を阻害する時代にあっても，知的協力と文化の国際主義は死滅せず，底流として存続し，それは第2次世界大戦後の国際連合と UNESCO 設立の思想的支柱となったのである。

国際知的協力委員会を通じた歴史教育と広報活動

歴史教育　知的協力体制を制度的に整備する作業に加えて，諸国民に平和，政治，歴史をどう教えるかについて，国際委員会は設立当初から討議をしている。たとえば，1923年に開かれた国際委員会会合では，大学は諸国間の理解を深めるために，いたずらに敵愾心を煽るようなことがらを教えるべきではないという趣旨の決議が採択された。

国際関係を教える大学や組織の交流を深めるべきだという主張もなされ，8つの国内委員会と4つの国際組織が集まって1928年にベルリンで，1929年にロンドンで会議が開催され，情報や人的交流をどう促進するか，各国で異なる教育レベルをどう査定するか，学生の留学にはどんな措置がとられるべきか，といった問題が議論された。

連盟の仕事や精神を青少年に教育することも重要視された。1923年，連盟総会は「各国政府は連盟の存在，目的，規約の精神を児童や青少年に周知させるべきである」との決議を採択し，「教育による平和」という試みが連盟参加の下に行われることになった。この問題は国際委員会に持ち込まれ，1927年，同委員会はいくつかの政策を提示した。そのなかの1つは，教育に関する連盟情報センターをジュネーブとパリに設置することだった。教育についての情報の共有のために，1928年の連盟総会において『教育サーヴェイ』誌の発刊が決定され，『連盟の目的と組織』と題された教員向け小冊子が作成された。

他方，国際委員会は，連盟が目指す国際協調と各国の個別事情との調整の問題も論じていた。青少年が新時代の世界史を学び平和を尊重する際に各国の伝統や精神と齟齬をきたさないようにするにはどうしたらいいか。これはカンデルが指摘した通り，国家主権に関わる極めてデリケートな問題であり，国際委

員会はこのことをよく認識していた。

広報活動　連盟の活動開始とともに，連盟事務局内に設けられた情報部も宣伝活動を開始した。連盟は発足当初から一般国民への情報伝達を重視していた。1919年5月から7月にかけて，情報部で基本方針が策定され，その中の覚書には，「講和条約により連盟には明確な責任と義務とが課されていることが人々の意識に入って行けば，連盟がハーグ平和会議等とは異なるものであることがわかるだろう」と記されている。

　情報部には，連盟を解説するパンフレットやスライドを，民間団体ではなく連盟自身が公式に作成すべきであるという声が寄せられ，情報部はこれらを作成した。これらは仏英両言語で作られ，各国の連盟協会が各国語に翻訳した。たとえば，ドイツ領から自由都市になったダンツィヒ問題について，ドイツ語で複数のパンフレットがあるのにポーランド語のものがないのは不適切であるという議論もなされていた。1920年代半ばには，国際委員会と連携して連盟全体の活動を解説する書籍や小冊子が作成されるようになる。

　連盟情報部や連盟理事会には，各国の中高等学校代表から成る国際団体や国際関係を専門とするアメリカの教授団などの多くの民間団体が訪問している。連盟と民間団体との接触は，連盟の活動や理念を各国民に浸透させる上で必要なチャンネルだった。

3　自由論と規制論の戦い

関税貿易一般協定（GATT）における文化

　最初に紹介した自由論と規制論は，以前から存在していた。自由論と規制論の対立は，文化的アイデンティティをめぐる対立にとどまらず，各国の文化産業間の競争をめぐる経済的対立でもあった。第1次世界大戦後，アメリカ映画が急速に発展し，それは世界の映画市場の大半を占めるに至った。これに対してヨーロッパ諸国は，アメリカ映画が上映時間を独占することで自国の映画上

映による利益が減少しその結果自国の映画産業が衰退するのではないか，自国の理想や個性がアメリカ映画により損なわれるのではないか，という懸念を抱いた。その結果，これらの諸国は自国映画産業を守るため種々の割当（クオータ）を導入した。当然のことながらアメリカ映画産業はこれに不満を抱いた。アメリカ映画産業は政府の支持を仰ぎ，これを受けたアメリカ国務省は，ヨーロッパ諸国と相次いで交渉し，アメリカが外国映画の輸入制限を行っていないことを挙げつつ，映画産業への投資リスクを減じるためには映画における自由貿易が必要であることを強調した。自由論による巻き返しの試みだった。

第2次世界大戦後，国際貿易機構（ITO）の設立を目的に作成されたものの未発効に終わったハバナ憲章は，その第19条において，一定の条件のもとで映画の映写時間割当を認めた。映写時間割当が条件つきで維持されたのは，映画は外国との競争から保護されるべき性質を持つことが認められたからである。GATTもその第4条において，外国映画への数量規制（映写時間割当）を内国民待遇の例外として認めた。加盟各国はこの措置を「文化的考慮」により正当化し，国内文化政策を尊重するこの例外をGATTに盛り込むよう求めた。GATT起草者は，既存の上映割当の維持を容認した。ここには，明らかに規制論が反映している。

1989年にEECは「国境なきテレビ指令」を採択した。この指令の4条1項は，ニュースやスポーツに割り当てられた時間を除く放送時間の過半を「欧州作品」のために確保することをEEC加盟国に求めるものだった（ローカル・コンテント要求）。アメリカはこれをGATTの最恵国待遇，内国民待遇，数量制限禁止に違反すると主張し，他方EECは，テレビ番組はサービスだからGATTの対象外であり，ローカルコンテント要求には法的拘束力がないと反論した。その後EECとアメリカとの間でGATT 22条に基づく協議が行われたが，不調に終わった。

ほぼ同時期に自由派と規制派は，GATTのウルグアイ・ラウンドの中で，サービス貿易協定（GATS）交渉においてオーディオ・ビジュアル分野をどう

扱うかをめぐり激しく対立した。アメリカは，文化的アイデンティティは定義できずオーディオ・ビジュアル分野は他分野と同様自由化の対象とすべきだと主張した。これに対してEUやカナダは文化的例外論に依拠し，これらは文化的アイデンティティに関わるが故に自由化の対象にすべきでなく，アメリカの主張は貿易自由化の名の下に各国固有の文化的表現や言語的多様性に挑戦するものだと主張した。この対立の妥協の産物がGATSである。GATS 14条は，GATT 20条に相当する「一般的例外」を定めているが，そこに文化的例外事由は挙げられていない。他方でGATS 2，16，17条は，最恵国待遇，市場アクセス，内国民待遇を加盟国に課しているが，同時にいずれの義務をも免れ得る手続き（最恵国待遇についてはネガティブ・リスト方式，市場アクセスおよび内国民待遇の約束についてはポジティブ・リスト方式）を用意している。文化的例外論はGATS上公認されなかったものの，諸国は上述の手続によりオーディオ・ビジュアル分野を自由化の対象から外すことが可能となった。自由論は名をとり，規制論は実をとったと言えよう。

世界貿易機関（WTO）における文化

このようなGATSは，オーディオ・ビジュアル分野の自由化について一時的な休戦状態を作り出した。最恵国待遇については，EU，カナダ，オーストラリアなど文化的例外を支持する諸国が最恵国待遇免除の手続きをとったのに対して，韓国，日本，香港などはそのような手続きをとらなかった。市場アクセスと内国民待遇については，ウルグアイ・ラウンド合意の時点で19カ国，その後5カ国，計24カ国が様々な制限を付した約束をしたにとどまっている。これらの国にアメリカ，インド，香港，日本，韓国が含まれる。これに対してEU，カナダ，オーストラリアは予想された通り約束を行わなかった。2000年1月，WTO加盟国はGATS 19条に基づきサービス貿易のさらなる自由化のための交渉を開始した。その際に日本，アメリカ，ブラジル，スイス，カナダが，文化政策特にオーディオ・ビジュアル政策とGATSとの関係についてコ

メントしている。その後2003年9月にカンクンで開催された閣僚会議は，ドーハ・ラウンドの枠組み合意を形成するに至らず決裂した。GATSについては，サービス自由化交渉を継続する義務が確認されたが，他分野と同様，交渉の実質的進展がないまま今日に至っている。

　他方，WTO紛争解決機関は貿易と文化に関する紛争をこれまで2件扱っている。1つは「雑誌に関する措置」事件である。この事件ではカナダ政府が国内出版産業保護を目的として導入した措置が問題になった。それらは，①スプリット・ラン雑誌および5％以上のカナダ向け広告を含む外国雑誌の輸入禁止，②スプリット・ラン雑誌に掲載された広告料への80％の物品税課税，③輸入雑誌郵送料より低額の国内雑誌郵送料などの措置である。アメリカの申立てにより設置されたパネルは，①はGATT 20条(d)に非該当で11条1項（数量制限の一般的禁止）に違反する，②は3条2項1文（内国課税に関する同種産品への内国民待遇）に違反する，③は同条4項（販売輸送に関する同種産品への内国民待遇）に違反すると判断した。カナダは上訴し，上級委員会は，解釈に一部違いがあるものの，この物品税課税は3条2項1文違反であるとの結論を導いた。カナダは，これらの措置の目的が自国文化の保護にあり，それは保護貿易主義とは無縁の公的な政策目的であると一貫して主張したが，パネルも上級委員会も同政府の意図を争点として取り上げず，その結果，この紛争の核心である「貿易と文化の関係をいかに調整するか」という問題は判断対象から除かれてしまった。この結末は現行WTO体制下ではやむを得ないものの，WTO体制の限界を示すものでもある。

　もう1つは「出版物およびオーディオ・ビジュアル製品の貿易権・流通サービスに関する措置」事件である。中国が，出版物およびオーディオ・ビジュアル製品の輸入と流通を制限していることに対して，アメリカはそれらが中国のGATS，GATT，WTO加盟に伴う自由化約束に違反するとしてパネルに申立てた。パネルは，出版物の輸入と流通については，中国規則が中国企業に比して外資系企業を不利に扱っているのでGATS 17条に違反すると認定した。他

方，オーディオ・ビジュアル製品の輸入と流通については，中国企業との合弁における外資割合を49％以下に制限する中国規則がGATS 16条2(f)に違反する，外国当事者が「支配的地位」を占める合弁に対してオーディオ・ビジュアル製品の流通を禁じる中国規則が中国企業に同じ制限を課していないのでGATS 17条に違反する，音声記録物の電子流通を外資系企業だけに禁じている中国規則がGATS 17条に違反する，とそれぞれ認定した。上述の「雑誌に関する措置事件」の場合と同様，この事件においても，文化保護の必要性やそのための政策の正当性について，パネルも上級委員会も，これらを正面から取り上げることはなかった。

経済協力開発機構（OECD）における文化

　OECDにおいて文化の問題が注目されたのは，多国間投資協定（MAI）の交渉においてである。1995年に開始されたMAI交渉は，多国籍企業やそのビジネスロビーの強い要請により，グローバルな投資自由化ルールの作成を目指すものだった。そこでは北米自由貿易協定（NAFTA）やアメリカが締結した多くの2国間投資促進条約の諸原則が参照されたが，MAIが目指す自由化の基準は，総じてこれらを超えるものだった。すなわち締約国に対してあらゆる種類の投資の完全な保護，無差別な内国民待遇の付与，パフォーマンス要求の禁止，資産や金銭の処分・移転の自由の徹底的保証などを義務づけることが企図されたのである。

　1998年にOECDが公表したMAI草案によれば，投資は「投資家によって直接・間接に所有・支配されるすべての種類の資産」と広く定義される。締約国には，外国投資家・投資への広範囲の最恵国待遇・内国民待遇の付与，外国投資家・キーパーソネルの一時的な入国・滞在・労働制限の禁止，パフォーマンス要求（国内コンテンツ比率，国内サービスの購入，貿易制限，国内労働力の雇用，国内資本の参加など）の禁止といった，様々な義務が課されている。さらに締約国は，非合理的または差別的な措置により外国投資家の投資の運営管理，維持，

利用，享有，処分を妨げてはならない。投資受入国による収用・国有化は合理的理由がある場合のみに厳しく制限され，そのような場合でも完全かつ遅滞なき補償が支払われなければならない。他方，投資家がその資産を処分，譲渡，移転することは完全に自由であり，不利益を被った投資家は，受入国の政府や地方政府を相手取って，直接，国内裁判所，仲裁，投資紛争解決センター（ICSID）などに申立てることができる，と規定されていた。

　MAI交渉は，ごく少数の交渉団によってOECD内部でほとんど秘密裏に進められていたが，1997年春，ほぼ完成していた最初の草案がリークされ，アメリカの有力なNGO, Public Citizenやカナダの NGO, The Council of Canadiansなどの手にわたった。これらの団体により草案の中身が暴露され，多国籍企業の権利を一面的に擁護しその果たすべき責任を免除しているとの立場から，広範なNGOや地方公共団体による抗議と非難が，世界規模で生じた。そのような状況下で，1998年秋にフランスが交渉から正式に離脱し，同年12月，OECDの投資政策担当高級事務レベル会合は以後MAI交渉は行わない旨を宣言し，交渉は決裂した。

　GATSの下で公認こそされなかったものの自由化を免れることができた一国の文化的例外政策は，MAI草案により真っ向から変更を迫られることになった。というのも，MAIにおいて内国民待遇が義務づけられることにより，アメリカ映画製作業者にも財政支援を与えることが求められ，かつ，これまで実施されてきたクオータ等の差別的措置がもはや認められなくなるからである。これらを背景として，フランスにおいてMAI草案にまず反対したのは，映画とオーディオビジュアル分野の職業団体だった。これらの団体は，ウルグアイ・ラウンドのときと同様，文化的例外に依拠し，MAI構想を批判した。当時のフランス政府もそれに従った。リオネル・ジョスパン首相は「MAIの基本原則を文化産業に適用すべきか否かという問題が生じている」と述べてMAIの射程に疑問を呈した。MAI交渉に臨むフランス代表も「文化的例外のみが，MAIの規律から文化産業を逃れさせることができる」と明言した。し

かしながら，MAIへの異議申し立ては映画・オーディオビジュアル業界からのものにとどまらなかった。MAIは投資に関わる一国のシステムの包括的自由化をめざしていた。文化的例外政策の見直しはその一要素にすぎなかった。1998年にフランスがMAI交渉からの離脱を公式表明する直前には，要求すべきはMAIの基本原則の受け入れを前提とした文化的「例外」ではなく，投資に関する社会的規制の全面的自由化（撤廃）自体を拒否すべきであるとの声が強まっていたのである。

4　知的国際協力の展開

文化的例外から文化的多様性へ

上で見たGATSの最恵国待遇，内国民待遇による処理は，一見，自国の文化政策への十分な保証になっているかのようだが，それは形式論理にすぎない。WTOの基本は自由化・規制緩和であり，ラウンドはそのための交渉の場である。セーフガードや補助金は撤廃の方向に向かいこそすれ，それらが促進されることはない。GATSの処理は一時的な休止状態であって，今後，文化的例外が定着していくことを考えられない。文化産品を他の物と同様に自由化の対象とすることを望まない規制論者は，このような現状認識に基づいて，文化産品を自由化の例外と位置づける防衛的論理から文化の特殊性を強調する積極的論理へと文化擁護論の転換を図る。そして，WTOから文化を直接扱う国連専門機関であるUNESCOに場を移し，そこで文化的例外にとって代わるものとして文化的多様性を提唱していくことになる。

文化的多様性がUNESCOにおいてどのように提唱され，結実して行ったかを辿る前に，国際機構としてのUNESCOの基本的特徴を確認しておこう。UNESCOは1946年に発足した国連専門機関である。その目的は「正義，法の支配，人権及び基本的自由に対する普遍的な尊重を助長するために教育，科学及び文化を通じて諸国民の間の協力を促進することによって，平和及び安全に

貢献すること」(UNESCO憲章1条1)である。「戦争は人の心の中で生まれるものであるから、人の心の中に平和のとりでを築かなければならない。相互の風習と生活を知らないことは、人類の歴史を通じて世界の諸人民の間に疑惑と不信をおこした共通の原因であり、この疑惑と不信のために、諸人民の不一致があまりにもしばしば戦争となった」というUNESCO憲章前文の文章は、UNESCOの理念を語るものとして有名である。国連加盟国はUNESCOに加盟する権利をもち、国連非加盟国でもUNESCO総会で認められれば加盟できる(同2条1、2)。主要機関として総会、執行委員会、事務局がある。総会はこの機構の最高意思決定機関であり、この機構の政策と事業の主要な方針を決定する(同4条2)。理事会に相当する執行委員会は58の執行委員国から構成され、各執行委員国は1人の代表者を任命する。事務局は4年任期の事務局長の下、約2400名の職員から構成されている。

　文化分野においてUNESCOはこれまでに世界遺産条約(1972年)、水中遺産条約(2001年)、文化的多様性世界宣言(2001年)、無形遺産条約(2003年)、多言語主義の促進に関する勧告(2003年)、文化的多様性条約(2005年)などの重要な条約、勧告を採択してきた。

　さて、上述した文化的例外から文化的多様性への論理転換の観点からは、これらの条約・勧告のうち、特に文化的多様性世界宣言と文化的多様性条約が重要である。

　文化的多様性世界宣言採択の背景には、ウルグアイ・ラウンドで顕在化したオーディオ・ヴィジュアル製品を文化例外(exception culturelle)として認めるか否かをめぐるカナダ・フランスvs米国の対立、サミュエル・ハンチントン(Samuel Huntington)の『文明の衝突』、それに9.11同時多発テロが諸国の関心を集めていたという事情がある。同宣言は前文と全12条から成る。それによれば、生物多様性が自然にとって必要であるように、文化多様性は交流、革新、創造の源として人類に必要なものであり、その意味で人類の共通遺産である(1条)。文化多様性を実現可能なものにするのは文化的多元主義であり、それ

は文化交流や創造的能力の開花に貢献し，民主主義の基盤になる（2条）。文化多様性の保護には人権と基本的自由の尊重，特に少数民族や先住民の権利の尊重が含まれる（4条）。このような内容を持つ同宣言は，文化多様性に関する加盟国の倫理的約束として重要な意義を有し，4年後の文化的多様性条約採択に向けての大きな推進力になったということができる。

　文化的多様性条約（2007年発効，日本は未批准）において，文化多様性とは「集団および社会の文化が表現を見出す方法の多様性」を意味し（4条1），発展，人権，平和，民主主義，思想の自由な流通，文化財・文化サービスの国内的・国際的普及，持続可能な開発，人類の共同遺産などと結びつけられることで（前文および2条1，5，6，7，8），開かれた動的な概念になっている。国際法の観点からは，文化的表現の多様性を保護・促進するための措置・政策をとるという国の主権的権利が承認されたことが重要である（1条hおよび2条2）。他方，文化的多様性世界宣言に入っていた文化的多元主義の文言は，この条約からは抜け落ちており，多文化主義政策を通じて一国内の民族・エスニック集団の伝統文化，言語，生活習慣を中央政府が積極的に保護しこれらの集団の社会参加を促すことは，国に義務づけられていない。それゆえ，そのような義務を伴うことなく国が文化的表現の多様性を保護・促進する主権的権利を持つことを明言するこの条約には，国家間主義的性格がみてとれる。そこには，主権的権利の名の下に一国内の少数者の文化を中央政府が抑圧するという危険がある。

　それでも，今後，国がこの条約を援用して自国の文化政策を正当化することは大いにあり得る。実際に「出版物およびオーディオ・ビジュアル製品の貿易権・流通サービスに関する措置」事件（3(2)を参照）において，中国政府はこの条約を援用しつつ，オーディオ・ビジュアル製品は文化財であって中国政府はそれらを保護する主権的権利を持つと述べている。そのような援用を通じて，この条約と将来作成される条約との間の実質的な調整が図られるかもしれない。主権的権利については上述の懸念が残るが，文化のグローバル化の負の側面

(＝文化のグローバル化が支配的な文化に有利な形で進み，その結果，特定文化の世界支配，文化の均一化，またはそれへの反作用としての文化的孤立をもたらしかねないこと）に対しては，この条約が少なくとも国家間レベルにおいて一定の歯止めになることが期待できよう。

持続可能な発展の文化的側面

他方で，この文化的多様性は「持続可能な開発」（sustainable development）の文化的側面としても捉えることができる。文化的多様性のそのような捉え方のためにも，UNESCO は大いに貢献してきた。この「持続可能な開発」は，1987年の「環境と開発に関する世界委員会」の報告書『われら共通の未来』の中で提唱されて以来，急速に国際社会に広まった。それは「将来世代がその必要を満たす能力を損なうことなく，現在世代の必要を満たすような開発」を意味する包括的な概念であり，その構成要素としては統合原則，天然資源の持続可能な使用と保全，世代間・世代内衡平，共通だが差異ある責任，よい統治，予防原則などがある。

同時にこの概念は現代的な倫理概念でもある。現在世代のみならず将来世代の生活の質を考慮に入れている点（通時的側面），および，「北」の人々に大量生産・大量消費的生活の変革を迫るとともに「南」の人々に開発とよい統治の必要性を強調している点（共時的側面）にそれは現れている。言い換えれば，持続可能な開発とはこの世に生まれた人々，将来生まれ出る人々が，等しく人間としての自己実現の可能性を保障されるべきであるという人間観・世界観に立脚して，私たちの生活を全地球規模で見直すことを促しているのである。

このような持続可能な開発は，当初は何よりも環境保護と経済開発とを両立させる構想と捉えられていた。しかし，国際連合（国連）における開発概念の拡大に伴い，そこに社会的側面が含められるようになった。統合原則，よい統治などが持続可能な開発の構成要素とみなされたことは，この概念の拡大をよく示している。このように，持続可能な開発が包括的なものになりつつあると

すれば，そこに文化的側面が含められることは自然のなりゆきであろう。人間は何らかの社会集団のなかで生活し，その社会集団はそれぞれに固有の精神的，物質的，知的，感情的特徴，つまり文化を有している。人間生活が必ず伴っているこの文化的側面を考慮に入れずに，人間社会の持続可能性を論じることはそもそもできないはずである。

　このような考え方を UNESCO は早くからとっていた。1982年に UNESCO がメキシコシティで開催した文化政策に関する世界会議は，文化政策に関するメキシコシティ宣言を採択した。そのなかの「開発の文化的側面」と題された項は，文化は開発過程の基本的部分を構成し，国の独立，アイデンティティの強化に資するものである。均衡のとれた開発は，開発戦略のなかに文化的要素が統合されることによってのみ実現可能となる。それぞれの社会の歴史的，社会的，文化的文脈に照らして開発戦略の見直しが図られなければならない，と述べている。

　上述した文化的多様性世界宣言は，文化多様性は開発の源泉の1つであり，開発は経済開発の観点からのみ理解されるべきではなく，より充実した知的，情緒的，道徳的，精神的生活を達成するための手段として理解されなければならない，と述べている（3条）。また，文化的多様性条約は，文化多様性が持続可能な開発の主動力となること（前文），特に途上国にとって文化と開発との関連が重要であること（1条f），文化が開発の基本的推進力の1つであって開発の文化的側面はその経済的側面と同様重要であること（2条5項），文化多様性の保護・促進・維持が持続可能な開発にとって不可欠の要件であること（2条6項）を明言している。このように，持続可能な開発の文化的側面として文化的多様性が重要な意義を有していることを，国際法的拘束力をともなうものとして承認した点で，この条約は極めて重要である。

　このような文化多様性に密接にかかわる概念として，多文化主義と文化権が挙げられる。多文化主義とは民族，移民集団，被差別集団，宗教的少数者などの集団により担われる多様な文化の存在を前提として，一国の政府が，複数の

文化を許容し擁護する態度を言う。持続可能な開発の文化的側面としての文化多様性が対外政策として唱えられるにとどまらず国内的にも十全に実施されるためには、政府が多文化主義政策を採ることが求められる。文化権とは文化領域に関する個人の権利の総体であり、文化を享受し、創造し、文化活動に参加する権利から成る。この文化権により、文化多様性を国家内部の集団の視点から捉えることが可能になる。文化は本来国家という枠組みで括り切れるものではない。一方で一国のなかに複数の文化があり、他方で文化圏が国境を越えて広がっている。けれども、国際法は原則として国家間の合意に基づくため、この事実が常に考慮されるとは限らない。文化権は、このような国際法の内在的限界を矯正する機能を果たし得る。文化権が認められることによって、国家の主権的権利にとどまっている国家間主義的な文化多様性が多文化主義に転化し得る。

5 文化・知的国際協力における国際機構の意義と限界

　本章では、グローバリゼーションと文化をめぐる自由論と規制論の交錯を念頭に置きつつ、文化・知的国際交流に国際機構がどのように関わってきたかを考察してきた。具体的には、国際連盟期の知的協力委員会の組織構造と諸活動を取り上げてその意義を確認し、自由論と規制論の交錯という観点から GATT, WTO, OECD において文化に関する議論がどのように行われ、それがどのようなルール・制度を生じさせた（生じるのを阻止した）のかを辿り、UNESCO の文化的多様性に関する活動を整理・紹介した。

　文化・知的国際協力において国際機構はどのような意義を有しているのだろうか。そこにどのような限界がみてとれるのだろうか。この点について内田孟男は、国際機構が知的協力を推進する意義を、国際公共財の提供、国際機構の普遍性と代表制、西欧知識体系が知的国際協力に及ぼすインパクトの是正、知的協力における国際機構の実績、という4つの観点から捉え説得的に説明して

いる。それを要約すると以下のようになる。

　第1の国際公共財の提供という観点から見ると，世界平和は国際公共財であり，世界平和を実現する手段としての知的国際協力は国際公共財またはその中間財として理解することができる。そのような公共財・中間財の提供は，国内公共財・中間財であれ国際公共財・中間財であれ，基本的には市場以外のアクターである公的機関が担うことになる。国際公共財または中間財としての知的国際協力の提供は，多国間協力による以外になく，国連諸機関やUNESCOなどの国際機構によって担われることになる。

　第2の国際機構の普遍性と代表制という観点から見ると，UNESCOや国連システムの活動は加盟国の普遍性と代表制の下に行われ，世界各地域の文化的歴史的背景を反映し，活動の優先順位を地域的差異に十分配慮して決定するメカニズムが備わっている。そのような国際機構は，知的国際協力の分野において，ともすれば先進国偏重になりがちな国家レベルでの協力，国際市場や民間のイニシアティブに対して，途上国がその関心事を提唱する機会を与え，それを支援する役割を果たしている。

　第3の西欧知識体系が知的国際協力に及ぼすインパクトの是正という観点から見ると，知的国際協力における西欧知識体系の優位性は圧倒的ながらも，西欧の開発理論が必ずしも普遍的に妥当するとは限らないことが1960年代の途上国の経験から明らかになった。その結果，西欧起源の社会科学概念と理論はよりグローバルな視点から批判，評価，適用されるようになり，かつてのナイーヴな西欧型普遍主義は修正された。このような西欧型普遍主義の相対化に国際機構は重要な貢献をしているということができる。

　第4の知的国際協力における国際機構の実績という観点から見ると，UNESCOその他の知的協力分野の機構は，国，地域機構，市民社会，学術団体，NGO，草の根運動などと密接に連携し，ネットワークを発展させ，カタリストとして人材と資金を動員する能力を有し，世界の世論形成に明確なインパクトを与えてきた。創設以来のUNESCOの活動の歴史は，教育，文化，科

学,コミュニケーション分野で共通の認識を生み出し,条約や勧告を通じて国際的指標を提供するという役割を果たしてきている。

このような内田の分析は依然として有効である。グローバリゼーションと文化をめぐる規制論と自由論との対立の場が WTO から UNESCO に移ったことは,とりわけ規制論を支持する人々や政府が,これらの4つの意義を承認したことの表われであると言えよう。

他方,文化・知的国際協力における国際機構の限界として,内田は,国際知的協力のための国内基盤,国際機構が利用可能な資金および人材の不足,国連システムにおいて知的協力に携わる機関の調整・協調の3つを挙げている。上記の意義と同様,これらの限界のいずれも,基本的に今日でも妥当する国際機構の限界であろう。ここでは特に第1の限界について取り上げたい。第1節1項で述べたとおり,これは直接には,カンデルが連盟期の国際委員会の活動と各国内部の政府や教育機関の態度との緊張関係について述べたものである。より一般化して言えば,これは国際機構の活動・権限と各加盟国の主権(留保分野)との間の緊張関係に他ならない。このような緊張関係は,第3節第1項で述べたように,主権的権利としての文化的多様性についてまさに妥当し,多文化主義と文化的権利を認めることの意義がそこから引き出される。グローバリゼーションの拡大深化に伴い,政府以外の様々なアクターが国際的・国内的意思決定にそれぞれ参加するようになった。その結果,国家主権の壁が何ほどかは相対化されたことは事実である。しかしながらそれはなお厳然と存在し,国際機構の活動や国際規範を制約している。

他の分野と同様に文化・知的国際協力の分野でも,国際機構は加盟国の国家主権との対抗関係のなかで活動を展開し,新たな規範・ルール・制度を形成しているのである。

参考文献

内田孟男「国際機構と知的協力——世界平和の構築に向けて」国際法学会編『日本と

国際法の100年　第8巻　国際機構と国際協力』三省堂，2001年。

篠原初枝「戦間期国際秩序における国際連盟——ヨーロッパが育てたアメリカの構想」田中孝彦・青木人志・井村寿人編『〈戦争〉のあとに——ヨーロッパの和解と寛容』勁草書房，2008年。

篠原初枝『国際連盟——世界平和への夢と挫折』中公新書，2010年。

稲木徹「国際法が規律する『文化』の意味に関する一考察」『大学院研究年報』（中央大学）第35号，2006年。

三浦信孝「GATTウルグアイ・ラウンドにおけるAV『文化特例』をめぐる攻防」日本EC学会編『EUの社会政策』日本EC学会年報第16号，1996年。

滝川敏明『WTO法（第2版）　実務・ケース・政策』三省堂，2010年。

河野俊行「文化多様性と国際法（一）（二）」『民商法雑誌』第135巻1・2号，2006年。

高田太久吉「投資自由化と多数国間投資協定（MAI）」『商学論纂』（中央大学）第42巻5号，2001年。

鈴木淳一「文化的表現の多様性の保護及び促進に関する条約の採択と意義」『独協法学』第77号，2008年。

鈴木淳一「グローバリゼーションと文化——ユネスコ文化多様性条約の発効とその課題」星野昭吉編著『グローバル化社会における政治・法・経済・地域・環境』亜細亜大学購買部ブックセンター，2011年。

須網隆夫「貿易と文化——市民的・社会的価値と経済的価値との調整」小寺彰編著『転換期のWTO——非貿易的関心事項の分析』東洋経済新報社，2003年。

佐藤禎一『文化と国際法』玉川大学出版部，2008年。

寺倉憲一「持続可能な社会を支える文化多様性——国際的動向を中心に」国立国会図書館調査及び立法考査局『持続可能な社会の構築』，2010年。

西海真樹「持続可能な開発の文化的側面——国連システムにおけるその展開と日本の課題」『国連研究』第13号，2012年。

David Held, ed., *A Grobalizing World?: Culture, Economics, Politics*, London and New York, Rutledge, 2000.（デヴィッド・ヘルド編『グローバルとは何か——文化・経済・政治』中谷義和監訳，法律文化社，2002年。）

Richard Jolly, Louis Emmerij, Thomas G. Weiss, *UN Ideas that Changed the World*, Indiana University Press, 2009.

第Ⅲ部

グローバル・ガバナンスにおける国連システム

第10章

地域機構との協力

大隈　宏

― この章で学ぶこと ―

　実効的な多国間主義――この言葉は，近年，グローバル・ガバナンスという言葉とワンセットで国際社会を論じる場合のキーワードのひとつとなっている。言うまでもなくその具体的な現象形態は，たとえば UN／国連であり，EU／欧州連合である。前者は，グローバル・レベルにおける多国間主義を，後者は，リージョナル・レベルにおける多国間主義をそれぞれ代表しており，いずれもグローバル・ガバナンスの構築に重要な役割を担うものとされている。

　それではそうした国連と EU は，共通の目標の実現に向けてどのような連携プレーを展開してきたのであろうか。周知のように，UN そして EU に関しては，様々な角度からの検討がなされ，数多くの研究成果が蓄積されている。ところが両者間の協力関係，すなわち EU-UN パートナーシップに関しては，意外にも本格的な研究はその緒についたばかりである。その理由は，そもそも対象とすべき現象が必ずしも定着していないという事情が指摘される。EU-UN パートナーシップが，アドホックな試行過程から，本格的な協力関係の制度化へと移行したのは，国際社会が激しい地殻変動を経験した1990年代以降，とりわけ新しいミレニアムの時代に突入してからである。

　このような新しい現象としての EU-UN パートナーシップ――。本章の目的は，その全体像を概観することにある。すなわち具体的には，①地域統合体の先駆的モデルともいわれる EU に着目して，②EU が UN とのパートナーシップの構築にどのようなスタンスを展開したのか，③他方，UN はそれにどのように対応したのかという視点から，④とくに新ミレニアムにおける EU-UN パートナーシップのダイナミズムの基本構図を浮き彫りにし，⑤今後の方向性を探ろうとするものである。

第10章 地域機構との協力

1 グローバリズムとリージョナリズム

193の主権国家から構成される UN／国連は，グローバル・レベルにおける多国間主義（multilateralism）の象徴的かつ中心的存在であり，その主導原理は，主権国家を基本的行動主体とする政府間主義（inter-governmentalism）である。

27の主権国家から構成される EU／欧州連合は，リージョナル・レベルにおける多国間主義の先駆的かつモデル的存在であり，その主導原理は，〈政府間主義＋α〉として特徴づけられる。すなわち EU は，ハイブリッドな地域統合体として，構成国間における政府間協力を基礎としつつ，それに加えて，主権国家の枠を超えた協力——超国家主義（supra-nationalism）——をも視野に入れ，その実体化を着実に積み重ねている。

それでは第2次世界大戦後の国際社会を彩るこれら2つのレベルにおける多国間主義の2大潮流は，どのような協力関係〈パートナーシップ〉を織り成してきたのであろうか。その相互関係は，グローバル・ガバナンスの構築という全体的文脈において，どのように位置づけられるのであろうか。本章は，このような視点から，特に EU の動きに着目して，EU-UN パートナーシップの全体像をスケッチするものである。

マンデート——パートナーシップに対する基本的立場

国連はもとより，EU も基本的には政府間国際組織であり，その行動は構成国の集団的意思（マンデート）に大きく規定されている。それでは，国連および EU を構成する主権国家は，両者間の協力関係，すなわち EU-UN パートナーシップについて，どのようなマンデートを設定したのであろうか。

まず国連に関しては，EU とのパートナーシップを規定するマンデートに相当するのが，地域的取極に関する国連憲章第8章であり，その第52条では，「この憲章のいかなる規定も，国際の平和及び安全の維持に関する事項で地域

的行動に適当なものを処理するための地域的取極又は地域的機関が存在することを妨げるものではない。但し、この取極又は機関及びその行動が国際連合の目的及び原則と一致することを条件とする」と規定された。言うまでもなく、この規定が設けられた背景には、アメリカ・ソ連・イギリス（およびフランス）の政治的思惑——自己の勢力範囲に対するオートノミー確保——が存在した。とはいえそうした「不純」な動機とは裏腹に、やがてこの規定は、国連と地域的取極／地域的機関とのパートナーシップの推進を裏づける一般的根拠規定となっていったのである。

　それからほぼ半世紀を経過。ポスト冷戦時代における新たな国際秩序の構築が手探りで開始されたばかりの1992年、ブトロス＝ガーリ（Boutros-Ghali）国連事務総長は、『平和への課題』と題する報告書において、平和の実現に向けた〈国連と地域的取極および機関との協力〉推進の意義を、次のように強調した。①地域的取極および機関は、予防外交、平和維持、平和創造、紛争後の平和構築等に貢献する潜在的可能性を秘めている。②地域的な活動は、安全保障理事会の負担軽減のみならず、国際問題への参加、コンセンサスの形成、国際機関の民主的運営等に対する加盟国の意識変革をもたらす。③地域的取極および機関に対する国連の評価は、これまで否定的であった。しかし近年では、肯定的なものに変わりつつある。④国連と地域的機関の連携は、当該地域「外」の諸国に対する同意の調達作業を容易にする。⑤地域的取極または機関に対する、安全保障理事会による権限の付与は、国連が地域的な活動にお墨付きを与え、それを正当化するものである。

　さらに新ミレニアムへの移行前夜の2000年9月、国連ミレニアム・サミットに参加した189カ国（EUを構成する15カ国、および147カ国の国家元首を含む）は、ミレニアム宣言を採択して、「我々は、国連を、全世界の人々の開発のための闘い、貧困・無知・疾病との闘い、不公正との闘い、暴力・恐怖・犯罪との闘い、及び我々共通の家の劣化・破壊との闘いというすべての優先課題の追求のためのより効果的な機関にするため、いかなる努力も惜しまない」との決意を

第10章 地域機構との協力

表明した。そのうえでサミット参加国は、「平和と開発の課題への完全に調整された取り組みを達成するために、政策のより大きな一貫性を確保し、国連、その諸機関、ブレトンウッズ機構、WTO並びにその他の多国間機関との間の協力を一層拡大する」ことを宣言した。それは、国連の強化、ひいては国連を中核に据え、すべてのステークホルダーを動員するグローバル・パートナーシップの構築を訴えるものであった。

このように国連は、いわばあらかじめ先取り的に規定されたマンデートの内実化、すなわちリージョナル・レベルでの多国間主義（地域的取極／地域的機関）とのパートナーシップの構築に向けて、慎重に環境整備を試行していったのである。それではEUは、国連とのパートナーシップに関して、どのようなマンデートを保持したのであろうか。それは、国連とは対照的に、地域統合体としてのEUの基本的属性の変化（発展）を敏感に反映するものであった。

周知のように、こんにちのEUのルーツは、EEC（欧州経済共同体）にまでさかのぼることができるが、その設立条約であるローマ条約（1957年調印／1958年発効）第229条は、「委員会は、国際連合、その専門機関並びにGATTとの間に適切な関係を維持しなければならない。委員会は、さらにあらゆる国際組織との間に、適切な関係を維持するものとする」と謳った。それは、きわめて一般的な表現ながら、グローバル・レベルにおける多国間主義を所与の前提として受け入れ、リージョナル・レベルにおける多国間主義としてのEECが、共同市場を完成させる過程で、域外環境（より直接的には、GATT）との間に協力関係（パートナーシップ）を構築することを想定する（織り込む）ものであった。

ついでEU条約（Treaty on European Union）、いわゆるマーストリヒト条約（1992年調印／1993年発効）では、EUの活動領域を共通外交安全保障政策（CFSP）の分野にまで拡大する旨が謳われ、その目的の1つとして、国連憲章の諸原則に基づく平和と安全の維持が規定された（第J.1条）。それは、国連とのパートナーシップを既定方針として再確認するものであった。

さらに新ミレニアムにおけるEUの基本的方向性（アイデンティティ）を制度

221

化したリスボン条約（2007年調印／2009年発効）においては，規範パワー（Normative Power）としてのEUの国際的存在意義が，次のように強調された。——国際場裏における連合の行動は，民主主義，法の支配，人権および基本的自由の普遍性と不可分性，人間の尊厳の尊重，平等と連帯の原則，国連憲章および国際法の原則の尊重という，連合自らの創設，発展および拡大を鼓舞し，かつ，より広い世界における前進を模索する原則により導かれる。連合は，一段に言及される原則を共有する第3国，国際的，地域的あるいは世界的な組織との関係を発展させ，かつ連携を構築することを模索する。連合は，とりわけ国際連合の枠組みの中で，共通の問題への多国間的な解決を促進する（リスボン条約／EU条約第21条）。

このように，パートナーシップ構築に対する国連とEUの基本的立場は，政府間国際組織としての基本的属性の違い，さらには時代状況の変化に対する感応性の相違を反映して微妙に異なり，必ずしも対称的な協力関係の展開を約束するものではなかった。とはいえ両者はともに，自らが具現する多国間主義の大義（正当化の論理）としてグローバル・ガバナンスに対する貢献を強調し，さらに両者間の協力——パートナーシップ——を通じたシナジー効果の追求を標榜するものであった。

インターフェイス—— UN@EU／EU@UN の諸相

EU-UNパートナーシップの現況（2012年）を，ハード・データに基づいて俯瞰すると，次のような断面図を描くことができる。——①51カ国の国連原加盟国のうち，8カ国（ベルギー，デンマーク，フランス，ギリシャ，ルクセンブルク，オランダ，ポーランド，イギリス）がEU加盟国である（15.6％）。②193カ国の国連加盟国のうち，27カ国がEU加盟国である（14％）。③国連安全保障理事会の常任理事国（5カ国）のうち，2カ国（イギリス，フランス）がEU加盟国である（40％）。④国連安全保障理事会の非常任理事国（10カ国）のうち，2カ国（ドイツ，ポルトガル）がEU加盟国である（西欧その他枠［2］からの選出，

第10章　地域機構との協力

任期2年。なお東欧枠［1］からEU加盟国が選出される可能性もある）。⑤国連安全保障理事会を構成する15カ国のうち，4カ国がEU加盟国である（26.6％）。⑥国連経済社会理事会を構成する54カ国のうち，西欧その他枠［13］および東欧枠［6］からEU加盟国が多数選出される可能性がある。⑦EUは，1974年以降，国連総会においてオブザーバーの資格を付与されている。それ以外にもEUは，50を超える国連専門機関等においてオブザーバーの資格を付与されている。⑧EUは，1991年以降，FAO（国連食糧農業機関）の正式メンバー（Full Member）である。⑨EUは，全体として（27加盟国による分担金を含む）国連通常予算の約40％を拠出している。⑩EUは，全体として（27加盟国による分担金を含む）国連PKO予算の約40％を負担している。

　ついでEU-UNパートナーシップの現況（2012年）を，〈点と点〉を結ぶネットワーク（＠）という切り口で俯瞰した場合，次のような見取り図を作成することができる。まずUN@EUに関しては，その特徴として，次の2点が指摘される。①ブリュッセルには，国連西欧地域情報センター（UNRIC for Western Europe）が設置されている。それは，EU加盟国（旧東欧諸国を除く）に加えて，アンドラ，ヴァチカン，モナコ，ノルウェー，サンマリノに対する情報提供サービスの拠点となっている。②ブリュッセルには，EU諸機関が立地し，EUの事実上の首都となっている。その結果，ブリュッセルには，開発，人道援助，人権等を所管する26の国連専門機関／基金／プログラムが事務所を構え，UNDP事務所を中心として一丸となって，積極的にEU諸機関（EU閣僚理事会，欧州委員会，欧州議会等）に対するロビー活動（影響力の行使）を繰り広げている。

　次にEU@UNに関しては，大きな特徴として，6つのコンタクト・ポイントを梃として，EUが国連とのパートナーシップの推進を図っている点が指摘される。すなわちEUは，国連がグローバル・ネットワークの一環として設置した〈拠点〉に，それぞれカウンターパートとなる〈拠点〉を設置し，国連諸機関（専門機関／基金／プログラム）に対するロビー活動を展開している。それは，EU内部（欧州委員会総局間，ひいてはEU加盟国間）における政策調整も重

223

要な任務としており，以下の諸都市は，ブリュッセルとニューヨークをリンクさせる基幹的中継基地としての機能を担っている。①EU@NY：言うまでもなく（最大規模の）国連本部が立地するニューヨークは，熾烈な多国間外交の表舞台である。そこで1964年，欧州委員会（当時は，EEC 委員会）は，ニューヨークに広報事務所を設けた。ついで1974年，EU（当時は，EC）が国連総会においてオブザーバー資格を獲得したのを機会に，広報事務所は，欧州委員会代表部（当時は，EC 委員会代表部）に格上げされた。また1994年，マーストリヒト条約の発効にともない EU は，共通外交安全保障政策の推進に対する支援を目的として，EU 閣僚理事会連絡事務所（Liaison Office）を開設した。さらに2009年，リスボン条約の発効にともない，欧州委員会代表部と EU 閣僚理事会連絡事務所は，国連・欧州連合代表部（Delegation of the European Union to the United Nations in New York）へと再編成され，EU 外務・安全保障政策上級代表の管轄下に置かれた。その主たるカウンターパートは，国連総会，国連経済社会理事会，UNDP，ユニセフである。②EU@Geneva：国際連盟の本部が設置されていたジュネーブには，ニューヨークの国連本部に次ぐ陣容（スタッフは，約1600人）を擁する国連ジュネーブ事務所（UNOG）が設けられており，EU にとってジュネーブは，地理的近接性とも相俟って，きわめて重要な多国間外交のホット・スポットである。そこで1964年，欧州委員会は，ジュネーブを拠点とする国際機関（国連諸機関＋その他）を対象とするジュネーブ国際機関常駐代表部（Permanent Delegation to the International Organizations in Geneva）を設置した（ちなみに1960年代後半には，GATT 多角的貿易自由化交渉の支援を目的として，EC 閣僚理事会連絡事務所がジュネーブに開設された）。やがて2009年，リスボン条約の発効にともない，欧州委員会代表部と EU 閣僚理事会連絡事務所は統合され，欧州連合代表部（European Union Delegation to the UN in Geneva）に格上げされた（なお2011年には，WTO 関連の業務は Permanent Mission of the European Union to the World Trade Organization へと分離・移管された）。その主たるカウンターパートは，国連人権理事会，国連人権高等弁務官事務所

(OHCHR), 国連人道問題調整事務所 (OCHA), 国連難民高等弁務官事務所 (UNHCR), UNCTAD, WHO, ILO, 世界知的所有権機関 (WIPO) である。
③EU@Vienna：ジュネーブと同様にウィーンには，国連諸機関等，数多くの国際機関が立地しており，1980年には国連ウィーン事務所 (UNOV) が設けられた。このような事情から，地理的近接性とも相俟って，ウィーンはEU外交の重要拠点と位置づけられており，1979年，欧州委員会は，ウィーンに代表部を設置した。それは，オーストリアおよびウィーンに立地する国際機関とのパートナーシップ構築を目的とするものであったが，オーストリアのEU加盟 (1995年) にともない，国際機関とのパートナーシップの推進に特化した欧州委員会代表部 (Delegation of the European Commission to the International Organisations in Vienna) へと再編成された。それは，国連ウィーン事務所，国連薬物犯罪事務所 (UNODC), 国連工業開発機関 (UNIDO) に加えて，国際原子力機関 (IAEA) や欧州安保協力機構 (OSCE) を主たるカウンターパートとするものである。④EU@Rome：ローマは，食糧・農業に関する国連の一大拠点であり，1948年：FAO, 1963年：WFP (世界食糧計画), 1976年：IFAD (国際農業開発基金) がそれぞれローマに設立された。言うまでもなく，EUの二本柱の1つは，農業共同市場である。また食糧・農業援助は，歴史的にEU開発協力政策の中核を構成してきた。このような背景から，EUがFAOの正式メンバー (Full Member) として迎えられた (1991年) のを機に，1993年，欧州委員会代表部がローマに設置された。それは，活動を食糧・農業問題に特化し，対FAO政策の推進を図るものである。⑤EU@Paris：1945年，パリに設置されたUNESCO (国連教育科学文化機関) は，教育，科学，文化，コミュニケーションの分野における国境を超えた協力関係の推進を通じて，世界平和を実現しようとするものである。その意味では，ヨーロッパを「平和の島」(安全保障共同体) へと発展させようとするEUとUNは，方法論 (道筋) が異なるとはいえ，基本理念を共有しており，緊密なパートナーシップの構築は，ごく自然の成り行きであった。こうして，UNESCOをカウンターパートとしてパリに欧

州委員会代表部が設置された。それはまた，パリに本部を置く OECD（欧州委員会もオリジナル・メンバー）を活動の対象とするものでもあった。⑥ EU@Nairobi：ナイロビ（ケニア）には，UNEP（国連環境計画）と UN-Habitat（国連人間居住計画）の本部が設置されており，1996年，アフリカ地域における国連の活動拠点（本部）として国連ナイロビ事務所（UNON）が開設された。欧州委員会代表部のナイロビ設置は，それに呼応するものであり，UNEP をカウンターパートとする地球環境外交の最前線と位置づけられるものとなった。持続可能な開発を標榜し，地球環境の保全を新たなミッションと位置づける EU にとって，それはきわめてシンボリックな重要性を持つものであった。

2　ミレニアム・チャレンジ

負のミラー・イメージの克服

　国連と EU——。グローバル・レベルおよびリージョナル・レベルにおける，これら2つの多国間主義の源流は，発足の当初から（未知および既知の）相手との遭遇を想定しており，それに向けた環境整備を積み重ねていた。そもそも両者は，道筋こそ異なるものの，基本的価値および目標を共有していた。その意味では，EU-UN パートナーシップの構築は，ごく自然の成り行きであった。国連と EU がともに，ナチュラル・パートナーという表現を用いて，EU-UN パートナーシップの必然性／重要性を強調したのは，こうした背景をものがたっている。

　とはいえ，EU-UN パートナーシップが本格的に機能し始めたのは比較的最近のことである。周知のように，EU が共同市場（EEC）としての地歩を着々と固め，その存在が国際社会から認知されていった1960年代以降，EU と国連は，グローバル・ガバナンスをめぐる様々なドラマに，メジャー・プレーヤーあるいはジュニア・プレーヤーとしてコミットし，両者間には多層的な協力関係が構築されていった。ただしそれは，基本的にアドホック・ベースで，モザ

イク的に積み重ねられるものにとどまった。2つの多国間主義が邂逅・交差し，EU-UN パートナーシップの強化／制度化が，明確な政治的意思のもとに，本格的に模索されるようになったのは，国際社会が激しい地殻変動を経験した1990年代以降，とりわけ新しいミレニアムの時代へと移行してからである。それは，少なくとも現象的には，EU のイニシアティブにより推し進められるものであった。

そもそも EU にとって，国連は必ずしも無条件で信頼できるパートナーではなかった。フランス主導による EU（厳密には欧州共同体〔European Communities〕〔ECSC・EEC・EURATOM〕）の設立は，アングロ・サクソン主導による戦後国際秩序に対する強い警戒心を反映していた。それは，ブレトンウッズ機構（IMF／世界銀行）に対する EU の反発，より直接的には，〈地域連合政策〉を軸とする EU 独自の開発協力政策の推進に示されるとおりである。したがって EU にとって，国連とのパートナーシップの構築は，あくまでも一般論（タテマエ）の域をでるものではなかった。

事情は，普遍的な多国間主義を標榜する国連にとっても同様であった。すなわち，リージョナル・レベルにおける多国間主義は，グローバル・レベルにおける多国間主義とは相容れない，相互補完的というよりはむしろ敵対的な存在ではないか。国連には，地域的取極および機関に対する，このような根源的な警戒心が根強く存在していた。したがって，このような負のミラー・イメージを共有する EU と国連との間のパートナーシップの構築は，グローバル・アライアンスという外交的言辞──総論的なエールの交換──に支配されがちであり，その実体化は容易ではなかった。

このような閉塞状況に一石を投じ，EU-UN パートナーシップの本格的展開に向けて，新たな道筋を切り開いたのが，1990年代における EU の一連の動きであった。すなわち，1992年プログラム（単一欧州市場の完成）を成功させた EC は，シビリアン・パワー（Civilian Power）からノーマル・パワー（Normal Power），ひいては規範パワー（Normative Power）への道を歩み始めた。これが

いわゆる EU 共通外交安全保障政策の模索である。また鉄のカーテンにより分断されてきた東欧諸国（中・東欧諸国）の「欧州への回帰」、すなわち EU の東方拡大も既定路線として定着していった。こうして EU は、新ミレニアムへの移行前夜、すなわちグローバリゼーションの拡大・深化という、ポスト冷戦時代における不透明な国際環境のもとで、〈平和・安定・繁栄の領域〉の外延的拡大という野心的な挑戦に着手したのである。それは言うまでもなく、グローバル・ガバナンスの中核的存在として国際社会を主導する国連とのパートナーシップの強化／制度化を不可欠とするものであった。

事情は、国連においても同様であった。国際社会の激しい地殻変動に遭遇し、新たなアイデンティティ（存在意義）の構築を模索していた国連にとって、EU の国連への傾斜は、歓迎すべき新たなベクトルであった。国連は、負のミラー・イメージを清算し、パートナーシップの構築に向けて、EU の働きかけに阿吽の呼吸で応えていったのである。

ポジティブ・フィードバック —— Win-Win 解の模索

新ミレニアムの時代への移行を契機として、EU-UN パートナーシップは、ポジティブ・フィードバック・ループを描きながら、以下のように、強化／制度化されていった。

2001年、欧州委員会は、EU 閣僚理事会および欧州議会に対して、開発協力および人道支援の分野において、国連との間に実効的なパートナーシップ（Effective Partnership）を構築するよう提言したコミュニケーション（文書）を発出した。その骨子は、次のとおりである。①EU にとって、国連とのより緊密な協働関係の構築は不可欠である。②EU は、これまで国連との間に２つのレベル（政治／政策レベルと現場レベル）で協力関係を積み重ねてきたが、それらはアドホックに行われており、一貫性に欠けている。③EU が国連との間に実効的な協力関係を構築するためには、ⓐ国連における EU の立場の強化、ⓑEU 加盟国と欧州委員会との連携強化、ⓒ明確かつ包括的な対国連政策の構築、

ⓓ柔軟な財政規則の制定,および独自の官僚機構(EUとは異なる行政管理文化)を保持する国連との間に,協力を具体的に実践するためのガイドラインを定める枠組み協定の締結が必要である。④EUは国連との実効的なパートナーシップ構築の第一歩として,開発協力および人道支援の分野において国連との協働強化を図るべきである。⑤EU-UNパートナーシップは,最終的には,安全保障や平和(紛争予防や危機管理等)の問題をも包摂する,総合的かつ包括的なものへと深化・発展するものでなければならない。

2003年,EUと国連は財政・管理運営枠組み協定(Financial and Administrative Framework Agreement)に調印した。それは,〈枠組み協定〉という表現に示されるように,EU-UNパートナーシップを理念から現実へと発展させるために不可欠な実務レベルにおける協力の基本枠組み(モデル・フォーマット)であった。こうして,開発協力および人道支援の分野におけるEUと国連の協働作業——EUが提供する資金を国連が管理運営する——は,この協定を基礎として推進されていった。すなわちこの協定が,ミレニアム開発目標(MDGs)の達成に向けた,現場レベルでのEU-UNパートナーシップの基本的ガイドラインとなったのである。

2003年,欧州委員会は,EU閣僚理事会および欧州議会に対して,「多国間主義の選択」(*The Choice of Multilateralism*)という副題のコミュニケーションを発出し,EU-UNパートナーシップの推進を強く訴えた。その骨子は,以下のとおりである。①EUにとって,多国間主義へのコミットメントは,対外関係の中核を構成している。②グローバル・イシューの解決には,多国間主義〈国際協調主義〉が不可欠であり,その中心的存在としてグローバル・ガバナンスの維持・構築の任に携わっているのが国連である。③EUは,国連に具現される多国間主義をあらためて強力に支持する。そもそも国連を抜きにしたグローバル・ガバナンス・システムを想定することは不可能である。④EU-UNパートナーシップに対するEUおよび国連の認識は,近年大幅に改善されつつある。すなわち,両者の相互イメージは好転しており,国連の普遍的正当性と

EUの経済的・政治的影響力を相互補完的なものとして連携させることにより，いっそう効果的な実施（Effective Implementation）というシナジー効果が期待される。⑤EU-UNパートナーシップは，開発協力にとどまらず，平和・安全保障・人権・環境等，広い範囲に及ぶものである。

2003年，EU首脳会議は，「よりよき世界における安全なヨーロッパ」（*A Secure Europe in a Better World*）という副題の欧州安全保障戦略（ESS）を採択した。それは，第5次拡大を目前に控えたEU「25カ国」首脳の決意表明であり，〈実効的な多国間主義〉（Effective Multilateralism）をキーワードとして，次のように，国連とのパートナーシップを軸としてEUが安全保障を確保しようとするものであった。①EUの安全と繁栄は，以前にもまして実効的な多国間システムの存在に依存している。②国連憲章こそ，国家間関係の基礎を構成するものである。③国連の強化は，EUにとって最優先課題である。④EUは，国際の平和と安全に対する脅威に対処するために，国連を支援しなければならない。⑤EUは，国連との協力を強化して，紛争後の国家再建や短期的な視点からの危機管理の分野における国連の活動を支援する。

2004年，EU加盟国（EU閣僚理事会議長国＋在ニューヨーク加盟国／国連代表部）は，拡大EUと国連とのパートナーシップの強化を謳った文書を公刊した。それは，「多国間主義の重視」（*Making Multilateralism Matter*）という副題に示されるように，①民主主義，連帯，持続可能性，市場経済，文化的多様性，法の支配等，基本的な価値および目標を共有する国連とEUは，協力関係を強化すべきである。②EUにとって25カ国体制への拡大は，国連との関係を深化させる絶好の機会であり，国連との協働はEUの最優先課題である。③EUは，国連憲章に基づき，多国間主義の立場からグローバル・イシューの解決を図ろうとする国連の役割を支持・強化する責任を有している——との基本認識を披瀝するものであった。そのうえで同文書では，EU-UNパートナーシップの過去・現在・未来が，個々の活動分野——開発協力，環境，平和維持と紛争予防，テロリズムおよび国際的組織犯罪との闘い，人道支援，人権，貿易と開発，文

化と文明――に則して概括された。

　2004年，EUと国連（UNDP）は，戦略的パートナーシップの構築に関する覚書に調印した。それは，開発協力の分野において，とくにガバナンス，紛争予防，紛争後の国家再建を重点項目として，EUとUNDPが，あらゆるレベルにおいて期限を限定することなく協力関係を推し進める旨を確認するものであった。

　2006年，EUと国連は，可視化に向けた共同行動計画（Joint Action Plan on Visibility）に調印した。それは，EU（欧州委員会）と国連の開発協力の分野における共同プロジェクトの推進にあたり，コミュニケーションをより緊密にし，かつその可視性（visibility）を強化しようとするものであった。その背景には，次のような共通認識が存在した。①開発協力の現場，およびアジェンダを多数共有する国連と欧州委員会は，ナチュラル・パートナーである。②国連は，欧州委員会を重要な戦略的パートナーとして，また主要なドナーとして重視する。③国際援助機関との共同プロジェクトの推進は，高度に政治的な判断に基づくものであり，トランザクション・コストの軽減や効果的な援助の実施等のメリットが期待される。④共同プロジェクトの推進により，欧州委員会の貢献（存在感）が希薄になってはならない。⑤欧州委員会は，国連の開発協力の分野における調整能力を高く評価する。また欧州委員会は，高度にセンシティブあるいは不安定な状況のもとで必要とされる正当性（legitimacy）を国連が保持することを高く評価する。

3　バランス・シート

　2007年，在ブリュッセル国連チーム（United Nations Team in Brussels）は，「国連とEUとのパートナーシップ」（*The Partnership between the UN and the EU*）と題する年次報告書を創刊した。それは，国連が3つの中核的課題――開発，人権，平和と安全――を追求するうえでの不可欠なパートナー（Essential Partner）としてEUを位置づけ，特に開発協力および人道支援の分野における活動実績に絞り込んで，EUとのパートナーシップの進捗状況を明らかにしようとするものであった。同報告書は，順調に回を重ね，2010年の活動実績を総括した第6次年次報告書では，アシュトン初代EU外務・安全保障政策上級代表がメッセージを寄せ，「EUは，国連との強固なパートナーシップの確立に全面的にコミットしている。われわれは，こんにちの緊急かつ複雑なグローバル・イシューを解決するためには，実効的な多国間主義が不可欠であると強く確信している」と，国連とのパートナーシップの推進に強い決意を表明した。

　このような熱いエールの交換。もちろんその背後に互恵的パートナーシップ（Mutually Beneficial Partnership）あるいは相互補完的関係（Complementary Relationship）というレトリック（美辞麗句）により糊塗（コーティング）された，冷徹なバランス・シート（損得勘定）が存在することは言うまでもない。

　2008年，欧州委員会の委託のもとにベルギーの民間調査機関が，①1999年から2006年にかけて，②欧州委員会が，国連システムを経由して行った開発協力・人道支援（総計1688件，総額50億ユーロ）を対象に行った事後評価では，とりわけ現場レベルにおけるEU-UNパートナーシップの効用が高く評価されたうえで，次のように，EUおよび国連の双方にとってパートナーシップのもたらす具体的メリットが列挙された。

EUにとって国連とのパートナーシップがもたらすメリット
　①国連は，公平性（impartiality）および正当性（legitimacy）を具現しており，EUが単独では実施困難なセンシティブな領域（和平協定の締結，紛争後の国家再建に向けた選挙の実施，法の支配の実現等）に対する支援が可能となった。②難民問題に代表されるように，国連はいくつかの分野においては，強制力を持つ独自の規範を構築している。したがってEUにとって国連との協働は，より実効的な政策展開を担保するものである。③国連は，保健衛生の分野に象徴される

ように，広範囲にわたり専門的かつ実践的な人材とノウハウを蓄積している。したがってEUにとって国連との協働は，技術移転等，様々なスピンオフ効果をもたらす。④国連は，世界170カ国余に活動拠点を確保しており，カウンターパートとなる国家（政府）との間に特権的な地位を認められている。したがって国連との協働は，EU単独では活動することが不可能あるいは極めて困難な地域（ソマリアやイラク等）における活動を可能とした。⑤国連との協働により，EUは，カウンターパートとのより緊密かつ広範な対話の推進，ひいてはカウンターパートに対するEUの影響力強化が可能となった。

国連にとってEUとのパートナーシップがもたらすメリット
　①EUの支援により，国連は，グローバル・ガバナンス構築に向け，より大きな力を獲得した。とりわけ，緊急支援や紛争後の国家再建支援におけるEUの支援は，国連の迅速な活動を可能とした。②EUが国連主導による開発協力・人道支援に積極的にコミットすることにより，援助のトランザクション・コストは大幅に削減され，被援助国における援助の効率的運用が可能となった。③EUは，国際社会の関心から忘れ去られた危機（Forgotten Crises）に対する支援の継続を最重点課題としている。したがってEUとの協働は，国連にとって，国際社会から見捨てられた地域に対する息の長い支援を可能としている。④EUは，EU加盟国が蓄積してきた人材やノウハウを大量に保持しており，とりわけ紛争後あるいは自然災害後の国家再建の分野において，EUは，国連および世界銀行に対して多大の貢献をしている。⑤EUが独自に展開した諸スキームは，国連の3本柱（安全と平和，人権，開発）の効果的かつ包括的な実現に大きく寄与している。

4　スーパー・オブザーバーの行方

　2010年8月，アシュトンEU外務・安全保障上級代表は，パン・ギムン国連

事務総長に書簡を送り，EUが国連の活動に多大の貢献をしている（直接的には，パキスタンに対する洪水支援）にもかかわらず，EUには国連（総会）での発言権が認められていないという事実に注意を喚起し，可及的速やかにEUに対して発言権を認めるよう要請した。言うまでもなくそれは，リスボン条約の発効により，EUを対外的に代表する2つのポスト（欧州理事会常任議長とEU外務・安全保障上級代表）が新設されたことを反映するものであった。

2011年5月，国連総会は，EUに特別のオブザーバー資格（Enhanced Observer Status）を付与する決議を採択した（賛成：180，反対：0，棄権：2）。それは，EUに対してのみ〈発言，一般討議への参加，文書の提出等〉，他のオブザーバーには認められない特別の優遇措置（特権）を付与するものであった。こうしてEUは，国連（総会）においてスーパー・オブザーバーの地位を獲得したのである。

それではこれを一大転機として，EU-UNパートナーシップは，新たな段階へと移行するのであろうか。少なくとも短期的には，答えは否である。というのもEUのスーパー・オブザーバー資格の獲得は，1974年以来の悲願がようやく実現したものであり，決してEU外交の成果として誇りうるものではなかったからである。それは国際社会において，とりわけ国際組織において，EUが自己の存在を公式に認知させることに成功した（事実上）はじめてのケースであり，これから続くことが予想される長く厳しい外交ドラマの幕開けでしかなかった。そもそも，2011年5月決議の採択は，2010年9月に挫折した試みの再挑戦の結果であり，リターン・マッチの成功に向けてEUは，開発途上国に対して屈辱的ともいえる外交努力を余儀なくされたのである。またEUが国連総会において特権的地位を付与されることに対しては，CARICOM（カリブ共同体）等の地域統合体は強く反発し，政府間国際組織としての国連の質的変容に強い懸念を表明した。しかし事態はそれにとどまらなかった。これら地域統合体は，それとは裏腹に，EUを先例として，自らに同等の地位を付与することを強硬に主張したのである。

第 10 章　地域機構との協力

　EU に対するスーパー・オブザーバー資格付与を報じた国連プレス・リリースが，"European bloc" という言葉で EU を表現したことに象徴的に示されるように，国際社会は，EU を独自の国際行動主体として公式に認知するまでには至っていない。またイギリスおよびフランスが，安全保障理事会において保持する常任理事国のポストを EU に移譲するというシナリオは，欧州議会は例外として，EU においては絵空事として考えられている。その意味では，EU-UN パートナーシップの発展に無条件でバラ色の未来像を描くことは現実的ではない。ともあれ当面の課題は，国連事務総長を中心として動き始めたミレニアム開発目標に続く新たな開発目標――post-2015――の策定に EU がどのようなかたちでコミットしうるか？　それこそが新しいグローバル・アクターとしての EU の今後を占う試金石といえよう。

参考文献
田中俊郎他『EU の国際政治』慶応義塾大学出版会，2007年。
中西優美子『EU 法』新世社，2012年。
大隈宏「EU 開発協力政策と PCD アジェンダ」『法学新報』第117巻11・12号，2011年。
ブトロス・ブトロス=ガーリ『平和への課題（第2版）』国際連合広報センター，1995年。
European Union@United Nations (http://www.eu-un.europa.eu/)
UNRIC (Liaison Office in Germany), *How the European Union and the United Nations cooperate*, Bonn, 2007.
United Nations System in Brussels, *The Partnership between the UN and the EU: the United Nations and the European Commission working together in Development and Humanitarian Cooperation*, Brussels, 2006.
United Nations System in Brussels, *Improving Lives: Results from the Partnership of the United Nations and the European Commission in 2006*, Brussels, 2007.
United Nations System in Brussels, *Renewing Hope, Rebuilding Lives: Partnership between the United Nations and the European Commission in Post-*

Crisis Recovery, Brussels, 2009.

United Nations System in Brussels, *Improving Lives: Partnership between the United Nations and the European Union in 2010*, Brussels, 2011.

Commission of the European Communities, Communication from the Commission to the Council and the European Parliament, *Building an Effective Partnership with the United Nations in the Field of Development and Humanitarian Affairs*, COM/2001/0231 final, 2003.

Commission of the European Communities, Communication from the Commission to the Council and the European Parliament, *The European Union and the United Nations: The Choice of Multilateralism*, COM (2003) 526 final, 2003.

Wouters, J. et al., eds., *The United Nations and the European Union: An Ever Stronger Partnership*, T. M. C. Asser press, 2006.

Wouters, J. et al., "The Status of the European Union at the United Nations after the General Assembly Resolution of 3 May 2011," *Global Governance Opinions* July 2011, Leuven: Leuven Centre for Global Governance Studies, 2011.

第11章

加盟国の国連政策と IMF 体制への対応

滝 田 賢 治

── この章で学ぶこと ──────────────────────

　本章では最初に，アメリカが「国際社会」や国際組織に対して抱いている認識や感情をアメリカ史の文脈の中で確認しつつ，アメリカが国連設立に果たした役割を検証する。第2に，国連と並行して設立のための議論が行われ実現したブレトンウッズ体制と GATT 体制について概観する。これらは経済ナショナリズムが第2次世界大戦に結びついたという連合国の反省の上に設立されたものであり，現在数多くある国連諸機関のなかでも経済的観点からの平和維持に不可欠の組織である。第3に，冷戦期のアメリカの国連政策と IMF・世界銀行への対応を検証する。脱植民地化の動きが加速し，国連加盟国や IMF・世界銀行加盟国が急増して，米ソ冷戦のなかで非同盟諸国が自己主張し始めた状況にアメリカが，国連と IMF・世界銀行を舞台にどのような対応をしたのかを概観する。第4に，アメリカ主導の連合国に打倒された日本が，サンフランシスコ講和後国連加盟を果たし，国連重視を外交の柱の1つとした経緯を概観したうえで，日米同盟の下での日本の国連政策の実態を検討する。第5に，冷戦終結により「発見された」地球的問題群──地域紛争，地球環境，対人地雷，国際刑事裁判など──の解決に国連加盟国が協調的傾向を強めるなかで，日米がどのような対応を取ったのかを比較検討する。最後にさらに9・11テロ以降，「テロとの戦い」で中露と協調したアメリカが，単独主義的傾向を強めた背景をアメリカ政治思想の文脈の中で再検討した上で，21世紀に向けて国際社会に突き付けられた課題に日米がどのように対応してきたのか，また今後どのように対応していくのかを確認する。

第Ⅲ部　グローバル・ガバナンスにおける国連システム

1　アメリカと国際組織

国際社会に対するアメリカ人の心情

　アメリカには歴史的に醸成された孤立主義メンタリティと，他の国とは異なる例外的な国家であるという国民的心情――アレクシス・ド・トクヴィルが『アメリカの民主主義』で指摘したアメリカ例外主義――が強固に存在している。しかし19世紀末から20世紀初頭以降のアメリカ資本主義の飛躍的発展により海外市場を拡大する必要が出てきたため，必要以上の対外的関与は行うべきではないという孤立主義的政策を支持するグループに対して，アメリカ経済発展のためにも，世界を「自由かつ民主的で安全な」場所にするためにも対外的関与を維持・推進していくべきであるという国際主義を支持するグループが対立してきた。この国際主義の立場をとるグループの人々も，ただ単純に国際社会の多数派の意見に同調していくべきであると主張するのではなく，アメリカは例外的な国家であるので，アメリカの国益にかなう場合を除いて，アメリカは国際法や国際組織の決定に拘束されるものではないという外交姿勢をとることになる（シーモア・リップセット『アメリカ例外論――日欧とも異なる超大国の論理とは』明石書店，1999年）。この対立の構図は2012年のアメリカ大統領選挙でも見られたものである。

　第1次世界大戦が終結した時，アメリカのウィルソン大統領は平和維持組織としての国際連盟の設立を主導したが，アメリカがこれに参加するかどうかをめぐり議会・国民世論は分裂し，アメリカ自体が連盟に参加することに失敗したのである。それはウィルソンの議会対策の不手際のためでもあり，建国の父たちの教えに背いてヨーロッパの戦争に参加し多数のアメリカ将兵を犠牲にしたためでもあったが，より根本的には，アメリカ人の生命と財産を他国に委ねることへの根本的な不信感が，アメリカ国民の間に根強く存在していたからである。

第 11 章　加盟国の国連政策と IMF 体制への対応

平和維持機構創設に対するアメリカの思い

ウィルソンの失敗を身近で見ていた F. D. ルーズベルト大統領は，第 2 次世界大戦中から平和維持機構としての国連設立に向け慎重に準備を進めていった。1941年12月，日本の真珠湾奇襲攻撃によって第 2 次世界大戦に参戦したアメリカには，この戦争発生に関してある種の後ろめたさがあった。それは議会内外の反対により国際連盟への参加に失敗し，1930年代，日独伊が周辺地域に軍事侵略を進めているときにさえ孤立主義政策を堅持し，結局は膨大な数の犠牲者——最終的には4300万人——を生み出す人類史上最大の惨禍を引き起こしてしまったという後悔の念である。今まさに生み出されつつある深刻な惨禍と後悔の念によって，アメリカは戦後世界秩序形成に貢献すべきであるという国際主義的主張が議会内外で強まっていったのである。議会内外の抵抗にあいつつも，次項で概観するように平和維持機構としての国連設立に向けた外交努力を戦時外交として展開しつつ，この大戦争の原因をめぐる議論もルーズベルト政権内部では早くから行われていた。結論的に言えば，1930年代のブロック化を大戦の原因と認識し，国際的な決済通貨制度の確立と自由貿易体制の構築について，平和維持機構の設立と並行して議論していったのである。すなわち，国連創設のための議論や会議と並行して，戦後の国際通貨体制や国際自由貿易体制を確立するための議論もアメリカは主導していったのである。

国連創設に向けたアメリカのリーダーシップ

ナチスドイツによる侵略戦争がヨーロッパ全土に拡大しつつあった1941年 8 月，ルーズベルト大統領とイギリスのチャーチル首相は大西洋憲章を発表して，国際連盟に代わる新しい国際平和維持組織を設立する方針を発表した。米英首脳のケベック会談（1943年 7 月），米英ソのモスクワ外相会談（1943年10月，発表されたモスクワ宣言には中国も署名），米英ソ首脳のテヘラン会談（1943年11～12月）での議論を踏まえ，米英ソ中のダンバートン・オークス会議（1944年 8 ～10月）では「モスクワ宣言」（『一般的安全保障に関する 4 カ国宣言』）を基礎に協議

を繰り返し,「一般的国際機構設立のための提案」(「ダンバートン・オークス提案」) を発表し, これを国連憲章の基礎としたのである。

その後の国連を考察する上で注目すべきは, この提案のなかの次の3点であろう。第1に, 設立される国際機構は主権平等の原則を基礎とし, 平和愛好国家に加盟資格があることを大前提として枢軸国を排除したこと, 第2に, 安全保障に関する決定には安全保障理事会の常任理事国である大国の一致を必要とすること, 第3に, この機構は地域的な協定や機構を認めて地域紛争を平和的に解決することを奨励していたが, 基本的には普遍主義を原則としていたので, 安保理の許可のない地域的協定に基づく強制行動を無条件に禁止していたこと。

このダンバートン・オークス提案は, 翌年2月開催された米英ソ3カ国首脳によるヤルタ会談で修正され, 同年4〜6月の国連憲章制定会議 (サンフランシスコ会議) に参加した50カ国代表が最終日の6月26日に調印し, 国連は正式に発足したのである (この時点で, ポーランドは政府が確立していなかったので招聘されなかったが, のちに政府成立後調印したため,「憲章調印国」は51カ国となった)。条約締結権を有するアメリカ上院は, 1945年7月28日, 89対2の圧倒的多数で国連憲章を承認し, 10月24日には国連成立に必要な5大国を含む29カ国の批准を得て正式に成立したのである。アメリカ人の運命を国際社会に委ねることになることに対して, 相変わらず強い反対論があったものの, 上院で圧倒的な賛成を得たのは, アメリカ国民が人類未曾有の大惨害を目の当たりにしたからであった。

2 　国連と IMF/GATT 体制

第2章で詳しく検討したように, 国連は設立後, 国際社会のニーズに合わせ様々な組織新設し巨大な機構に肥大化していくことになるが, 国連設立とほぼ同じ頃, 経済的観点からの平和維持を目的として設立が議論され成立した枠組みが, ①国際通貨基金 (International Monetary Fund; IMF) と世界銀行 (正式に

第11章　加盟国の国連政策とIMF体制への対応

は国際復興開発銀行：International Bank for Reconstruction and Development; IBRD）から構成されるブレトンウッズ体制と②GATT体制であった。平和維持組織としての国連設立と，国際的な自由貿易体制の確立は相互補完的な関係として生まれたといえる。国連が正式に発足した2年後の1947年3月に，IMF・世界銀行は国連と協定を締結し，国連の専門機関となり，GATTは，国連の支援を受け1948年1月発足した。

ブレトンウッズ体制（IMF体制）とアメリカ

　第2次世界大戦を連合国の側で実質的に主導していたアメリカは，貿易・為替管理による世界経済のブロック化と為替平価切下げ競争が，世界経済を極度に不安定化させ，結局は第2次世界大戦につながったと反省し，国際協調を前提とした国際通貨体制を再構築するとともに，為替相場を安定させることを前提に自由貿易を拡大することを目指すようになった。連合国が勝利する可能性が高まりつつあった1944年7月，アメリカ東北部のニューハンプシャー州ブレトンウッズに連合国44カ国が集まり，連合国通貨金融会議（通称「ブレトンウッズ会議」）で戦後の国際通貨体制の枠組みを議論し，設立したのがブレトンウッズ体制である。この会議ではアメリカとイギリスの案が対立したが，現実に第2次世界大戦を主導し，世界最大の金保有国——2度の世界大戦で世界の金の大半がアメリカに集中した——で，その金に基礎を置くドルで（国内法により純金1オンス＝35米ドルで交換）戦後に予測される外貨不足を救済できるという自信を持っていたアメリカは，戦後復興資金をアメリカに依存せざるを得ない国々から支持を得て，アメリカ主導のブレトンウッズ協定を成立させたのである。

　ブレトンウッズ体制は，①為替相場が不安定化して世界経済が混乱するのを防ぐため固定相場制を採用し，協定では明文化されてはいなかったが，アメリカは加盟国に対して純金1オンス＝35米ドル（1米ドル＝純金約0.888g）で交換することを保証することが自明のことと加盟国では理解されていた。また②加

盟国は，「金」または「金との交換が保証されるドル」によって自国通貨の交換比率（＝IMF平価）を定め，③自国通貨の為替相場をIMF平価の上下1％の変動幅に釘づけする義務を負った。そして④国際収支に「基礎的不均衡」が生じた場合には，IMF理事会の承認を前提に平価の変更が認められた。また⑤加盟国の経常赤字が恒常化した場合——国際収支の不均衡が恒常化した場合——，固定相場制を維持するために，IMFがその解消のために必要な短期資金を供給し，経済復興や経済成長のための長期資金を世界銀行が提供することになった。

しかし，IMF体制には根本的な2つの問題点が当初から存在していた。第1に，ドルを基軸通貨とする金為替本位制であったため，ドルはアメリカ政府が公的に保有する金の保有量に制約を受けることになる運命であった。第2に，平価との差が上下1％だけ調整可能な釘づけ相場という固定相場制であったため，加盟国通貨当局は為替市場に介入してその変動幅を維持する義務があり，国際収支の黒字あるいは赤字が定着すると，その国の外貨保有が一方的に増加するか減少して為替投機が一方的に生まれて国際通貨不安が生まれやすくなる。後に検討することになるが，1960年代にこの問題が顕在化することになる。

GATT体制とアメリカ

一方，GATTは，本来的には1947年10月に採択され48年1月に発効した「関税と貿易に関する一般協定」という条約を指すが，これに基づいて設立されるはずの国際貿易機関（International Trade Organization; ITO）がアメリカ議会の反対により流産したため，この条約適用国の会議体である締約国団が事実上の国際組織としてのGATTをアメリカが主導しつつ総会・理事会・事務局などにより機能させた。第2次世界大戦後，アメリカは自由貿易体制を推進しようとし自国通貨であるドルを国際決済通貨にしたが，各国が関税を引き下げなければ，その効果は生まれない。金に裏づけられたドルを国際的に流通させるばかりでなく，各国が他国に対する貿易障壁を低下させることが不可欠であ

った。そこでアメリカが主導して，GATT は「自由・無差別・多角的」を大原則として世界貿易を拡大することを目指したのである。この場合，「自由」とは，関税引き下げや非関税障壁の撤廃を意味し，「無差別」とはある加盟国に与えた有利な待遇は，他のすべての加盟国にも与えるという最恵国待遇のことであり，「多角的」とは，2 国間ではなく多国間の交渉により貿易問題を解決する「ラウンド交渉」を意味している。

3　冷戦期アメリカの国連政策と IMF 体制

国連の機能不全化

　アメリカ上院での圧倒的賛成を背景にアメリカは国連設立に主導的役割を果たし，国連は成立したが，1947年ごろから米ソ間に冷戦状況が生まれ，国連も冷戦の「戦場」となっていった。当初から国連を混乱させたのは，新規加盟国問題であり，米ソ双方が，相手国の勢力圏に組み込まれていると認識した国家の新規加盟に反対した。アメリカはアルバニアとモンゴルの加盟に反対し，ソ連はアイルランド，ポルトガル，ヨルダンの加盟に反対した。その結果，1953年までに21カ国の加盟申請が保留され，50年代中葉，米ソが「雪解け」の時代を迎えるまでにソ連はこの問題で拒否権を行使し続けた。国連創設以来，安保理で行使された最初の100回の拒否権のうち実に51がソ連によって新規加盟阻止のために行使されたのである。

　しかしそれ以上に創設期の国連にとって最大の試練は，朝鮮戦争の勃発であった。1950年6月25日，朝鮮戦争が勃発した時，中国代表権が新たに成立した中国（北京政府）に与えられないことに抗議してソ連の国連大使が安保理を欠席していたため，北朝鮮を侵略者と断じて38度線以北へ撤兵すべきであるというアメリカ提出の決議案が安保理で採択されてしまった。ソ連代表が国連に戻ってきた時アメリカは，拒否権発動によって安保理が平和維持という任務を果たせなくなった場合，24時間以内に国連総会が平和維持のための問題を取り上

げることができる「平和のための結集決議」(アチソン・プラン)を総会に働きかけ成立させたのである。この過程で総会は，北朝鮮側に立って戦争に参加した中国(北京政府)を侵略者とする非難決議を採択し，ソ連と同盟関係にあった中国(北京政府)に中国代表権を与える決議を否決したのである。こうして国連は米ソ冷戦の「戦場」の1つとなり，とくにソ連が拒否権を乱発して，平和維持組織としての国連は当初期待されたほどには機能しなかった。

脱植民地化とアメリカの国連政策の変化

1950年代後半から60年代にかけ，脱植民地化の動きが活発になってアジア・アフリカ地域の多くの国々が大量に国連に加盟した結果，南北対立が先鋭化した。その結果，今度はアメリカをはじめ英仏などが拒否権を行使し始め，アメリカが平和維持費の通常分担率以上の支払いを拒否したりするようになり，国連は紛争解決機能を十分に発揮できなかった。1960年代前半からソ連の方が国連総会多数派と合意する事例が多くなり，アメリカが合意調達に失敗するようになった(カレン・A. ミングスト，マーガレット・P. カーンズ『ポスト冷戦時代の国連』世界思想社，1996年)。その典型的事例が1970年11月の中国代表権問題の「失敗」であった。国連総会で多数派を形成していたアメリカは，1960年までは中国代表権問題を棚上げする決議を採決させることができたが，アジア・アフリカ諸国の加盟により中国(北京政府)に同情的な加盟国が増加したため，1961年から1970年までは「中国の代表権を変更する提案は成立に3分の2の多数を要する重要事項である」とする「重要事項方式」により妥協を図った。しかし1970年11月の国連総会では「中国(北京政府)招聘，国民政府追放」決議が初めて過半数を占めるに至り，アメリカのニクソン政権は政策転換を余儀なくされた。1971年7月15日，ニクソン大統領は翌年2月の中国訪問を発表して世界を驚愕させ，8月2日には中国の国連加盟を歓迎する意向を示した。中国代表権問題では大転換を図ったアメリカではあったが，最大の国連分担金負担国であるにもかかわらず，アメリカの意向に反する動きが強まることに対して

第11章　加盟国の国連政策とIMF体制への対応

議会内外では批判が高まり，アメリカは70年代後半から80年代前半の新冷戦期までに37回も拒否権を行使するようになった。60年代中葉から80年代中葉までの20年間で，ソ連は拒否権を18回行使したのに対し，アメリカは49回も行使し，ソ連の2.5倍以上となっている。ここにはアメリカの国連に対する苛立ちが反映されている（ミングスト，カーンズ 1996）。

アメリカの覇権性の低下とブレトンウッズ体制

　アメリカが主導して設立した国連においてアメリカの影響力が低下し拒否権を乱発するようになった背景には，既述したようにアジア・アフリカ諸国が加盟国となり自己主張を強めたという要因もあるが，アメリカが冷戦を戦うために経済力を消耗し，基軸通貨であるドルの影響力が低下したという要因も見逃せない。核兵力・通常兵力を強化しつつ同盟国への経済・軍事援助を行い，さらには1960年代にはヴェトナム戦争を激化させた。この過程でアメリカは「ドルの散布」（ドルの垂れ流し）を行い国際収支が恒常的に赤字となり，60年代以降，「ドル不安」が徐々に発生した。1940年代後半から50年代にアメリカが対外的に供給したドル（短期ドル債務）の累積額はアメリカが保有する金準備額の範囲であったためドルへの信認は強かったが，ドル債務が金準備額を超えた1960年前後からドル不安が発生したのである。ドルを基軸通貨とするブレトンウッズ体制の下では，アメリカは対外支払いを自国通貨であるドルで決済することができたが（基軸通貨国特権＝シニョレッジ），アメリカ以外の国は輸出などで獲得した外国通貨であるドルで対外支払いをせざるを得ないというこの体制に特有の非対称性が存在していた。この非対称性の下で，国際収支赤字に苦しむアメリカは，ドル防衛策（＝ドルの切り下げ）を行わず，同盟国を中心とした黒字国が対策を取るべきであると主張したため，脱植民地化で独立した国々ばかりでなくアメリカの同盟国にとっても不満が高まっていった。国際的に高まるドルへの不信任に対して，ニクソン大統領は1971年8月15日，金とドルの交換停止を発表した。アメリカ主導の下で国連創設といわばワンセットで構築さ

れたブレトンウッズ体制は事実上崩壊することになった。国際通貨体制は1973年以降，変動相場制に移行していくが，ドルに代わる制度・通貨は存在しないため，変動相場制度の下でドルが事実上の国際決済通貨として機能しているものの，「海図なき航海」状態の中で国際金融は不安定化していった。

4　冷戦期日本の国連政策と IMF 体制への対応

敗戦国日本の国連・IMF 加盟

　日本はアメリカ中心の連合国による6年間（条約発効までは6年8カ月）の占領を経て，1951年9月，サンフランシスコ講和条約と日米安全保障条約に調印した。講和条約前文で，「国連への加盟を申請し且つあらゆる場合に国連憲章の原則を順守する」ことを宣言した日本は，両条約が発効した（52年4月）直後に国連加盟を申請し，国連安保理の10カ国は賛成したがソ連が拒否権を行使したため加盟は実現しなかった。それは激しさを増しつつあった米ソ冷戦の中で，日ソが戦争を終結させた証である講和条約を締結していなかったからである。日本は国連加盟を実現できないまま，国際司法裁判所（ICJ），国際労働機関（ILO），世界保健機関（WHO）をはじめ，IMF・世界銀行やGATTへ加盟し，国際社会への関与を強めていった。その後，日本はソ連と国交回復交渉を進め，56年10月19日，日ソ国交回復共同宣言に調印した――日本は，ソ連およびソ連の後継国家であるロシアともいまだ講和条約を締結していない奇妙な関係にある――ことにより，同年12月18日，国連総会は全会一致で日本の加盟を承認し，日本は80番目の国連加盟国となった。

　国連加盟した翌年の1957年，最初の外交青書『わが外交の近況』で，「世界平和確保のための」外交活動の基調をなすものは，①国連中心主義，②自由主義諸国との協調，③アジア重視主義，の3原則であると強調したが，日本の国連中心主義の具体例が諸外国によって認識・評価されているとは言い難い。自由主義諸国との協調という原則も，日米関係重視と読み替えるべきものであり，

第 11 章 加盟国の国連政策と IMF 体制への対応

アジア重視主義も政府開発援助（ODA）と引き換えに安保理非常任理事国入りをするための集票活動であるという批判も少なくない。常任理事国入りに日本がこだわる理由について国連大使を務めた波多野敬雄は，「日本が世界の政治大国として認められるためばかりでなく，日本が参加していない安保理は信頼性に欠けるものである」（『世界』第577号）からであると強調している。しかし波多野大使より以前に国連大使を務めた斉藤鎮雄は，「日本はどの委員会にも出て小国の活動の機会を奪っている，という声を選挙のたびに聞いた」（臼井久和「国連と日本」参考文献1）と，同じ外交官でも全く逆の認識を示している。少なくとも冷戦期には，日米同盟関係を前提とした，対米従属と言って強すぎるならば，対米協調の側面が強すぎるという評価の方が一般的であろう。

IMF・GATT 体制への対応

　日本が周辺地域に侵略戦争を行った背景には様々な要因・理由があるが，そのうち最も重要なものが経済的要因であった，というのが戦後日本の指導者ばかりでなくアメリカの認識でもあった。日本を米ソ冷戦の最前線と位置づけたアメリカは，経済復興のために経済援助を行うばかりでなく，日本を国際的な自由経済体制に組み込むことによって日本経済を再建し，それがアメリカ経済にも貢献できるようにすることを期待した。講和条約と日米安保条約が発効した後の1952年8月13日，日本はアメリカの強い支援の下に IMF 体制（IMF と世界銀行）に52番目の加盟国として加盟を承認され，両組織に対して2億5000万ドルを拠出したが，その出資額は52カ国中9位であった。また GATT 加盟を目指し，1952年から交渉を進めたが，イギリスをはじめ西欧諸国が，安価な日本製品により市場が攪乱されることを危惧して加盟に反対し続けた。しかし朝鮮戦争という熱戦もともなう米ソ冷戦が激化するなかで，アメリカが日本の加盟を強く支持し，日本と西欧諸国は GATT 不適用国とする妥協を行い，1955年9月，日本は GATT に加盟した。そして1963年2月には，「国際収支を理由とする輸入制限ができない国」という扱いの GATT・11条国に移行し

た。国連を中心とした国際諸機関への加盟と，IMF・GATT両体制への参加は，その後の日本の経済発展に大きく貢献したばかりでなく，国連分担金やIMFへの日本の出資比率の増大を可能にしたのである。

5　冷戦終結と日米の国連政策

冷戦後の世界とアメリカの国連政策

　冷戦が終結し，地球的問題群が「発見され」，日米を含む国連加盟国はこの問題群の解決に対応を迫られたため，国連総会ではこの問題群への対応をめぐり議論が活発化するとともに，安保理でも拒否権行使が減少し（表11-1），国連は相対的に機能を回復していった。

　冷戦期のアメリカでは，反共主義者達は国連を容共主義の温床と批判し，伝統的な孤立主義者や新孤立主義者は，その規模は必ずしも大きくなかったものの，国連を汚れた権力政治の巣窟と非難し，保守本流は国連への関与はアメリカの主権が侵害されることになると警戒した。民主党リベラルからの転向組を中心とした新保守主義者（ネオコンサーヴァティヴ）は，解体した反共主義者の一部も巻き込みながら，国連を中心とした多国間主義ではなく，力による自由民主主義的諸価値の実現を主張したのである。冷戦終結期の政権であったブッシュSr.政権は，1990年8月，イラクのクウェート侵攻によって引き起こされた湾岸危機に対して，冷戦後に打ち立てられるべき新世界秩序を「国際法が遵守され，国連が尊重される世界」と定義して，国連安保理と総会で合意調達に努めて中ソに拒否権を行使させることなく——中国には棄権を誘導した——，安保理決議678を成立させた。この決議を根拠に，アメリカ主導の多国籍軍を指揮して湾岸戦争に圧勝したのであった。レーガン共和党政権で副大統領であったブッシュSr.が国際主義的姿勢を取ったことは，かつての反共主義者やネオコンにとっては「裏切り」と映ったのである。彼らにとっては「裏切り」であったが，冷戦後の地球的問題群を国連を中心に解決していくためには，多国

第 11 章　加盟国の国連政策と IMF 体制への対応

表 11 - 1　国連安保理における P5 の拒否権発動回数

1945〜1990年（45年）	ソ　連	114
	アメリカ	69
	イギリス	30
	フランス	18
	中　国（1971年以降）	3
	合　計	234（年平均5.2回）*
1991〜2001年（10年）	合　計	32（年平均3.2回）*

（注）　＊は筆者の加筆。
（出典）　Jurgen Ruland, Theodor Hamf, and Eva Manske, ed., "U.S. Foreign Policy toward the Third World", M. E. Sharpe, 2006, p. 14.

間主義を重視せざるを得なかった。1992年リオサミット（環境と開発に関する国連会合）にブッシュ Sr. 大統領が出席することにもネオコンや保守派は反対したのであるが，ブッシュ大統領は出席を決断し，気候変動枠組条約（FCCC），生物多様性条約（CBD）という「双子の条約」成立に貢献したのである。70年代初頭に，金とドルの交換停止に追い込まれるほど経済・財政が逼迫――財政赤字と貿易赤字の「双子の赤字」に苦しんでいた――していたアメリカが，50〜60年代のように単独で外交課題に対応しようとすると更なる財政的困難に直面することは明白であった。

　ブッシュ Sr. の再選を阻止して成立したクリントン民主党政権は，「積極的多国間主義」（M. オルブライト）や「関与・拡大政策」（A. レイク）を採用して多国間主義を重視した外交政策を採用した。否，採用せざるを得なかったのである。ブッシュ Sr. 共和党政権とクリントン民主党政権の姿勢を反映して，冷戦終結後，アメリカは安保理で拒否権を行使することはなく，総会多数派との合意も90年を底に反転して増加していった（ミングスト，カーンズ 1996）。その結果，冷戦終結を契機に増加した地域紛争に対して，安保理が多くの平和維持活動（PKO）に合意を形成しえたのである。

　国連分担金も払っていない国々（＝フリーライダー）のために，アメリカの財

政的・物的・人的資源が「浪費」され，アメリカの国土やアメリカ人の生命・財産が脅かされると保守派やネオコンは，クリントン政権の多国間主義的外交を激しく批判したのである。事実，世界貿易センタービル地下駐車場爆破事件，イエメン沖でのアメリカ・イージス艦爆破事件，ケニア・ナイロビのアメリカ大使館爆破事件が続発し，これに効果的対応を取りえなかったクリントン民主党政権への批判を強めたのである。

9・11テロと単独主義外交

2001年1月成立したブッシュ Jr. 共和党政権では，多くのネオコンが要職に就き，前政権の多国間主義的外交を否定する決定を次々に行っていった。前政権のゴア副大統領が尽力して最終的に成立させた京都議定書（1997年12月，92年のFCCCを具体化するためのもの）から離脱し，対人地雷全面禁止条約や生物兵器禁止条約への署名を拒否し，署名はしていた包括的核実験禁止条約（CTBT）の批准を議会に求めない姿勢を堅持し，国際刑事裁判所（ICC）設立条約への署名を撤回し，世界人種差別撤廃会議には代表を送らなかった。

9・11テロ以降，テロへの対応に関してはアメリカは国連での「承認」を取る努力をしつつ，結果的には単独主義的傾向を強めていった。国内少数民族の分離運動を弾圧してきたロシアや中国とも「国際反テロ戦線」を組みつつ，国際的承認を取り付けアフガニスタンへの介入を進めていったのである。9・11テロはアフガニスタンのタリバン政権に保護されているオサマ・ビン＝ラディンを指導者とする国際テロ組織アルカイーダによって実行されたと断じたブッシュ Jr. 政権は，タリバン政権がその引き渡しを拒否するや，NATO加盟諸国とともに有志連合を結成して集団的自衛権の発動としてアフガニスタン攻撃を開始した。この際，アメリカを中心とする有志連合諸国は国連安保理決議1368号により個別的または集団的自衛権の発動を国連に認めさせることに成功していたのである。さらにボン合意（2001年12月5日）に基づく国連安保理決議1386号を根拠にして国際治安支援部隊（International Security Assistance Force;

第11章　加盟国の国連政策とIMF体制への対応

ISAF）を成立させたが、これは湾岸戦争における安保理決議678号と同様、国連憲章第7章（軍事的強制措置）に基づき、国連がNATOを中心とした有志国連合（＝多国籍軍）の活動を承認した形になっている。9・11テロの衝撃を背景にアメリカのブッシュ政権は、いわば国際的承認を得てアフガニスタン攻撃を開始したのであるが、同政権にとってはこの慎重な手続は例外的ともいえるものであった。

　アメリカ2002年1月の一般教書演説でブッシュJr.大統領は、イラン・イラク・北朝鮮を、大量破壊兵器を開発・所有して世界に深刻な脅威を与えている「悪の枢軸」と断じた。さらに9月には「必要に迫られれば、先制攻撃で自国を防衛するために単独行動もためらわない」とのブッシュ・ドクトリンを発表するに至った。ケネディ、ジョンソン政権の外交顧問を務めた歴史学者のアーサー・ジュレンジンジャーは、「予防戦争や先制攻撃は日本がパール・ハーバーでやったことであり、アメリカ人の考えとは相容れない」と激しく批判した。こうした先制攻撃批判をかわすために、ブッシュJr.大統領は、イラクのサダム・フセイン政権がアルカイーダと密接な関係があり、大量破壊兵器を保有しさらに開発しつつあるとの理由により、国連安保理で「イラクに対し、期限付きで大量破壊兵器の査察受け入れと廃棄を求める」決議（1441号）を満場一致で採択させることに成功した（2002年11月8日）。イラクは安保理決議を受諾したため（11月13日）、国連監視検証査察委員会がイラクが大量破壊兵器を保有・開発しているかどうかを検証するための査察活動を開始し、3回の査察報告を行った。しかしブッシュJr.政権は、査察報告に納得せず、湾岸戦争時の安保理決議678号と11月の1441号を根拠に、イギリスとともにイラク攻撃に踏み切ったのである。安保理常任理事国の仏中露3カ国とドイツなど多くの加盟国は、査察は機能しており継続すべきであると主張した。多くの国際法学者も、安保理決議678号は13年前のものであって根拠となりえず、1441号は「査察受け入れと大量破壊兵器の廃棄を求めたもの」であって攻撃を正当化しうるものではない、と激しく批判した。同年5月、ブッシュJr.政権は「大規模戦闘終結宣

言」を出したが，サダム・フセイン政権が大量破壊兵器を保有・開発している証拠は発見されず，ブッシュ Jr. 政権内部からも情報操作をした可能性が指摘されるなど，この戦争の正当性に深刻な疑念が生まれた。オバマ大統領は，2011年5月1日パキスタンに潜伏中のオサマ・ビン＝ラディンを特殊部隊が殺害したと発表し，その後，かねてからの公約通り，2011年12月14日にイラクに駐留するアメリカ軍を完全撤兵させた。アメリカが主導して設立した国連をブッシュ Jr. 大統領は「時代遅れの組織」と評したが，この認識が国連における慎重論を無視した結果につながったともいえる。

　国連傘下の組織ではないが，国連と密接な協力関係――国連地位協定：2004年7月24日発効――で設立された国際刑事裁判所（ICC）に対しても，アメリカは ICC が政治的に利用され，アメリカ国民が不利な扱いを受ける可能性があるという理由で ICC に反対している。この問題でもアメリカの単独主義的外交姿勢は顕著である。ICC は国連全権外交使節会議（1998年7月17日）で採択された ICC 規程（＝ローマ規程）に基づきハーグに設置された（2003年3月11日）が，この過程でクリントン政権は ICC 規程に署名はしたが（2000年12月31日），次のブッシュ Jr. 政権は署名を撤回（2002年5月6日）するという前代未聞の対応を行ったのである。

　ICC と同様，アメリカが加盟できなかった問題に国連海洋法条約があるが，中国による海洋覇権の動きが強まってきているのに対抗するため，この条約の批准に向けてオバマ政権は議会への働きかけを積極化させている。1982年に採択，94年に発効した国連海洋法条約は，160カ国近い国家が加盟しているが，アメリカはイラン，北朝鮮などとともに加盟していない。94年以降，クリントン，ブッシュ Jr.，オバマの各大統領は同条約の批准を支持し，上院外交委員会も批准を可決してきたが，共和党保守派の一部が強硬に反対してきたため批准には至っていない。共和党保守派は，大陸棚開発に関して一定の拠出が求められていることや，自国の海底資源採掘でも採掘料を国連に支払う義務があることが，アメリカの主権を侵害することを反対の論拠にしている。海洋覇権を

強める中国に「法の順守」を要求しながら，アメリカ自体が未加盟という自己矛盾が中国に批判されているばかりか，アメリカが未加盟の間に，加盟国である中国が，とりわけ南シナ海や東シナ海の領有権問題で海洋法を自国に有利に恣意的解釈を進めていくことに警戒感を強め，批准を急いでいるのが真相である。

冷戦後における日本の国連政策

　冷戦期における日本の国連政策は，実際にはアメリカの国連政策と歩調を合わせる場合が多かった。もちろん冷戦期から国連分担金では長らくアメリカに次ぐ貢献をしてきたし，国際平和を実現するための研究機関としての国連大学の創設に多大の努力を払ってきたのも事実であるが，冷戦という厳然たる事実と日米同盟の存在によってその独自性の発揮も制約されてきた。しかし冷戦終結により，日本は以前よりは自主的な国連政策を展開するようになった。日本は1992年に「国際平和協力法」を制定して国連カンボジア暫定統治機構（UNTAC）へ自衛隊一個大隊を派遣し，99年には東ティモール暫定行政機構（UNTAET）にも一個大隊を派遣し，これら地域の国家建設に財政的，人的，技術的，法律的に多大の貢献をした。軍縮に関しても1992年には欧州諸国と協力して国連軍備登録制度を実現し，核不拡散（NPT）再検討会議を5年ごとに開催することにも重要な役割を果たした。

　国連政策に独自色を発揮するようになった成果を背景に，2000年代に入り日本は国連改革の一環として，ドイツ，インド，ブラジルとともにG4（グループ4）を結成して安保理常任理事国入りを目指したが，これら各国の近隣諸国の反対や安保理常任理事国が消極的であったため立ち消えとなった。波多野元国連大使は，常任理事国入りに日本がこだわる理由として「政治大国として認められたい」「日本が参加していない安保理はクレディビリティーを欠く」ことを挙げていた。しかし，仮に常任理事国となった場合，軍事活動へ参加せざるを得なくなり，今まで以上の財政負担がのしかかる可能性が高くなることも明

らかである。アメリカの外交雑誌 Foreign Policy（September/October, 2012）が，2012年国連総会に参加するためニューヨークに集まった各国外交官や専門家約60人に，「現在の安保理常任理事国5カ国の次に常任理事国になるにふさわしい国はどこか」と質問したところ，26人がインド，11人がブラジル，10人が日本，3人がドイツと答えた結果の中に，国連における日本の位置が透けて見えるようである。

6　激変する世界のなかの国際機関と日米

　国連加盟国は193カ国，IMF 加盟国は188カ国，WTO 加盟国は156カ国と国際政治・経済・安全保障に関わる主権国家は膨大な数に上り，多国籍企業や国際的 NGO もこれらの国際機関と連携するようになってきた。さらに，冷戦期には経済開発協力機構（OECD）諸国から各種の援助を受けていた諸国のなかから中国やインドに象徴されるような新興国が多数登場し，アメリカが主導して構築してきた国際公共財としての国際機関の在り方に異議申し立てを行うようになってきた。こうした量的拡大と質的変化に，中心的役割を果たしてきたアメリカと，少なくとも冷戦期にはアメリカに歩調を合わせてきた日本はどのように対応していくのであろうか。

　アメリカにとって国連は「愛憎半ばする」機関であり，自国の思いどおりになる場合には対外行動を正当化する根拠として利用し，特に保守派が ICC のように主権が侵害されると判断した場合には強硬に反対してきた。しかし冷戦が終結し，グローバリゼーションが目に見える形で進行し，かつ新興国が政治的にも経済的にも軍事的にも影響力を強めている現在，主権が侵害される恐れがあるという理由で多国間枠組みに参加しないと，かえってアメリカの主権が侵害されかねないことを認識させたのが国連海洋法条約問題である。アメリカが主導し構築した「ドル帝国」の基礎であった IMF も，2012年10月東京で開催した年次総会で，中国，インド，ロシア，ブラジルの出資比率を高めるとと

第 11 章　加盟国の国連政策と IMF 体制への対応

表 11-2　　IMF への出資比率の変化
（単位：％）

改革前		改革後	
アメリカ	17.67	アメリカ	17.41
日　本	6.56	日　本	6.46
ドイツ	6.11	中　国	6.39
イギリス	4.51	ドイツ	5.59
フランス	4.51	イギリス	4.23
中　国	4.0	フランス	4.23
イタリア	3.31	イタリア	3.16
サウジアラビア	2.93	インド	2.75
カナダ	2.67	ロシア	2.71
ロシア	2.5	ブラジル	2.32

（出典）『日本経済新聞』2012年10月12日付。

もに，理事会に今までより多くの人材を登用することに合意したが，新興国が世界経済安定化に向け関与を拡大するのに日米は賛成せざるを得なくなっている（表11-2）。また2008年以降，中国やアメリカの同盟国であるイギリスも「第2のブレトンウッズ体制」を構築する必要性を強調し始めているが，具体化はしていない。

　自由貿易を世界大に実現することを目的としたGATTは，グローバリゼーションに対応すべきWTOに再編されたが，150カ国以上の加盟国の間での多国間協議が難航したため，2国間ないしは1地域と1カ国の間の自由貿易協定（FTA）が発展し，GATT「生みの親」であるアメリカ自体もFTA締結に傾斜してきている。

---

column　フランスの外交政策と国連

ラトガーズ大学教授　ジャン＝マルク・コワコウ

　フランス外交政策の構造は5つの利益と関心事項の分野に分けることによって理解される。すべての国と同様にフランスの外交政策の中心には最初に領域の保全と安全保障が中核にあり，次に欧州共同体（EU）の一員として共通の外交と安全保障政策を積極的に支持している。第3の分野は歴史的，戦略的，経済的そして文化

的な繋がりのある中東，アフリカ，太平洋にあるフランス語圏との関係がある。第4にはフランスがコミットしている同盟関係が重要であり，北大西洋条約機構（NATO）とは過去には色々と摩擦があったが，2009年には統合軍事司令部にも復帰している。第5は世界的レベルであり，国連はフランスが安保理において常任理事国であることからもカギとなる要因である。

　第2次大戦後，国連安保理において常任理事国となったことはフランスの国家的威信の源泉であると考えられた。しかし最初の20年間ではフランスは国連を非植民地化の動きなどが自国の利益を損ねるのではないかとの猜疑心をもって接してきた。60年代末にはフランスのような中位国は安保理の常任理事国として多国間主義から便益を受けているとする認識に変化した。1978年の国連レバノン暫定軍（UNIFIL）の設置に決定的な役割を果たしている。冷戦終結後にはこの傾向は強化され，フランスは国連での地位を活用して地球的外交と呼べる政策を歴代大統領は実施し，フランスは主要な地球的アクターとなった。

　冷戦終焉後，フランスはバルカン，アフリカ，そして中東における危機に際して集団安全保障分野において極めて活発であった。開発面では多国間援助よりも2国間援助を優先し，環境については欧州連合の文脈で国際的議論や政策に影響を与えてきた。

　平和維持活動（PKO）を含む集団安全保障にフランスが深く携わってきたからと言って，すべてがうまくいったということではない。曖昧な結果であったといえる。否定的なケースとしては1994年のルワンダにおける民族浄化は主な失敗であった。むろん責任はフランスだけではくイギリス，その他の常任理事国そして国連事務局にもある。ただフランスは現地に伝統的な影響力を持っていたので，特にその責任は重い。1990年代のバルカンにおける戦争はPKOにおけるフランス外交政策の入り混じった役割を浮き彫りにしている。フランスはイギリスとアメリカと協調して紛争解決を目指したが，同時に平和の再構築に対しても主導権を発揮し，地上に数千人の部隊を派遣している。武力行使には躊躇し，人道支援物資の配給が妨害され，市民が虐殺されるのを傍観者的態度で見守っていた。集団安全保障のフランスのより積極的役割は2000年代に入って見られる。1つは2003年3月にイラクに対する戦争承認を拒否したことはフランスの原則の意義ある立場と外交的独立を表現したといえる。イラクに大量破壊兵器が存在しなかったことと数万にのぼるイラク市民の犠牲はこの戦争の正当性を弱めたことは明らかである。第2点は2011年のリビア危機と「アラブの春」におけるフランスの役割である。フランスは強力な安保理決議採択とNATOによる強制措置について重要な役割を果たした。ただ，フランスはシリアに関してはあまり成功していない。

将来のフランスの国連政策を展望すると，第1にフランスは安保理における常任理事国という戦略的地位を自国の地球外交政策のために活用し続けるであろう。フランスが安保理改革を支持し，ドイツ，日本，ブラジル，そしてアフリカの加盟国が安保理に議席を獲得することを支持している。そのような改革によって国連がより権力の国際配分の進展に沿ったものになるからである。

　第2に，改革の実現性と国連の有効性に関しては定かではない。1990年代初めの国連は遂に中心的役割を果たせるといった感情はすでに色あせてしまっている。経済と金融問題において国連は周辺的地位に落ち込んでいる。G20がそのことを物語っている。環境問題については気候変動と持続可能な開発は国連の文脈で議論されているが，2012年のリオ＋20が証明するように，たいした成果を上げていない。集団安全保障では2012年の春から夏にかけてのシリアの戦争に関しての安保理の麻痺状態は元気づけられるものではない。国連は以前よりも弱体化しているのではないか。地球的使命と非常に限られた資源しか有しない国際機構にとって，人的資源の管理が機能していないということはある意味の死亡宣言ともいえよう。最後に次の質問が最も適切であろう。すなわち，フランスは他の加盟国と共にこの世界機構が信頼性を維持するのを助けるために何をすることができるか，である。

（原文は英語で編者が抄訳した。）

column　中国の国連外交

中国国連研究アカデミックネットコーディネーター　張子安

　2011年に中国は国連における正当な議席を回復して40周年を迎えた。中国の国連外交は変化する世界情勢と中国の変化によって3つの時期に区分できる。

　第1期（1971年から78年）は国連における中国の正当な議席の地位の回復と，特にG77を通しての開発途上国のメンバーとして特徴づけられる。第2期（1978年から1990年）において中国は北と南のかけ橋として国連において役割を果たすことができた。同時期に中国は2つの突破口を経験した。1つは国内の経済発展を加速するために特に技術とマネジメント分野における海外援助を受け入れたこと，2つめに1989年から国際的責任を果たすべく，国連の平和維持活動に参加を開始したことである。第3期（1990年から現在）すなわち冷戦終結後において中国がすべての協議において参画したより活発で力強い安保理が見られる。開発課題は新たな関心と高い優先順位を与えられた。環境，社会開発，女性，そして人口に関する国連の

一連の会議はこのような問題に関する合意を生み出したといえる。

　国連はこのように中国の多国間外交を実施する重要なプラットフォームとなった。中国は国連を必要とし，国連は中国を必要としている。中国のより特別な役割は次のように簡潔にまとめられよう。

① 政治・安全保障分野：中国の安保理および総会における地位を通じて紛争の平和的解決への貢献。
② 平和維持活動：2011年8月末現在で中国は28の国連の平和維持活動へ19000人の軍人，警察，文民要員を派遣している。
③ 経済開発：中国はミレニアム開発目標の重要性を強調し，そのターゲットを期限前に，特に貧困削減について，達成している。
④ 南・南協力：中国は他の開発途上国，特にアフリカ諸国，へあらゆる種類の援助を提供している。
⑤ 人権・社会的課題：中国は人権分野での国際協力を積極的に提唱し，24の人権条約を締結している。
⑥ 軍備管理と軍縮：中国は多国間軍備管理と軍縮条約に関する交渉に参加し各種の軍縮関連の国連機関へ貢献している。
⑦ 条約と法：中国は途上国の権利と利益及び国際法の公正さを守ることを約束し，300以上の国際条約を締結し，20000以上の二国間条約に署名している。
⑧ 国連改革：中国は安全保障，開発，人権の均衡ある方式で国連改革は行われるべきであり，安保理における途上国のより増大する代表性を主張している。

　現在，国連は増大する数の新たな課題と挑戦に直面していることは明らかである。グローバル化の時代には，中国は紛争の平和的解決と開発のためにはグローバルな協力とグローバル・ガバナンスが極めて重要であると確信している。国連はこれらの挑戦に対応すべく合理的で必要な改革を促進すべきである。中国は国連の未来と中国が国連と協力することについて自信を持っている。

（原文は『国連研究』第13号「日本と国連――多角的視点からの再考」（国際書院，2012年）に "China's UN Diplomacy" として収録されている。原文は英語で編者が抄訳した。）

参考文献

臼井久和・馬橋憲男編『新しい国連』有信堂，2004年，特に第13章と第15章。

カレン・A. ミングスト／マーガレット・P. カーンズ（家正治・桐山孝信訳）『ポスト冷戦時代の国連』世界思想社，1996年。
最上俊樹『アメリカと国連』岩波新書，2005年。
明石康『国際連合』岩波新書，2009年。
塩崎弘明『日本と国際連合』吉川弘文館，2005年。
明石康・高須幸雄・野村彰男・大芝亮・秋山信将編著『オーラルヒストリー　日本と国連の50年』ミネルヴァ書房，2008年。
川辺一郎『国連政策』日本経済評論社，2004年。
ジャン＝マルク・クワコウ（池村俊郎・駒木克彦訳）『国連の限界／国連の未来』藤原書店，2007年。

第12章

国連のパートナーシップ

毛利勝彦

― この章で学ぶこと ―

　国際連合憲章で「非政府組織（NGO）」として規定されているトランスナショナルな主体は、国際機構が地球的課題に取り組む際の重要なパートナーとして存在するようになった。国連は加盟国や地域機構とだけでなく、なぜどのように非政府組織／民間組織とのパートナーシップを強化するようになったのか。

　まず、本章では冷戦後の国連改革の文脈において、ブトロス・ブトロス・ガリ事務総長期のNGO協議資格制度改訂に関する経済社会理事会決議、コフィ・アナン事務総長期の国連グローバル・コンパクト、パン・ギムン事務総長期の国連アカデミック・インパクトをそれぞれ市民社会、市場社会、認識共同体との制度化として捉える。

　次に、NGOや市民社会とのパートナーシップについては、地球サミットをはじめとして1990年代半ばまで開催された一連の国連が主催した世界会議におけるNGO参画の拡大とその後の反動的状況を考察する。ビジネス（市場社会）とのパートナーシップについては、国連多国籍企業センターの廃止から国連グローバル・コンパクト発足にいたる経緯とその後の諸課題を検証する。さらに、認識共同体とのパートナーシップとしては、国連が関わった各種有識者グループや専門家団体（IPCCなど）の可能性と限界について考察する。

　最後に、国連のパートナーシップについて、ネオリアリスト制度論、ネオリベラル制度論、グローバル・ガバナンス論、コンストラクティビズムなどの諸理論との関連で整理する。

第 12 章　国連のパートナーシップ

1　国連改革としてのパートナーシップ構築

なぜパートナーシップなのか

　平和のための国際機構の設立は，もともと民間組織が求めた運動の成果であった。そうした試みは，たとえばアンドリュー・カーネギー（Andrew Carnegie）が設立した平和宮殿（現在の国際司法裁判所の建物）やチャーチ・ピース・ユニオンのように第 1 次世界大戦直前から英米で見られた。また，たとえば，国際連盟事務次長として新渡戸稲造が国際知的協力委員会の創設に尽力したように，国際機構が民間組織との連携に積極的に動くこともあった。こうした歴史的な相互関係からすると，国際連合が市民社会をはじめとする非政府組織／民間組織とのパートナーシップを推進するのは必ずしも新しい現象ではない。しかし，なぜ国連のパートナーシップが注目されるようになったのか。冷戦後の世界において国連改革の一環としてパートナーシップ構築が展開されてきたことは，複雑化する地球的課題群や危機に対して第 2 次世界大戦後に設立された国際機構が十分に対処できなくなっていることへの対応として理解する必要がある。

　まず，本章では，冷戦後の国連改革の文脈において，3 名の国連事務総長の任期区分から概観する。ブトロス・ブトロス・ガリ（Boutros Boutros-Ghali）事務総長期（1992～1996年）の NGO 協議資格制度改訂に関する経社理決議，コフィ・アナン（Kofi Annan）事務総長期（1997～2006年）の国連グローバル・コンパクト，パン・ギムン（Ban Ki-moon）事務総長期（2007年～）の国連アカデミック・インパクトをそれぞれ市民社会，市場社会，認識共同体とのパートナーシップの制度化の象徴として捉える。これらのイニシアティブの経緯を俯瞰した後で，国連による非政府組織／民間組織とのパートナーシップ構築における可能性と課題を検討する。

261

第Ⅲ部　グローバル・ガバナンスにおける国連システム

ブトロス・ブトロス・ガリ事務総長期

　冷戦終結直後の1992年に国連事務総長に選出されたブトロス・ブトロス・ガリは，『平和への課題』や『開発への課題』などの事務総長報告で非政府組織とのパートナーシップの重要性を指摘した。『平和への課題』(1992年) では，冷戦終結にともなって国連への期待が高まったことから，その礎石である国家を中心とした予防外交，平和創造，平和維持，平和構築の可能性を強調した。しかし，絶対的で排他的な主権の時代ではなくなったとして，非政府組織，学術機関，産業界などの参加に期待し，とりわけ予防展開における非政府組織の参加の可能性に言及した。

　これは，拒否権行使が減った安全保障理事会での変化を反映したものでもあった。1992年にボスニア・ヘルツェゴビナ紛争が発生し，ボシュニャック人聖職者が国連本部を訪問して安保理理事国代表に面会を求めたとき，当時安保理議長だったベネズエラのアーリア (Diego Arria) 大使が非公式に面会した。これが契機となり，後に「アーリア方式」と呼ばれる国連本部における安保理理事国代表と理事国以外の政府代表や非政府組織との非公式な会合方式が生まれたのである。国連創設50周年に際して事務総長が提出した『平和への課題：追補』(1995年) では，紛争地での人道支援や紛争後の平和構築における国連と非政府組織との調整手続の重要性も指摘された。

　『開発への課題』(1994年) では，国連環境開発会議 (1992年，リオデジャネイロ)，世界人権会議 (1993年，ウィーン)，国際人口開発会議 (1994年，カイロ)，世界社会開発サミット (1995年，コペンハーゲン)，第4回世界女性会議 (1995年，北京)，第2回国連人間居住会議 (1996年，イスタンブール) など一連の国連主催世界会議の開催を通じて，平和，環境，社会，民主主義といった領域で地域組織，NGO，学界などを含む市民社会の強化を求めた。さらに，国際通貨基金や世界銀行が推進してきた構造調整融資の政策条件や世界貿易機関の成立 (1995年) にも言及し，国連とブレトンウッズ機関との対話や政府，市民社会，民間企業のパートナーシップの方向性を探った。『開発への課題』は経社理に

も報告され，NGO協議地位を改訂した経社理決議1996/31（1996年）につながった。

国連と市民社会や市場社会とのパートナーシップは，ブトロス・ガリ事務総長の支持を得て1992年に設置されたグローバル・ガバナンス委員会の報告書『Our Global Neighborhood』（邦訳『地球リーダーシップ』）における「人民議会」提案などに先鋭化して見られた。しかし，ソマリアにおける平和強制の失敗などもあり，アメリカの拒否権発動によりブトロス・ガリは再選されず，国連職員出身初の事務総長となったコフィ・アナンに引き継がれた。

コフィ・アナン事務総長期

アナン事務総長が就任直後にまとめた報告『国連の再生』（1997年）では，包括的な国連改革提案のなかでパートナーシップ構築が位置づけられている。国連の行財政改革の一環として，優先課題の絞り込み，サンセット規定，アウトプット指向の予算配分，国連開発グループの統合，2000年の「ミレニアム総会」と「人民総会」（実際には「ミレニアム・フォーラム」として開催された）などの提案は，結果指向のミレニアム開発目標，とりわけ「開発のためのグローバル・パートナーシップ」につながった。国連事務局の行政コスト削減分は約2億ドルの「開発の配当」として捻出できるとする一方で，国連の財政危機を解決するための暫定措置として当初10億ドル程度の資金を拠出することを加盟国に求めた。しかし，こうした資金規模は途上国への民間資金の流れと比較すると桁違いに低いものに見える。同報告書は，減少する途上国への公的資金と比べて民間資金は年間約2000億ドル上回っていることや，国連が「市民社会」や「他の国際機関」と協力する効果的な手段を考案しなければならないことを指摘し，民間企業やブレトンウッズ機関をその射程に入れることが国連の再生につながるとした。翌年の年次報告『地球社会のためのパートナーシップ』（1998年）では，タイム・ワーナー社のテッド・ターナー（Ted Turner）会長による国連プログラム支援のための10億ドル寄付表明に言及した。このようなパ

ートナーシップを通じた産業界の資本・技術・ノウハウの提供は，国連の行財政改革や国際目標の達成に利するだけでなく，産業界にとってもビジネス・チャンスの拡大にもなるとされ，国連活動と市場拡大とが両立するとの認識が示された。

アナン事務総長による国連とビジネス界とのより具体的なパートナーシップ構築は，1999年の世界経済フォーラム（ダボス会議）でグローバル・コンパクト構想として提唱され，2000年に国連グローバル・コンパクトが発足した。これは主に民間企業がその活動範囲において国連や労働団体，市民社会が共有する人権，労働，環境などの領域でのグッド・プラクティスを遵守することを約束するものである。2000年には「国連とビジネス界との協力に関するガイドライン」も設定された。

注意しなければならないことは，アナン事務総長は国連グローバル・コンパクトを政府間協定や市民社会とのパートナーシップの代替としてではなく補完として提案した点である。サブサハラ・アフリカ地域をはじめとする低開発途上国に対しては，以前にもまして政府開発援助（ODA）が重要であることを喚起し，産業界とのパートナーシップ構築は国連と非政府組織／民間組織全体の緊密化と並行して推進された。2003年にアナン事務総長は前年までブラジル大統領だったフェルナンド・カルドーゾ（Fernando Cardoso）を委員長とする「国連と市民社会との関係に関する有識者パネル」を設置し，市民社会とのパートナーシップ強化を図った（カルドーゾ報告『われら人民』2004年）。事務総長報告『われら人民』（ミレニアム報告書，2000年）にも見られるように，グローバル企業を含めた非公式な政策ネットワークが，開発の課題（欠乏からの自由），安全保障の課題（恐怖からの自由），環境の課題（持続可能な未来），国連の再生といった分野で価値観や制度が共有されるべきであると強調されたのである。

こうしたアナン事務局長の官民パートナーシップのイニシアティブは，世界エイズ・結核・マラリア対策基金（世界基金）に結実した。2001年のアフリカ・エイズ・サミットでアナン事務総長は感染症対策基金の新設を呼びかけ，

第12章　国連のパートナーシップ

G8諸国など各国政府やビル＆メリンダ・ゲイツ財団といった民間財団や有志企業の資金支援や物品・サービス支援を得て，2002年にスイスのマルチステークホルダー型非営利法人として世界基金が発足した。平和・安全保障分野だけでなく，HIV／エイズなどの地球的課題群をめぐる国連の機能を再生する努力に対して，2001年には国連とアナン事務総長にノーベル平和賞が授与された。

パン・ギムン事務総長期

　パン・ギムン事務総長が就任した2007年は，気候変動に関する政府間パネル（IPCC）の科学者たちが，第4次評価報告書を公表した時期である。IPCCは，地球温暖化が決定的に明確であること，それは人間活動が直接的に影響していること，気候変動はすでに深刻な脅威となっていることなどを科学的知見に基づいて報告した。パン事務総長は気候変動問題が彼の最優先課題であることを表明し，2010年には「地球の持続可能性に関するハイレベル・パネル」を設置した。このパネルの報告書『強靭な人々，強靭な地球』（2012年）では，政治的意思の失敗や市場の失敗を指摘したうえで，科学者たちが提案した地球システムの境界を尊重した環境科学と政策のインターフェースの変革を提言した。パン事務総長が科学者の知見を重視していることは，同年の国連持続可能開発会議（リオ＋20）の開会演説で，科学者グループたちの知見をまとめたビデオ・クリップ「アントロポセン（人新世）へようこそ」を紹介したことからも分かる。

　しかし，科学者グループとのパートナーシップ構築だけを重視しているわけではない。国連広報局とNGOとの年次会議を開始し，国連とビジネスの協力ガイドライン改訂，パートナーシップ評価ツールや「NGOや国連とのパートナーリングのビジネス・ガイド」（2007年）を発行するなど，国連と市民社会と市場社会のパートナーシップの深化を同時併行的に進めようとした。2007年の国連グローバル・コンパクト・リーダーズ・サミットでは，ビジネス・スクールを中心とする大学の経営教育機関を対象に「責任ある経営教育原則」

(PRME) を発足させた。

そうしたなかでパン事務総長期の国連と教育・研究機関との新たなパートナーシップとして注目されるのが，2010年に正式発足した国連アカデミック・インパクトである。パン事務総長によれば，平和，貧困，食糧，健康，環境など相互に関連する地球的課題群が学際的な教育・研究を要請しており，「国連に生命をもたらすのはアイデアである」。『国連活動に関する事務総長報告書』（2011年）のなかでは，ミレニアム開発目標達成に向けた市民社会，産業界，学界とのパートナーシップを強調しているが，とりわけ，国連アカデミック・インパクトと「世界で最も大きい企業責任イニシアティブ」としての国連グローバル・コンパクトの役割を強調している。

2 国連と市民社会のパートナーシップ

歴史的経緯と理論的根拠

市場社会を包摂するか除外するかで2つの主要な市民社会観があるが，国際連盟規約（1919年）においても国際連合憲章（1945年）においても市場社会と市民社会とが峻別されている。

国際連盟規約においては，非政府組織や市民社会という用語は使用されていない。連盟規約の軍備縮小に関する第8条において，「聯盟国は，民業（private enterprise）による兵器弾薬及び軍用機材の製造が重大なる非議を免ざるものなることを認む」として，連盟理事会が民間企業による軍需物資供給や計画実施の弊害を防止する方策をとるべきだとした。また，連盟規約第25条では，連盟加盟国は，健康改善，疾病予防，苦痛軽減などを目的として「正式に認可されたボランタリーな国内の赤十字機関」の設立や協力を奨励することが合意された。ここには軍事産業は規制されるべきという前提と，国内レベルで設置されるボランタリー組織は政府が正式に認可すべきという前提がある。一方，ベルサイユ条約の一環として，国際連盟とともに創設された国際労働機関の総

会については，政府代表のほかに使用者と労働者から選出された「非政府代表・顧問」が規定され，ここにはステークホルダー型国際機構の原型が見て取れる。

これに対して，国連憲章第71条では，「非政府組織」（「民間団体」と訳出されることもある）について以下のように規定している。

経済社会理事会は，その権限内にある事項に関係のある民間団体と協議するために，適当な取極を行うことができる。この取極は，国際団体との間に，また，適当な場合には，関係のある国際連合加盟国と協議した後に国内団体との間に行うことができる。（国連広報センター訳）

非政府組織が明示的に1つの条項として盛り込まれたのは，サンフランシスコ会議での非政府組織の取り組みの成果だったが，経社理の権限内に限定されたことや国際的なNGOが優先されたことに留意したい。この条項を根拠として経社理のNGO協議資格制度が1946年に形成されたが，1950年，1968年，1996年の経社理決議によってこれまで3回改訂された。改訂によって協議資格を持つ経社理NGO数は増加し，協議地位にともなう権限も拡大した。そのさらなる可能性とともに課題と限界についても理解すべきである。

国連とNGOのパートナーシップの可能性
国連と市民社会のパートナーシップの重要性については，さまざまな報告書や実践において指摘されてきたが，最も総合的な検討は前述のカルドーゾ報告である。この報告書では，国連の多国間主義に4つのパラダイム・シフトが生じているとして，市民社会との連携が積極的に評価された。

第1は，外向き指向の国際機構としての機能転換を図ることである。地球的課題群に対処するための規範を共有するグローバルな政策ネットワークが生まれているが，国連自体がそのファシリテータの役割を担うべきだとした。1990

年代前半に国連が主催した世界会議は，経社理NGO協議制度とは別の方法でその可能性を示した。とりわけ国連環境開発会議（地球サミット）でのNGOの参加規模が注目された。地球サミットで採択された『アジェンダ21』では，NGOだけでなく，企業・産業，子ども・青年，農民，先住民族，地方自治体，科学・技術コミュニティ，女性，労働者・労働組合という9つのメジャー・グループが明記され，非政府組織の質的規模も拡大した。

第2は，多様な支持層の多元性を受け入れ，問題解決の実効性を向上することである。国連だけでなく他の国際機構も同様にパートナーシップやアウトリーチを拡充している。国際機構がトランスナショナリズムを指向することは，政府間交渉を弱体化させるものとは見られていない。現場の情報や優先順位を的確に把握することによって，むしろ弱体化した政府間交渉を強化すると捉えられている。実際にエイズ問題，人権問題，対人地雷問題，環境問題などにおいて国連は，「第2の超大国」とも言われる国際世論を背景に市民社会と協働して様々な成果を生んで来た。

第3は，グローバルな国連活動とローカルな現場活動との連携強化である。両レベル間における迅速で的確な双方向コミュニケーションは，安全保障分野でも開発・環境分野でも，意思決定から事業実施に至るまであらゆる段階で重要である。これは，国連だけですべての問題を解決できるわけではなく，また各国政府や地域コミュニティだけですべての決定や統治を担当するわけでもないとする補完性の原則に関わる。たとえば，ブラヒミ報告は，紛争予防や平和構築の事業計画・実施に現地で活動する非政府組織からの支援が国連の平和活動全体にとって重要だと指摘した。同様の認識は，開発・環境分野の国連会議成果文書や事務総長報告でも見られる。前述した『より大きな自由』は，ミレニアム開発目標達成のためには「開発のためのグローバル・パートナーシップ」が十分に実施されなければならないと指摘した。

第4は，21世紀におけるグローバル・ガバナンスや民主主義にとっての重要性である。国内レベルの議会制民主主義では多数派が支配するが，主権平等の

原則をとる国連では外交交渉によって合意形成や意思決定がなされる。そのため，一国一票制をとる国連総会であっても「民主主義の赤字」が生じる。国内で正当性を失った政府については，国連総会の資格審査委員会が審査するが，国内の議会や国民が直接審査するわけではない。そのため列国議会同盟（IPU）との連携強化やミレニアム・フォーラムの開催などのように，各国の議員や市民へのアウトリーチ拡大によって民主主義の赤字を改善することが提案された。どのような非政府組織と連携しうるかについては，経社理NGO協議制度や他の国連機関それぞれの資格手続がある。

国連とNGOのパートナーシップの課題

一方，国連と市民社会のパートナーシップの限界や課題も広く認識されるようになった。そこには，政治・法律，経済・財政，文化，社会における要因がある。

第1に，国連交渉における政治的・法的な制約である。この制約が具体的に表面化するのは，非政府組織の認定とアクセス問題である。経社理のNGO協議制度は，安保理や総会には適用されない。非公式協議では柔軟な対応がなされるが，90年代半ば以降に加盟国政府からの反発が目立つようになった。1996年に経社理NGO協議制度を改訂した決議では，NGOは公開会議の「オブザーバー」として明記され，「積極的な参加を歓迎するが，交渉の役割をともなうものではない」という内容が含まれたことで，むしろパートナーというよりもオブザーバー的地位が構造化したとする見方もある。一般協議地位か特別協議地位，あるいはロスターの区分は，意見表明文書の文字数制限などに差異があるが，大差ではない。安保理でも，同年にチリのフアン・ソマビア（Juan Somavía）大使が人道支援NGOとの非公式協議をアーリア方式で実施しようとした際に反発が生じた。このような法的制約の裏には，政治的制約がある。つまり，市民社会とのパートナーシップが国連機能を強化しうるにしても，加盟国政府は必ずしも国連機能強化そのものを考えていないのである。

第2に、国連のパートナーシップ運営の経済的・財政的な制約がある。アメリカは未払いだった国連分担金の支払を交換条件として、NGOの参画拡大につながった国連主催の世界会議の中止を求めた。パートナーシップ強化には事務局の各種支援が期待されるが、国連の予算制約は大きな障害となる。とりわけ、財政基盤が脆弱な途上国NGOに対する国連会議でのアドボカシー活動や政策対話参加のための財政支援の必要性が広く認識されている。カルドーゾ報告は、単発的支援ではなく、恒常的で総合的な財政支援を行政改革による削減分を充当することを提案した。さらに不足する分は計画的な資金調達を提案したが、その規模は国連全体予算の1％に過ぎないとしている。

第3に、組織文化上の制約である。経社理NGO協議制度は、冷戦期の米ソ対立に巻き込まれた。冷戦後の地球市民社会の台頭も「1990年代の言説」に過ぎず、アメリカ同時多発テロ事件以降は伝統的な国際関係に回帰したとの見方もあった。このような国際動向のなかで、国連や国際機構の組織文化がNGOとのパートナーシップを推進するよう十分に構造化されているわけではない。人道支援や開発分野などで「実施パートナー」として活躍する多くのNGOは国連機関と緊密な連携関係を築いているが、実施段階と同様の連携関係を必ずしも政策立案段階においても築けているわけではない。

第4に、国連側のみならず、市民社会側の課題もある。カナダのモーリス・ストロング（Maurice Strong）が会議事務局長となった地球サミットで採択された『アジェンダ21』では、ビジネスを含むメジャー・グループが認定されたが、ストロング自身がNGO、ビジネス、政府・国際機関での経験を持っていたことが背景にある。ここではビジネスが他の市民社会組織とともにリストされたが、「市民社会」に「市場社会」を許容するかどうかで市民社会内でしばしば争点となる。また、農民グループは存在するのになぜ漁民グループはないのかといったさらなる拡大の要請もある。マルチステークホルダー対話の代表を選ぶ際には、英語圏のNGOだけが有利になりかねないとの懸念もある。実際には、地域配分やジェンダー配分や経験などを考慮して、ステークホルダー

討論に参加する代表が決められているが，代表制や説明責任の課題が市民社会側にもある。

3　国連とビジネスのパートナーシップ

歴史的経緯と理論的根拠

　第2次世界大戦前から企業の海外投資は存在したが，国際連盟は多国籍企業による海外投資について貿易ほど関心を払っていなかった。第2次世界大戦後のブレトンウッズ体制では国際貿易機構（ITO）を創設するためのハバナ憲章で投資に言及されたが，ITO自体が成立せず，暫定的に締結されたGATTは貿易のみを対象とするものだった。国連においては，多国籍企業を規制対象とするか，パートナー対象とするかで異なる多国籍企業観が時間軸に沿って支配的となった。途上国，先進国，新興国という空間軸でもその位置づけは同じではない。

　戦後復興期から1960年代末にかけては，アメリカを中心に企業の海外直接投資が増加した。国際石油資本（メジャー）に典型的に見られたように，自由放任主義は米欧企業による寡占状況を形成したが，60年代は第1次国連開発の十年や国連貿易開発機構（UNCTAD）の成立などを通じて，援助・貿易・投資が途上国の開発に資するとの期待もあった。

　多国籍企業に対する反発と規制強化の動きが台頭したのは1960年代末から80年代半ばである。脱植民地化やブレトンウッズ体制の崩壊を背景として石油輸出国機構（OPEC）のカルテル化によって石油価格の決定権がメジャーからOPECに移った。これに続いて，一次産品分野を中心に多国籍企業への規制が強まった。国連においては，新国際経済秩序樹立のためにG77諸国グループが形成され，国連貿易開発会議（UNCTAD）などで支配的になった。チリのアジェンデ社会主義政権へのクーデターを招くことになるアメリカの国際電信電話会社（ITT）の関与や違法献金事件など多国籍企業への不信感は，国連で

の行動規範作成の動きへとつながる。具体的には，1973年に経社理が設置した有識者グループによる検討に基づいて，翌74年に国連多国籍企業センター（1974〜92年）が設置された。ここでは，多国籍企業が経済開発や国際関係に及ぼす悪影響を規制する行動規範作成の研究がなされた。理論的には，経済ナショナリズムや従属論の立場が支配的であった。

しかし，途上国の輸入代替工業化戦略が不調になり，生産国カルテルに対抗した先進国間の協調が強化された。さらに1980年代半ばのプラザ合意やGATTウルグアイ・ラウンド交渉の妥結は，欧米企業の海外進出と貿易関連投資を増加させた。IMFや世界銀行の構造調整政策や冷戦の終結は，新自由主義の思想や政策を普及させ，途上国でも貿易や投資の自由化が進められた。ブトロス・ガリ事務総長が就任すると，国連行政改革の一環として多国籍企業の行動規範を作成しようとしていた多国籍企業センターをUNCTADに統合する形で解消し，学術研究者らと協力して『世界投資報告』を発行するようになった。

多国籍企業の活動規制から自由化推進への方向転換は，アナン事務総長による1999年の世界経済フォーラムでの国連グローバル・コンパクト構想の発表でバランスをとった形となる。多国籍企業の利益を確保する二国間投資協定の増加は，多国間投資協定締結の動きを活性化させたが，経済協力開発機構（OECD）や世界貿易機関（WTO）の交渉でも懸念が多く成立していない。国連グローバル・コンパクトは，法的拘束力のない自発的な取り組みだが，ソフト・ローでもそうした懸念を軽減する実効性をともないうるとの根拠となっているのは，ラギー（John G. Ruggie）らが提唱しているコンストラクティビズムである。

国連とビジネスのパートナーシップの可能性

国連グローバル・コンパクトは，行動規範としてではなくラーニングのためのステークホルダーとの対話や参照枠組みとして設立された。ラギーとケル

原則1	企業はその影響力の及ぶ範囲内で国際的に宣言されている人権の擁護を支持し、尊重する。
原則2	人権侵害に荷担しない。
原則3	組合結成の自由と団体交渉の権利を実効あるものにする。
原則4	あらゆる形態の強制労働を排除する。
原則5	児童労働を実効的に廃止する。
原則6	雇用と職業に関する差別を撤廃する。
原則7	環境問題の予防的なアプローチを支持する。
原則8	環境に関して一層の責任を担うためのイニシアティブをとる。
原則9	環境にやさしい技術の開発と普及を促進する。
原則10	強要と贈収賄を含むあらゆる形態の腐敗を防止するために取り組む。

(出典) グローバル・コンパクト・ジャパン・ネットワーク。

図12-1 国連グローバル・コンパクトの10原則

(Georg Kell)によれば、「埋め込まれた自由主義の妥協」としてのブレトンウッズ体制が崩壊した後、自由主義グローバリゼーションが席巻し、これを再び埋め込むための答えの1つが企業の社会的責任や国連グローバル・コンパクトの試みである。

第1の国連と企業のパートナーシップの可能性は、国連が推進する規範を浸透させて実効性を向上することである。国連グローバル・コンパクトは、企業に対して人権、労働、環境、腐敗防止に関する10原則（図12-1）を支持し、遵守するように求めている。これら4分野の10原則は、世界人権宣言、世界社会開発サミットと国際労働機関（ILO）新宣言、地球サミット、国連腐敗防止条約といった一連の国連会議やそれらの成果を反映している。活動範囲の広い企業がそれらを自主的に遵守することによって、規範の実効性を高めることが期待された。とりわけ、地球サミットのストロング事務局長が持続可能な開発のための世界経済人会議（WBCSD）の設立を働きかけ、ISO14000シリーズなどに結実した実績が背景にある。法的拘束力はないが、政府間協定に参照されることで実質的な拘束力を持つ可能性がある。国連グローバル・コンパクトとしての単独活動でも、加盟企業にはコミュニケーション進捗レポートの提出を要求しており、提出がなければ登録リストから削除することで積極的関与を引き出す仕組みである。1994年に腐敗防止に関する原則が追加されてから原則数は

増加していないが，国連ミレニアム開発目標や平和とビジネスに対する取り組みもなされた。国連グローバル・コンパクトの取り組み範囲は，サプライチェーンやバリューチェーンを通じて広がり，浸透する可能性がある。

　第2に，国連グローバル・コンパクトは，多国籍企業進出を期待するホスト国政府にも有益だと考えられる。新興国経済の台頭や先進国の財政赤字にともなって先進諸国のODA供与額が減少するなか，企業の直接投資を呼び込むことで開発に必要な資本や技術の移転が期待されるからである。直接投資によって，地域コミュニティに適正な雇用が創出されれば，現地コミュニティにも資する。また，自国企業が海外進出するホーム国政府にとっても，提携先となる現地企業にとっても「搾取工場」という批判を受けないためのプラットフォームになりうるからである。

　第3に，企業にとっても，国連グローバル・コンパクトを本業に組み込むことは持続的な経営に重要である。国や地域によって異なる法律，政治，文化，社会的な商習慣などは，グローバル市場を射程に入れる企業にとってリスクとなりかねない。地域コミュニティや市民社会からの批判は，アウトソーシングした提携先であっても多国籍企業にとって看過できない。そうしたなかで，欧州連合は，国連グローバル・コンパクト，OECD多国籍企業行動指針，ISO26000などを欧州委員会指令で推進している。

国連とビジネスのパートナーシップの課題

　しかし，国連とビジネスのパートナーシップをめぐっては，国連・加盟国政府，ビジネス，市民社会にとって様々な課題が認識されている。経済ナショナリズムによれば，多国籍企業による生産拠点の移動は，ホスト国にとっては有益でも，ホーム国の産業空洞化は相対的な損失となる。これとは逆に，従属論によれば，ホスト国の利益はやがてホーム国に流出する。したがって，国連とビジネスのパートナーシップは加盟国政府間にリベラリズムが支配的な環境では歓迎されるが，そうでない場合は懸念となる。とりわけ国家が保障する人権

第12章 国連のパートナーシップ

分野では,グローバル化した企業活動による人権侵害への対処は新しい課題で,企業と人権についての保護,尊重,救済をめぐるラギー・フレームワークの議論においても,そうした懸念が表明された。

　パートナーシップは,パートナーそれぞれがオーナーシップを保持するため,国連にとって推進しやすいガバナンス形態である。しかし,これがうまく機能しない場合は,新公共経営や民営化の要請が強まる。新公共経営は,オーナーシップは公共部門が持つが,市場的手法を組織内部に導入する。それでも国連行政組織の非効率が改善しない部門は,民間部門へのオーナーシップ移転をともなう民営化の圧力を受けかねない。「トロイの木馬」とも呼ばれるように,ビジネス慣習とともに取り込むことになる国際機構の存在自体にかかわるリスクが課題となる。

　ビジネスにとっては,国連とのパートナーシップへの過小評価あるいは過大評価が存在する。企業の社会的責任の重要性を認識しない企業経営者は,国連グローバル・コンパクトへの関心は低い。その重要性を認識する場合でも,ISO26000やSA8000など国連とは直接関係しない国際基準には関心が高い経営者が少なくない。国連とのパートナーシップを従来のフィランソロピーと誤解している経営者もいる。逆に,国連とのパートナーシップを過大評価し,たとえば事業の監視範囲が及ばないサプライチェーンで国連の規範や原則に抵触しかねないと懸念する企業経営者は,国連グローバル・コンパクトに加盟するのを躊躇するだろう。

　次に,市民社会において,国連とビジネスのパートナーシップを容認する立場と批判する立場がある。市場社会と市民社会の親和性を容認する立場においても,建設的な対話や緊張感のある相互監視が期待されている。批判する立場によれば,国連が人権侵害企業や軍事産業とパートナーシップを組むことは「悪魔への貢ぎ物」であり,国連ブランドを商品等に濫用する「ブルー・ウォッシュ」や実態とは乖離した「環境にやさしい」イメージづくりの「グリーン・ウォッシュ」となりかねないことを懸念する。反グローバル化運動やウォ

ール街占拠運動などは，世界経済フォーラムに対抗して拡大した世界社会フォーラムの流れに連帯した。国連グローバル・コンパクトの原則に平和分野を追加すべきだとの市民社会からの要請もあるが，分野と原則を追加する形はとられておらず，「国連とビジネスとの協力ガイドライン」において対人地雷やクラスター爆弾の製造・販売に関わる企業とはパートナーシップを組まないことを盛り込んだ。

4 国連と認識共同体のパートナーシップ

歴史的経緯と理論的根拠

　国際機構と認識共同体との連携は，国際連盟のもとに設置された国際知的協力委員会にすでに見られた。国際連盟における国際大学構想もあった。こうした試みは国連教育科学文化機関（ユネスコ）に引き継がれた。今日では国際機構自体が研究・教育機関化した国連大学や国連スタッフ・カレッジを持つ方向性と，外部の研究・教育機関とパートナーシップを組む国連アカデミック・インパクトの方向性とがある。広い意味では，学術団体は市民社会のなかに位置づけられるが，NGOが規範や倫理を正統性の源泉とするのに対して，学術ネットワークは科学的知見や専門知識を権威の根拠とする。

　科学が社会に与える影響については，科学知識社会論や科学史・科学哲学で議論されてきたが，科学的知見がグローバル・ガバナンスの正統性となりうることに理論的説明を与えたのは，ピーター・ハース（Peter Haas）らによる認識共同体論である。認識共同体は，問題の因果関係などの専門知識を共有する科学者や専門家のネットワーク集団である。グローバル化が進展する過程において認識共同体が影響力を増大し，国際機構はその影響力を有識者会議体の設置やパートナーシップ構築によって活用してきた。地球的課題群をめぐる政府間交渉が膠着する状況において，また世界市場で企業の寡占化が進む状況において，さらには市民社会が提示する代替規範が効果的に反映されない状況にお

いて，課題に対処するに相応しい科学的知見や専門的知識の権威で状況を打開しようとしてきた。

国連と認識共同体のパートナーシップの可能性

　国連と認識共同体のパートナーシップが機能するためには，認識共同体の内外の条件がいくつかある。軍縮，人道支援，人権，貿易，貧困，教育，保健，環境など幅広い政策領域に認識共同体が存在しうるが，比較的限定された範囲の専門分野に認識共同体が成立するとの前提がある。

　まず，外的条件の1つとして，政策課題や危機的状況が複雑な様相を呈しているために外交交渉が妥結しにくく不確実性が高い場合である。オゾン層破壊や気候変動など比較的新しい問題であるために政策決定者が従来の官僚制では対応できない場合も認識共同体の影響力が増大する可能性がある。気候変動交渉では政府間交渉が行き詰まると気候変動に関する政府間パネル（IPCC）が報告書を提出してきた。交渉者や国際世論にショックを与えると政府間交渉が再び動き出す。このように政府間交渉が先行して科学的知見が後追いする形になることもあるが，酸性雨問題や生物多様性の保全のように科学者がアジェンダ設定をして，政府間交渉が開始される事例もある。

　次に，認識共同体が影響力を与えうるのは，政策決定者と認識共同体とのパートナーシップがある程度確立しているときである。IPCCのように気候科学などの専門家の知識を調達できる制度が存在する場合は影響力を及ぼしうるが，生物多様性のように関連する学術団体は存在しても専門家パネルの制度化が遅れた場合の影響力は限定される。国連アカデミック・インパクトは，国連憲章，人権，教育，地球市民，平和，貧困，持続性，異文化などの分野における10原則（図12-2）の支持と促進への約束によって成り立っているが，認識共同体間の学際的な研究・教育のネットワークとなる可能性がある。持続的かつ効果的に影響力を及ぼしうるためには，政策領域をつなぐ制度設計が重要となるだろう。

原則1	国連憲章の原則を推進し，実現する。
原則2	探究，意見，演説の自由を認める。
原則3	性別，人種，宗教，民族を問わず，全ての人に教育の機会を提供する。
原則4	高等教育に必要とされるスキル，知識を習得する機会を全ての人に提供する。
原則5	世界各国の高等教育制度において，能力を育成する。
原則6	人々の国際市民としての意識を高める。
原則7	平和，紛争解決を促す。
原則8	貧困問題に取り組む。
原則9	持続可能性を推進する。
原則10	異文化間の対話や相互理解を促進し，不寛容を取り除く。

(出典) 国連アカデミック・インパクト Japan。

図12-2 国連アカデミック・インパクトの10原則

認識共同体内部の凝集力も影響力を及ぼす重要な要因とされている。科学的な主張が外交交渉者や企業や市民社会に一般的に受け入れられるためには，論拠や証拠が検証可能で透明性が確保されていなければならない。そのため，実証主義的な自然科学が認識共同体としての影響力を及ぼしやすいとされるが，人文・社会科学においても，たとえば通貨・金融や貿易関税をめぐる経済学のように実証主義的接近が盛んな分野では，凝集力のある認識共同体が成立しうる。

各国政府は国際交渉で様々な連携を形成し，各国内では地方政府への分権的構造を持つ。ビジネスや市民社会もグローバル市場で活動する多国籍企業や地球市民社会で活躍する国際NGOとともに，主にローカル・レベルで活動する中小企業や現地NGOがある。これらに対して，認識共同体は地理的レベルにはほとんど関係なく，専門分野に卓越した個人でも柔軟に脱国家的なネットワークの結節点となって影響力を及ぼしうる。

国連と認識共同体のパートナーシップの課題

市民社会や認識共同体の正統性は，政府の失敗，市場の失敗を超克しうると期待されたが，認識共同体の失敗もないわけではない。その1つの限界が，科学的不確実性である。科学的根拠とされる「一定の規範や信条，因果関係理解，

第12章　国連のパートナーシップ

妥当性の基準」が新理論や新事実の発見によって覆ることがある。また，科学的知見が不足している部分や専門家間で意見が一致しない部分もある。政府間対立や市場メカニズムの外部性に対して科学が答えを出すことができる部分は存在するが，倫理的課題など科学でも答えを出すことができない部分も存在する。

　科学的コミュニケーションの難しさも課題である。認識共同体が国連・各国政府に対して政策立案やアドボカシーの役割を担う場合も，ビジネスや市民社会に対して啓発やキャンペーンの役割を担う場合も，政策決定者や市民の科学リテラシーの向上や科学的コミュニケーションが不足することがしばしばある。科学的知見や専門的知識が紛争解決を急ぐ政府間交渉や利益追求のビジネス活動に歪曲して根拠づけられてしまい，認識共同体から見ると意図せざる政策や原則が流布することになりかねない。また，潜在的なリスクに対して新たな科学的知見が獲得された場合には予防的順応的なアプローチをとることも提案されているが，これが乱用されると恣意的な変更や時間稼ぎにもなりかねない。

　もう1つの限界は，認識共同体の非民主性である。国連事務総長や各機関は，その諮問機関として有識者グループを組織してきた。彼らは民意にもとづいた選挙で選ばれたわけではなく，その専門知識や経験で権威のある有識者が任命される。政治学的に言えば，それは貴族政であり民主政ではない。任命された専門家の学問的良心に依存するところが大きいが，専門家集団が科学的知見や専門知識以外の動機に基づいた提言をしない保証は必ずしもない。特定国の国益やビジネスからの研究資金を受けるなどして癒着する可能性を排除する工夫がなければならない。

　認識共同体ではネットワークの結節点となる専門家が個人でも影響力を与えうる。たとえば，オゾン層レジームでの国際科学評価で影響力を発揮したロバート・ワトソン（Robert Watson）は，同様の影響力を発揮することを期待されてIPCC議長や地球環境ファシリティーの科学技術諮問パネル議長などに就任した。ワトソン個人の影響力はオゾン層分野以外でも見られたが，比較的短期

第Ⅲ部　グローバル・ガバナンスにおける国連システム

間で成立したオゾン層レジームと比較すると，難航する気候変動交渉やさらなる資金増が要請される地球環境ファシリティーではそれほど成功したとは考えにくい。

5　国連のパートナーシップの理論的含意

なぜ国連はパートナーシップを推進するようになったのか。その答えは，どのような視点から見るかによって異なる。国連を「国際機構」，「国際制度」，「国際装置」，「グローバル共同体」として見ることによって，パートナーシップの位置づけを整理したい。結論としては，権力と利害と価値観が一致するとき，パートナーシップを通じて国連とそのパートナーは共に進化する可能性がある。

国際機構とパートナーシップ

国際機構は，主権国家が条約などによって設立した政府間機関で，常設の事務局を備えている。国際機構の有効性を疑問視する古典的現実主義の立場からすれば，国連のパートナーシップをめぐる決定権は加盟国政府にある。国連のパートナーシップ機能がその国益に合致すると判断されれば非政府組織を利用するし，国益に反すると判断されれば反故にされる。1990年代後半のNGOの参画に対する加盟国政府からの反動にその傾向が見られた。

また，国際機構の一定の有効性を認めるネオリアリスト制度論によれば，経社理のNGO協議制度は，覇権国の権力と利益によって成立したものである。覇権国の権力が衰退すればそれも揺らぎかねない。経社理NGO協議制度の改訂がNGOの対象範囲を広げつつ加盟国政府の認める範囲に限定されたことは，揺らぐ国連システム自体を非国家組織とのパートナーシップ構築で主権国家側から再強化したものと理解することができる。

第12章　国連のパートナーシップ

国際制度としてのパートナーシップ

　明示的なルールや意思決定手続を基礎とした公式的な国際機構だけでなく，暗黙のルールや意思決定によって主権国家の行動に影響を与える国際制度として国連のパートナーシップを見ることもできる。特定の政策領域における共通利益をベースに国連が非政府組織／民間組織とパートナーシップ構築を図ることによって国際制度を強化することは，ネオリベラル制度論から見れば合理的な選択である。キケロの市民社会論以来の国家そのものが市民社会であるという見方がある。各国が民主的な市民社会そのものになれば，世界平和を達成できると考えるカント的なコスモポリタニズムもこの系譜にあると言えるだろう。国会議員とのパートナーシップ強化などはこの方向性に沿うものである。

　さらに，より広範囲の政策領域を射程に入れるグローバル・ガバナンス論によれば，国連だけでは解決できない課題を多様な主体が対等な立場で協働して解決するパートナーシップ構築は，従来の多国間主義を超えるマルチステークホルダーによる多元主義的なガバナンス形態である。

国際装置のためのパートナーシップ

　これに対して，市民社会とはブルジョワ社会であるとするヘーゲルやマルクスの見方がある。市場社会と市民社会を峻別する批判的立場からすれば，国連とビジネスのパートナーシップは，資本主義のヘゲモニーが自らの利益を確保するために国際機構を取り込む機械装置である。全体主義的なコーポラティズムのグローバル化ともなりかねない。

　これに対抗するアーキテクチャー構想には，各国政府や国連による規制の再強化を指向する立場と，市民社会の参画を指向する立場がある。しかし，グローバルな超国家的な秩序再編は成功していない。市民社会による脱国家的な秩序再編については，中心部と周辺部のNGOで温度差がある。周辺部から見れば，先進国のNGOをヘゲモニー装置の一部として批判的に位置づけることもできるからである。

グローバル共同体におけるパートナーシップ

社会運動の正統性の根拠は代替的な規範やグローバル共同体への参加であり、コンストラクティビズムによれば、その過程でグローバル公共圏の再構築が目指される。代替的な規範だけでは問題解決できないと見る立場は、国連が科学的知見や専門的知識を共有する認識共同体のグローバル・ネットワーク形成の一翼を担うことを期待する。

しかし、科学的不確実性やネットワークの失敗もありうる。国連のパートナーシップは、権力と利害と価値観の組み合わせが共に影響を及ぼしながら変化している。どのような条件でどのようなパートナーがどの程度の実効性あるネットワーク構造を形成し、問題解決する行動をどうとりうるかを注視していく必要がある。

参考文献

功刀達朗・内田孟男編『国連と地球市民社会の新しい地平』東信堂、2006年。

功刀達朗・野村彰男編『社会的責任の時代——企業・市民社会・国連のシナジー』東信堂、2008年。

功刀達朗・毛利勝彦編『国際NGOが世界を変える——地球市民社会の黎明』東信堂、2006年。

グローバル・ガバナンス委員会『地球リーダーシップ——新しい世界秩序を目指して』日本放送協会出版、1995年。

「地球市民社会の研究」プロジェクト編『地球市民社会の研究』中央大学出版会、2006年。

Annan, Kofi A., *Partnership for global community: annual report on the work of the organization*, New York: United Nations, 1998.

Annan, Kofi A., *We the Peoples: The Role of the United Nations in the 21st Century*, New York: United Nations, 2000.

Annan, Kofi A., *In larger freedom: towards development, security, and human rights for all, Report of the Secretary-General*, New York: United Nations, 2005.

Boutros-Ghali, Boutros, *An Agenda for Peace: Preventive diplomacy, peacemaking*

第12章　国連のパートナーシップ

and peace-keeping, New York: United Nations, 1992.

Boutros-Ghali, Boutros, *An Agenda for Development,* New York: United Nations, 1995.

The Commission on Global Governance, *Our Global Neighbourhood,* Oxford: Oxford University Press, 1995.

Cross, Mai'a K. Davis, "Rethinking epistemic communities twenty years later," *Review of International Studies,* 2012.

Sagafi-nejad, Tagi in collaboration with John H. Dunning, *The UN and Transnational Corporations: From Code of Conduct to Global Compact,* Indianapolis: Indiana University Press, 2008.

Tesner, Sandrine with the collaboration with Georg Kell, *The United Nations and Business: A Partnership Recovered,* New York: St. Martin's Press, 2000.

United Nations General Assembly, *Report of the Secretary-General on the implementation of the report of the Panel on United Nations peace operations,* New York: United Nations, 2000.

United Nations General Assembly, *We the peoples: civil society, the United Nations and global governance: Report of the Panel of Eminent Persons on United Nations-Civil Society Relations,* New York: United Nations, 2004.

United Nations Secretary-General's High-level Panel on Global Sustainability, *Resilient People, Resilient Planet: A future worth choosing,* New York: United Nations, 2012.

第13章

国連事務総長と事務局の任務

内田 孟男

――― この章で学ぶこと ―――

　この章では国連の事務局について単に法的・組織的地位についてだけではなくより広くグローバル・ガバナンスの視点から事務局の役割について学習する。国連事務局に代表される「国際公務員制度」は国際連盟において初めて導入され発展してきたといえる。連盟では3人の事務総長が就任したが,なかでも初代事務総長ドラモンドの果たした役割は大きい。連盟規約には事務局に関しては簡単な1条しかないが,それを補完する重要な報告書が国際公務員制度の確立に寄与し,国連憲章へと受け継がれていった。

　その国連憲章第15章は「事務局」について規定している。国際機構の必要条件として常設の事務局の存在があるが,憲章でも事務局を主要機関の1つとし,その重要性を明記している。加盟国が基本的には国益を主張し,調整する機関である総会,安保理,経済社会理事会に対して,事務局は加盟国から独立し,人類全体の利益の代弁者として行動することが期待されているといえる。しかしながら事務局は数々の試練を経験し,ある加盟国の政治的思惑からその国際性と独立性を損なうような要求をも受けたことがあった。21世紀に入ってイデオロギー的対立は後退したものの国際公務員制度そのものはある意味ではより静かな経済的,財政的拘束に直面している。そのような挑戦にどのように代事務総長は対応してきたのかを概観し,事務局の構成,スタッフの置かれた現状を検証する。

　総会や安保理を「第1の国連」,事務局を「第2の国連」とし,その任務の違いを説く学者もいる。近年,国連の各種独立委員会のコンサルタント,専門家,また国連と協力関係にあるNGOの活動家を「第3の国連」としてその意義を強調する学派もある。グローバル・ガバナンスにおける国連の役割が注目されているが,国連機関のなかでもグローバル・ガバナンスにおいては事務局がその中核にあるといえる。また最終章として,国連研究のための国際的学術団体と日本における国連学会についてもコラム記事によってその現状と課題について理解し,これからの研究に繋げていきたい。

第13章　国連事務総長と事務局の任務

1　国際公務員の起源

　国際機構の加盟国から独立した国際公務員制度は国際連盟の設立によって初めて可能となったといえる。連盟規約はその第6条において連盟本部に常設事務局を設置し「事務総長1名並必要ナル事務官及属員ヲ置ク」と簡単に規定しており、加盟国から独立した国際公務員制度そのものの性質については明記されなかった。事務総長は連盟総会の過半数の同意を持って理事会が任命するとされた。また、事務官と属員は事務総長が任命するが、理事会の同意が必要であることも付記されていた。事実、連盟設立時には加盟国から独立した事務局の概念そのものに疑問を呈する声もあった。独立し中立な連盟事務局の設立には、初代事務総長の功績が大きかった。

　その裏づけとなったものは、イギリスの外交官で後に外務大臣を務めた、アーサー・ジェームズ・バルフォア（Arthur James Balfour）が1920年に公表した報告書であった。バルフォア委員会報告は連盟事務局の職員は出身国の公務員ではなく、連盟だけの公務員として国際性を有する、と規定し「事務局員は、任命された以上、もはや出身国に奉仕する者ではなく、臨時的に専従的に国際連盟の職員となる者である。これら職員の権限は、国家的なものではなく、国際的なものである」と明快にその地位を宣言している。さらに報告書は雇用と勤務条件についても触れており、人格と能力の面で優れている人物を広い地域から採用することにも触れている。

　事務局職員の処遇については翌年1921年に公表されたノーベルメイヤー報告が規定し、現在でもその原則、ノーベルメイヤー原則、は国連においても採用されている。フランスの外交官であったノーベルメイヤー（Georges Noblemaire）はその報告書で連盟加盟国のなかで、「最高の公務員給与国の水準に匹敵する給与とその他の処遇」を勧告した

　これら2つの画期的な報告を実施に移したのは初代事務総長エリック・ドラ

第Ⅲ部　グローバル・ガバナンスにおける国連システム

(出典)　UNGO Library, League of Nations Archives. 国連ジュネーヴ事務所，国際連盟公文書館。
図13-1　ドラモンド国際連盟初代事務総長

モンド（Sir James Eric Drummond）であった。彼はイギリスの外交官であり，実に1920年から1933年まで事務総長の地位にあり，国際公務員制度の確立に尽力したといえる。イギリスの中立的な公務員制度をモデルに事務局をまとめ，公的場面ではあまり発言をせず，有能だが控えめな事務総長として，記憶されている。

第2代事務総長はフランスのジョセフ・アヴェノル（Joseph Avenol）で1933年から1940年まで勤務したが，すでに，ナチスドイツの台頭と連盟からの脱退，また満州事変後の日本の脱退によって，連盟の政治的役割は終わったと感じて，技術協力に軸足を移したといわれている。1940年9月にドイツ占領下のヴィーシー政権のペタン元帥に辞任状を提出するなど，国際公務員の独立性を損ねたと批判される面もあった。アヴェノルの辞任後はアイルランドのショーン・レスター（Sean Lester）が事務総長代行を務め，連盟解散の直前に正式の第3代事務総長に任命されている。連盟においては，事務総長のもとに副事務総長が置かれ，アヴェノル自身，ドラモンドのもとで副事務総長であった。その下に，

事務次長3名が置かれ，1920年代から30年初期においては日本，イタリア，ドイツ国籍の事務次長が任命されていた。日本からは新渡戸稲造が事務次長を務め，国際知的協力委員会の事務局長でもあった。

連盟本部ビルは世界大恐慌の影響もあって，完成が遅れ，ようやく1936年になってジュネーブの「諸国の宮殿」(Palais des Nations) に移ることができ，翌1937年に第18回の総会を常設の本部で開催している。(序章の写真を参照。)

2 国連憲章に規定された事務局

国際連盟の功績の1つとして評価されているのは国際公務員制度の確立である。国連憲章（以下，憲章）は事務局を国連の6つの主要機関の1つとして位置づけ（第7条），独立した章を設けて国連事務局の地位と性質について明記している。基本的にはバルフォア報告を踏襲して，よりその地位を強化したといえる。憲章第15章は第97条から第101条までの5条からなり，事務総長の任命，任務，政治的役割，職員の地位，そして職員の任命基準について詳細に規定している。連盟規約には1つの条項しかなかったことを考えると国連における事務局に対する期待の大きさが表明されているといえる。

事務総長の任命（第97条）は安全保障理事会（安保理）の勧告に基づいて総会が任命するとなっており，連盟とは任命主体が逆になっている。安保理の勧告ということは，常任理事国に拒否権があるということで，しかも，勧告は1名に絞って行われるので，総会にはたとえば数名の候補者から選択するという権限もない。事実，第6代目の事務総長ブトロス・ブトロス・ガリが1996年暮れに再選を目指したが，アメリカが安保理で拒否権を行使したために再選を果たすことができなかった。この時の採決は14対1であり，アメリカだけが反対した。常任理事国の権限が事務局に対しても大きな抑制力となることを示し，事務総長の活動にも一定の枠をはめているともいえる。第97条は事務総長は国連の「行政職員の長」であると規定している。

事務総長の任務（第98条）については，総会，安保理，経済社会理事会（経社理）等に事務総長の資格で出席し，これらの機関から委任された任務を遂行し，年次報告を提出することが決められている。問題は，総会や安保理から「委任」される事項が多くしかも，極めて重大であることである。たとえば，平和維持活動は2つの例外を除いて，安保理によって「委任」され事務総長が平和維持活動を組織し，指揮するが，平和維持活動そのものが憲章には明記されておらず，平和と安全保障分野での事務総長の任務は国連創設当時とは比較にならないほど重要となっている。事務局には「平和維持活動局」（DPKO）があり数百人のスタッフが世界各地に展開している2012年12月末現在14のPKOと11万人を超える要員とを統括している。事務総長の年次報告書は毎年9月に開催される総会に提出され，過去1年間の国連活動と課題とを簡潔に総括した文書で，文書番号1を冠されている。また，2年ごとのプログラムと予算案を作成するのも事務総長の任務である。

　事務総長の政治的役割（第99条）は連盟の事務総長にはなかった新たな任務である。「事務総長は，国際の平和及び安全の維持を脅威すると認める事項について，安全保障理事会の注意を促すことができる」と定めている。「することができる」ということは事務総長が安保理の注意を促すか否かは事務総長の判断に任されており，そうすることが義務ではない点を明らかにしている。同条は政治的権限を事務総長に付与したと理解されており，事務総長が単なる「行政職員の長」にとどまらないことを規定した重要な条項であるといえる。ただ，この条項を行使して実際に安保理の注意を促した例は少ない。1960年第2代事務総長ハマーショルドがコンゴ危機に際して，第99条のもとに安保理の注意を促し，緊急会合を開催したことが，よく知られている。

　職員の地位（第100条）は国際性と独立を担保するために職員と加盟国の責任について規定している。まず，事務総長及び職員は「この機構に対してのみ責任を負う国際的職員」として行動すること，加盟国はその「国際的な性質」を尊重して，彼らの行動を「左右しようとしない」ことを約束している。バルフ

第13章　国連事務総長と事務局の任務

ォア報告の精神が明文化された条項である。

　職員の任命（第101条）については「最高水準の能率，能力および誠実さ」を要件として，なるべく広い地理的基礎に基づいて採用することに考慮するとある。第16章の「雑則」の105条2項は職員が「任務を独立に遂行するために必要な特権及び免除を享受する」と定め，外交特権に準ずる扱いを加盟国に課している。

　憲章はこのように明確に事務局の地位と任務について規定しているが，憲章に加えて，次のような法的枠組みによって保障されている。

① 国連と加盟国との条約，特に特権免除条約
② ホスト・カントリー協定（国連諸機関とその受け入れ国との合意文書）
③ 国連総会等の決議，その他の職員規則
④ 国連行政裁判所によって決定された一般原則
⑤ 国際司法裁判所の勧告的意見（国際公務員の定義を勧告し次のように述べている「報酬が支払われるか否か，恒久的に雇用されているか否かにかかわらず，国連の機関においてその機能遂行を委託されたすべての者である。すなわち，国連がその人を通じて行動する者。」）

　国際人事委員会はその前身の国際公務員諮問委員会が1948年に設置されていたが，1975年に改組され，総会の決議に基づき，職員の処遇問題について勧告する任務を帯びている。加盟国から選出される15名の委員からなり，個人の資格で任命される。国際人事委員会には異なった思惑があったとされる。すなわち，加盟国政府は国連システムの共通の手続によって事務局の効果的なコントロールを，事務総長は雇用条件と客観的評価を得るため，そして職員は行政と対等の立場で参加できるフォーラムを期待していたといわれる。しかしながら，委員会は実際には職員の信頼を充分に得ているとは言い難く，本委員会の根本的な改革の必要性は認識されている。

第Ⅲ部　グローバル・ガバナンスにおける国連システム

3　国際公務員制度への挑戦

　このように国連憲章と一連の政策と措置によって国際公務員制度は手厚く保護されているように見える。しかし、国連が政府間機構であり、基本的には政治的機構である限り、事務局も外部環境の影響からは自由ではない。国際連盟の設立時に独立した国際公務員制度そのものに懐疑的な加盟国や指導者がいたように、国連においても、国際公務員制度に対する反対や留保があった。ここでは2つの事例を検証するにとどめる。

　最初の国際公務員制度への挑戦は1950年初めアメリカに吹き荒れたマッカーシイズムによる国連職員への干渉であった。第2次大戦後、ヨーロッパとアジアにおける共産主義の拡大、特に中国が共産党政権の支配下にはいったことから、米国においていわゆる非米活動を追及する動きが高まりを見せ、ウィスコンシン州の共和党上院議員であったジョセフ・マッカーシー（Joseph McCarthy）がその先頭に立って共産党員やシンパを摘発した。ハリー・トルーマン（Harry Truman）大統領は1952年、大統領行政命令によって、米国市民の国連職員の調査を命じる。米国国籍の国連職員のなかには米国憲法修正第5条を援用し、自らに不利な証言を拒否する者があった。トリグブ・リー（Trygve Lie）初代事務総長は国連職員は特定の憲法の権利を放棄しなければならないのに、米国憲法を援用したとして国際性に違反したと結論づけ、短期契約者は即時解雇された。恒久的契約保持者は不正行為や不満足な勤務状況、身体的無能を理由に解雇された。1952年事務総長によって設けられた3人の法律家委員会は修正第5条による証言拒否は職員規則に違反するとし、解雇を正当化した。結果として18名の米国籍の職員が解雇された。国連行政裁判所は1954年に解雇は不当と判断し、解雇者を再雇用するか補償を与えると判決を下す。ダグ・ハマーショルド（Dag Hammarskjold）第2代事務総長は補償を与える決定をする。これで問題は解決したわけではなく、アメリカを始め幾つかの加盟国は総会の

第13章　国連事務総長と事務局の任務

もとにある行政裁判所が賠償支払いを命じる権限があるか否かを国際司法裁判所に勧告的意見を求めた。国際司法裁判所は総会は支払を拒否できないとする勧告的意見を採択して国連行政裁判所の独立性が確認されている。

　第2の国連事務局，特に事務総長への挑戦は1960年代初めの国連コンゴ作戦に不満を持つソ連から発せられた。国連のコンゴにおける活動は西側の利益に奉仕していると非難し，事務総長が直接の責任者であったことから，ハマーショルド事務総長の独立性と中立性に疑問を呈し，中立国はあっても中立的人間はいないとの理由で，事務総長を西側，東側，そして途上国（中立）から各1名ずつ選任して3名の事務総長制を提案した。これがトロイカ制度と呼ばれた。国連総会でソ連のフルシチョフ首相（Nikita S. Khrushchev）がハマーショルドに向かって辞任を要求し，ハマーショルドが多くの国が自分を信任している限り，私は辞任しないと反論する息詰まる場面もあった。トロイカ制度の導入には当然憲章の改正が必要であるが，主要国のほとんどが反対で，加盟国全体でも賛成した国は少数であった。ただ，事務総長の国際性，独立性，中立性にソ連をはじめ一部の国々が挑戦したことは国際公務員制度そのものに対する信頼が普遍的ではないことを示していた。ハマーショルドは1961年オックスフォード大学で『法と事実における国際公務員』と題する講演をし，国際公務員制度の擁護と事務総長の政治的役割について彼自身の考えを表明している。この講演は国際公務員制度についての重要な声明として歴史に残るものといえる。彼の講演の要点を見てみよう。

- 国際公務員制度は国際連盟のドラモンド事務総長，バルフォア報告によって確立された。
- 国連憲章第99条は事務総長を単なる行政の長ではなく明示的な政治責任を帯びた公務員と変質させた。憲章第15章の条項は事務局に非政治的立場から政治的に議論のある性質において，ある立場をとることが，その機能を果たすうえで必要になることを示している。

- 国際公務員制度の批判者によって主張されているように，国際公務員は政治問題に関して総会や安保理の要請によって立場をとることが許されないとするならば，そのような要請は憲章そのものに抵触する。
- 現在事務局に対する批判は国連事務局の概念を連盟の事務局の概念にまで格下げをするということである。
- 国連決議にはあいまいな内容のものがあり，その内容に加盟国間に同意がないからと言って事務総長がその決議を遂行しなかったならばどうなるか。合意ができるまで行動しないのは容易だが，事務総長は憲章上の排他的国際的義務のもとに，任務を遂行すべきである。
- 国連事務局を政府間事務局にして国際公務員制度を変質させるというような見解は国際協力のミュンヘンであり，国際公務員制度の原則を放棄ないし妥協することは国家の権利に関する原則を妥協するのと同様に高い代償を払うことになるであろう。

ハマーショルドの講演は冷戦のさなかにあって国際的独立を維持しながら，いかにして国連の活動を遂行するか，その困難さを指摘すると同時に彼の信念を表明している。冷戦後の21世紀の現代において国際公務員制度は新たな挑戦を受けているといえるが，その点は後述したい。

4　歴代事務総長のプロフィール

国連設立以来，これまで8名の事務総長が就任しているが，総て男性である。各事務総長の短いプロフィールを見てみよう。最初の2人と第4代の事務総長は欧州の中立的国からということで選出され，第3代目のアジアからの事務総長，第5代からは途上国の地域的ローテーションによる選考基準が要となっているのが分かる。

第 13 章　国連事務総長と事務局の任務

トリグブ・リー（Trygve Lie）（1946～1952年）

ノルウェーの政治家で外務大臣を務める。初代国連事務総長として積極的に活動を開始するが冷戦下で困難に直面する。共産中国の代表権を支持し，米国の不満を引き起こし，朝鮮戦争と国連の関与に関してソ連と対立する。他方，マッカーシイズムでは米国の圧力に屈して事務局の士気を低下させる。「20年の平和プラン」を打ち出すが大国の支持を得られず実施には至らなかった。国連本部ビル建設の為に尽力する。1951年の再選にはソ連が反対し，総会は任命ではなく，任期の延長を決めたが，途中で辞任する。事務総長の仕事は世界で最も困難な仕事だとの言葉を残す。

ダグ・ハマーショルド（Dag Hammarskjold）（1953～1961年）

スウェーデンの外務副大臣を務めた国家公務員で静かな思索的な事務総長として知られるが，国際公務員制度の発展には熱意を持って取り組んだ。トロイカ制度提案には断固と反対したことはすでに言及した通りである。朝鮮戦争で捕虜となった米国人パイロットの釈放を周恩来と直接交渉して成功するなど「北京フォーミュラ」と呼ばれる行動指針を実行し，安保理や総会決議とは別途，事務総長は国際的中立性のもとで行動する自由を持っていると主張した。本格的な最初の平和維持活動である1956年の国連緊急軍の編成と派遣に功績があった。1961年コンゴ活動のためアフリカに出張中，搭乗機の墜落で殉職する。翌年ノーベル平和賞を授与された。

ウ・タント（U Thant）（1962～1971年）

ビルマ（現在のミャンマー）の外交官でハマーショルドの死後事務総長の選出に努力したが，第3世界の台頭を象徴するかのように自らが押されて選出される。最初の1年間は事務総長代行として，その後2期を務める。1962年のキューバ危機に際しては米ソの歩み寄りに尽力する。社会経済発展，中立主義，反植民地主義を旗印に，敬虔な仏教徒でプラグマチストでもあり，アジア・アフ

リカの支持を得た。ヴェトナム戦争には批判的で米国の不興を買うが，国連において幅広い評価を得る。教育に熱心で日本に本部のある国連大学の設立にも貢献した。国連大学の国際会議場は彼の名にちなんでウ・タント・ホールと命名されている。

クルト・ワルトハイム（Kurt Waldheim）（1972～1981年）

オーストリアの外務大臣を務めた外交官で，2期10年を事務総長として活動する。3期目にも意欲的であったが，中国の反対もあり退任を余儀なくされる。この時期は冷戦が激化した時でもあり，国連そのものも世界政治の周縁に押し出された感があり，具体的な功績は少ない。平和維持活動の責任者を務めたブリアン・アークハルト（Brian Urquhart）によると栄光はなかったが利用価値という点からはワルトハイムは最高の事務総長であったという。退任後母国オーストリアの大統領を1986年から92年まで務める。

ハビエル・ペレス・デクエヤル（Javier Perez de Cuellar）（1982～1991年）

ペルーの外交官でG-77の議長を歴任し，1979年には国連の特別政治担当の事務次長も務める。彼の第1期目は冷戦期で安保理も機能不全であったが，第2期目に入るとソ連のゴルバチョフ（Mikhail S. Gorbachev）大統領の政策変更で国連も活性化する。1991年1月デクエヤルはイラクのサダム・フセイン（Saddam Hussein）大統領と会談して戦争を回避しようと努力するが，平和的解決には至らず，翌2月には戦争が米英主導の多国籍軍とイラクの間で勃発する。かれは第3世界の人間として自らを意識していたが，文化的，政治的には極めて西洋的であったともいわれる。紛争の早期警報のために調査情報収集室を設置して事務局の強化を図った。

ブトロス・ブトロス・ガリ（Boutros-Boutros Ghali）（1992～1996年）

エジプトの外交官で国際法学者。サッダト（as-Sadat, Muhammad Anwar）大

統領を補佐して1979年エジプトとイスラエルの平和条約に関与する。ガリの事務総長就任は冷戦が終焉し，国連への期待が大きく膨らんだ時期であった。それを象徴するのはガリが事務総長になった1992年1月，初の安保理の首脳会合が開催されたことである。その首脳会合は国連の平和安全保障の役割に関する報告書を事務総長に要請し，ガリは同年6月『平和への課題』と題する報告書を公表する。彼は平和維持活動の積極的展開を提案するも，ソマリアと旧ユーゴスラビアにおける活動の挫折によって大きく軌道修正を余儀なくされた。総会の要請によって作成された『開発への課題』(1994年) と彼自身のイニシアティブによる『民主化への課題』(1996年) がある。2期目の再選は米国の拒否権によって妨げられる。

コフィ・アナン（Kofi Annan）(1997〜2006年)

ガーナ生まれの国連官僚であり，国連職員としては初めて事務総長に選出される。国連では管理行政，平和維持活動担当事務次長を務めていた。国連事務局の改革に積極的で，地球市民社会とビジネスとの提携にも熱意を示す。NGOとの協力についてはカルドーソ報告（2004年）を委嘱し，ビジネスとの連携に関しては2000年に国連グローバル・コンパクトを打ち出し，人権，環境，労働，腐敗防止の原則のもとにビジネス活動を行うよう提唱し，世界的なネットワークを作り上げた。2001年には国連とともにノーベル平和賞を授与される。2003年の米英主導のイラク戦争には批判的で両国の反発を招く。「食糧のための石油プログラム」の運営に関し，調査を受け威信の低下を招いた。2012年，シリアの内戦に関して，国連とアラブ連盟の共同の代表として紛争解決のために努力を続けたが，辞任する。

潘基文（Ban Ki-moon）(2007〜2016年)

韓国の外務大臣を務めた外交官で，アジアからはウ・タントに続いて2人目の事務総長である。地球環境問題とスーダンの内戦解決に優先順位を置いて活

動を開始する。学界との協力関係を強化するために広報局主導の「アカデミック・インパクト」を打ち出す。常任理事国の支持を確保し2011年には再任され，2012年1月から第2期目を務める。ミレニアム開発目標（MDGs）の達成や，地球環境会議（リオ＋20）のフォローアップに意欲を示すとともに，シリアにおける内戦と地域紛争解決に向けて調停努力を続けている。

5　事務局の現状

それでは歴代事務総長を補佐する事務局はどのように組織され，どのような課題を抱えているのかを見てみよう。

組　織

国連本部の事務局は事務総長室，内部監査部，法務部，軍縮部があり，8つの部局（経済社会，現地支援，総会及び会議，管理，政治，平和維持，安全，広報）がある。また，人道問題調整事務所，人権高等弁務官事務等があり，ニューヨークの本部の他に，ジュネーブ，ウィーン，ナイロビにそれぞれ事務局を置いている。事務総長のイニシアティブでかなりの頻度で編成替えがあるが，事務局の基本的な組織はそれ程大きくは変化していないといえる（第1章の「国連の組織図」参照）。

ニューヨークの国連本部ビルは初代事務総長のトリグブ・リーが1949年に定礎式を行い1951年8月に完成しているニューヨークが本部の所在地として選ばれたのはジョン・ロックフェラー2世が多額の寄付をし，現在の土地の購入を可能にしたからであった。ジュネーブ事務局は国際連盟の本部施設をそのまま使用している。ウィーンには国連の諸機関がおかれ，その一角は国連市と呼ばれている。ナイロビは国連環境計画の本部もあり，途上国に国連の存在感を示す役割も果たしているといえる。

第13章 国連事務総長と事務局の任務

職員の数と配置

これまで8名の事務総長によって事務局は管理運営されてきた。それでは現在国連事務局にはどの位の職員がいるのであろうか，そして職員はどのように組織され活動しているのだろうか。国連本部とその補助機関である計画，基金，研究機関の職員の等級別，本部・現地，国別統計は毎年公表される「事務局の構成―職員統計」と題する事務総長報告に示されている。最新の報告書によると上記の諸部門で勤務する国連職員数は2012年6月末現在で188の加盟国からの42887名である。2007年には36579名であったので5年間で約15％の増加であり，過半数（53％）を占める現地職員（FS）の増加が顕著である。部局所属の職員はいくつかの国連の事務所のある大都市に集中している。ニューヨークには約6450名，ジュネーブには3500名，ナイロビには1700名，ウイーンに1900名である。現地活動に従事する職員はスーダンに約3000名，コンゴ民主共和国に1500名をはじめアフガニスタン，ハイチ，リベリア，東ティモール，アイボリーコスト，にはそれぞれ1000以上のスタッフが配置されている。これらのスタッフは各地で展開する平和維持活動の要員として活動している。

国連本体の職員に加えて，ユニセフ，国連開発計画，難民高等弁務官事務所，国際司法裁判所，国連大学といった「関連機関」の職員数は32284名を数え，専門機関の職員を除く国連職員数は2012年6月末現在で75171名となる。専門機関に勤務する職員数は機関によって公表されていないものもあるが，筆者の調査ではおよそ22000から23000名程度と考えられる。国連システム全体では約10万人弱が国際公務員公務員として勤務していることになる。

職員のカテゴリー

国連職員は大きく専門職と一般職に区別される。近年では現地職員の数が増え，独自のカテゴリーを形成している。図13-2はそれぞれの占める割合を示している。黒のP＋は専門職とその上の管理職を意味し，29％を占める。灰色の部分が現地配属職員で10％，残りの白い部分は一般職で61％を占めている。

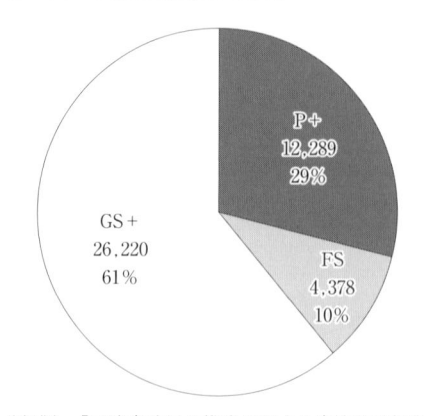

第Ⅲ部　グローバル・ガバナンスにおける国連システム

（出典）「国連事務局の構成に関する事務総長報告，2012年-8月」(A/67/329)。
図13-2　2012年6月末現在のカテゴリー別事務局職員

　専門職はそれぞれ高度な専門知識および経験を有する者で，国際的に採用される。一般事務職は秘書やクラーク等の相対的に単純な事務を扱う者で職場のある国において採用され，専門職職員の様に2年毎の本国帰国等の権利を有さない。

　図13-3は専門職以上の職員の等級別人員をグラフにしたものである。専門職（P）は1から5までの5段階に分かれ，その上に部長クラス（D）が2段階ある。さらにその上は事務次長補，事務次長がある。アナン事務総長の時に副事務総長が置かれ，現在に至っている。すべての職員は事務総長またはその代理者によって任命される。最も多数を占めるスタッフは専門職の3（P-3）で4124名である。事務次長と事務次長補はそれぞれ60名から70名となっている。

雇用の国際競争力

　処遇においては，専門職以上の職員には国際連盟時代のノーベルメイヤー原則が適応されるが，実際の国際労働市場においては処遇条件が劣り，民間企業との競争力がないといわれる。事務総長は職員の定年退職よりも辞任が多く，

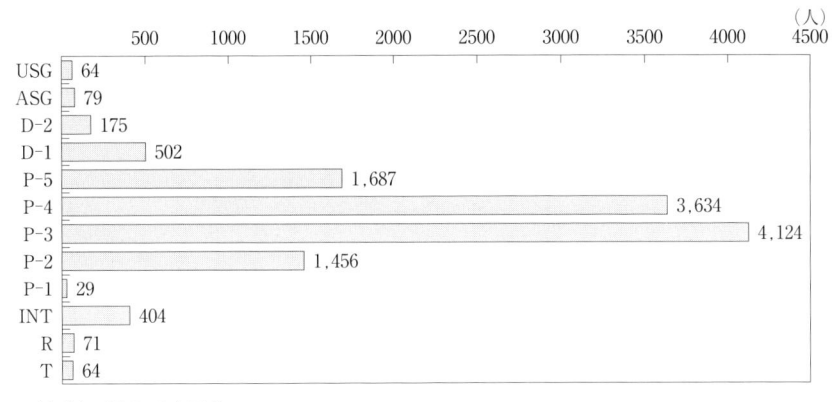

第13章　国連事務総長と事務局の任務

ポスト	人数
USG	64
ASG	79
D-2	175
D-1	502
P-5	1,687
P-4	3,634
P-3	4,124
P-2	1,456
P-1	29
INT	404
R	71
T	64

（出典）　図13-2と同じ。

図13-3　専門職及びその上のポストに占める人数

特に若い専門家の辞任が多数を占めていると指摘している。国連システムのなかでも給与等を共通にしている機関と，世銀，国際通貨基金（IMF）とでも処遇の差異があり，後者の方が格段に優遇されている。さらに経済協力開発機構（OECD）の給与体系の方がさらに高い。ある先進国から国連に勤務すると給与が下がることがあり，それを防ぐための補助金を政府がその国の国際公務員に与えるケースがあり，国連職員の独立性を損なうものとの批判もある。ただ，給与のみが国連勤務志望の条件ではなく，人類の福祉に貢献したいとの熱意が重要な動機になっていることは，いくつかの調査にも表れている。一般職について国連はフレミングの原則を採用し（職員の）採用される都市での最高級の給与体系に匹敵するレベルの処遇を与えることとなっている。

キャリアー制度

国連創設から四半世紀の間，すなわち1945年から1970年代にかけては，国連で長期的に勤務することが国際公務員として当然のことと考えられ，多くの初期の職員はそのように行動した。憲章にある最高水準の能率，能力，誠実さはキャリアー制度によってのみ確保されるものとされ，それが事務局職員の国際

第Ⅲ部 グローバル・ガバナンスにおける国連システム

臨時契約
2,102
5％

恒久・継続契約
7,284
17％

期限付き契約
33,501
78％

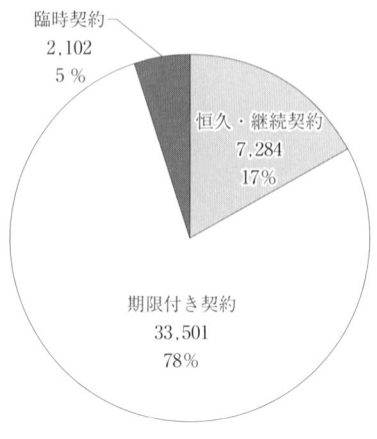

（出典） 図13-2と同じ。
図13-4 契約タイプ別職員の比率

性，独立性，中立性を担保するものと見なされていた。ハマーショルド事務総長はソ連の事務局批判に対して譲歩として事務局は75％の恒久契約職員と，25％の期限付き契約職員とによって構成されるべきであると提案した。事務次長ないし事務次長補は政治的配慮によって任命されることと理解されていたので，事務総長が交代するごとに退任と任命が繰り返されたのは当然であった。次第に期限付き契約保持者の割合が増え続け，2012年報告では，職員を，①恒久・継続契約を持つ者が17％，②期限付き契約保持者が78％，③臨時契約保持者が5％であった（図13-4）。期限付き契約は通常2年であり，当該ポストが継続しスタッフが満足すべき業績を挙げていれば更新される可能性が高いが，確実ではない。

このような傾向についてアナン事務総長は，ハマーショルドの提案は当時においては適切であったかもしれないが，国連の役割が拡大し，職員の過半数が現地での任務に就いている現在ではそれ程適切ではないと述べている。確かに75％のスタッフに恒久的契約を与えることは非現実的であり，実際にも現地でのスタッフで恒久的契約を保持しているのは2％にとどまっている。事務局の

課題は3つの契約タイプのバランスをいかに取って憲章の謳う国際公務員制度を発展させるかということである。

事務局の改革

事務局の改革の必要性は国連の主要機関すべてが改革の対象である以上当然のことと考えられている。また国連が世界情勢の変化や新たな地球規模の諸問題に直面していることからも事務局の改革と強化は優先事項といえる。しかし同時に改革には多様な期待と思惑が表面化している。

加盟国 総会は「国際公務員制度の強化に関するパネル」報告を2004年に公表した。報告書は19の勧告をおこなっており、国際人事委員会の改善と強化に関するものが9つを占めている。国連職員の処遇についても労働市場における国際競争力の低下に憂慮を表明している。契約形式についても期限付き採用が多数となっており、1年未満の契約が増大していることに注意を喚起している。2005年のサミットが採択した『成果文書』は事務局および管理改革について、職員の最高水準の重要性を再確認するとともに国連システム全体の一貫性が政策、現場での活動、人道支援、環境分野での活動で強化されるべきであることを強調している。ここで特筆されるのは、米国議会が超党派で作成した『アメリカの国益と国連改革』(2004年)に含まれる、事務局に関する勧告と注文である。事務総長には「管理能力」が最重要であり、職員の恒久契約は廃止、採用に際しては能力を優先し地理的配分基準見直しなど、国際公務員制度そのものを否定するような内容を盛り込んでいる。一方途上国は改革によって事務総長の管理能力を強化することは、先進国の影響力を強めることに繋がり、間接的に安保理が総会の権限を侵食するのではないかとの危惧を抱いている。

事務総長 アナン事務総長はこれらの提言と勧告を受けて、2006年に『国連に投資する——より強力な世界機構へ』と題する報告書を公表した。彼は従来の事務局改革案は大きく変化した世界情勢に対応すべき事務局の抜本

301

的改革ではなかったと批判してその原因を分析している。第1に，すでに言及されたように，多くの加盟国が改革のプロセスから除外されていると感じて，合意が必要な行財政問題に対して支持を控え，分担金を多額に拠出している加盟国は自分たちが決定的な役割を持つとして，両者の対立が国連に対する共通のコミットメントを侵食していること。第2に，加盟国と行政の長としての事務総長の分業が損なわれているという。分業体制が加盟国の干渉によって，破綻しかかっているとまで指摘している。このように，加盟国間の対立と，加盟国と事務総長との役割分担がうまく機能していないのであれば，真に独立した国際公務員制度の抱える問題は世界政治の動向を反映しており，困難な課題であることが理解できよう。

事務局職員　　事務局も事務総長と職員とが事務局改革について一枚岩ではない。上記報告書にあるアナンの提案については，国連職員組合は年金，職の安全といった既得のスタッフの権利と特権とを脅かすものとして，強い懸念を決議によって表明している。さらに職員組合は事務総長に対して「不信任決議」を圧倒的な多数で可決している。具体的には，翻訳その他の仕事を外注すること，恒久契約の喪失，ポストの保証なしの本部と現地との流動性強化が批判されている。

6　21世紀における国連事務局の展望

　冷戦終結後の国際情勢は加速するグローバル化によって特徴づけられるといえる。金融と経済活動はまさに国境を越えて人々の日常生活を左右し，地球温暖化，貧困，紛争，感染症といった課題も国境を知らない。政治・軍事面では主権国家が主役ではあるが，多国間協調の枠組みは「争い」と「紛争」を解決するのに不可欠となっている。経済・金融分野ではすでに主役は民間部門，ビジネスに移ってきている。環境・社会分野では市民社会や国際NGOが登場してますます大きな役割を果たしている。

このような異なった分野におけるアクターの多様化はグローバル化の結果でもあり、また新たな秩序形成の原動力でもある。異なった活動分野と多様なアクターの活動を調和のとれた調整能力を持つアクターはあるのだろうか。大国も含めて国家が重要な役割を果たし続けることは間違いないであろう。その主なメカニズムは多国間主義であり、その多国間主義を支えるのが国連をはじめ数々の国際機構であることも明らかである。国際機構のなかでも国連はその普遍性と一般性においてユニークである。近年の国連は市民社会と民間部門との協力関係を強化してきている。21世紀においては、国家中心の多国間主義から、非国家アクターをも包括する重層的多角間主義の時代に突入したともいえる。

2010年の国連総会は一般討議を「グローバル・ガバナンスにおける国連の中心的役割を再確認する」をテーマに行っている。この問題について言及した加盟国は主として総会と安保理の役割と改革について論じている。事務局については余り討論の対象とはならなかった。討論者が政府代表である以上、このような事態はある程度予想されたであろう。しかし、最初に紹介した、第1の国連、第2の国連、そして第3の国連という正にグローバルな視点からみれば、第2の国連そして第3の国連に関してもその役割を正当に評価し、展望する必要があろう。国連の目的の1つは憲章に明記されているように「諸国の行動を調和するための中心となる」ことであれば、単に、「諸国」の行動のみならず、アナン事務総長が「地球的支持基盤」と呼んだ地球市民社会と民間部門・ビジネスの行動をも調和することが求められている。3つの国連を図式化すると図13-5が描ける。

第2の国連は事務総長と事務局であり、事務総長は第1の国連である総会や安保理の決定を受けて活動するが、同時に第3の国連である市民社会（NGO）と民間部門であるビジネスの支持を必要とし、そのバランスの上に立っているといえる。第1の国連は多国間システムであるウエストファリア体制を代表し、第3の国連はグローバル化によって促進されてきた地球社会、ポスト・ウエストファリア体制を表すといえる。ウエストファリア体制からポスト・ウエスト

第Ⅲ部　グローバル・ガバナンスにおける国連システム

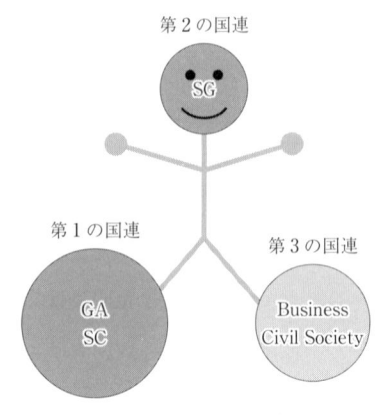

図13-5　3つの国連

ファリア体制への移行は分野によって異なるといえる。すでに言及してきたように，軍事・政治分野ではウエストファリア体制が圧倒的権限を有している。経済分野では国家を超える資本の移動，貿易関係がますます強化されている。社会・文化面では第3の国連の役割が拡大し，ポスト・ウエストファリア体制への移行が顕著といえる。地球環境問題は全てのアクターがそれぞれの活動分野で協働することが必要で国家システムを超えた問題として理解されなくてはならないだろう。国連事務局と国際公務員制度はその活動の調和を図る中心に位置し，極めて困難な挑戦に直面しているといえる。グローバル・ガバナンスのこれからは国際公務員制度の在り方が大きく影響するであろうことは確かである。

日本と世界における国連研究の学会活動

　政治学会や国際関係学会はその活動範囲に国際機構をも包括しているが，国連研究に特化している学会は日本にもあり，また世界的な組織もある。ここでは国際機構研究を目指す読者のために日本国際連合学会と国連システム学術評議会（ACUNS）を紹介する。それぞれのホーム・ページにアクセスして国連研

究に関する活動を参考としたい。

― *column* 日本における国際機構研究 ―

日本国際連合学会理事長　横田洋三

　日本における国際機構研究は，第2次世界大戦後，横田喜三郎教授，田岡良一教授などの国際法学者による国連研究によって本格化した。1940年代後半のことである。50年代に入ると，戦後の日本の国際社会復帰の象徴となる国連加盟問題に，政府はもとより国民の関心が高まり，国連に先駆けて加盟が認められたユネスコ，ILO，世界銀行，IMFなどの国連専門機関の研究が，国際法，国際政治，国際経済分野の学者たちによって手がけられるようになった。

　念願の日本国連加盟が実現した1956年以降，国連研究を中心に日本における国際機構研究は加速した。特に60年代に入ると，日本の労働問題に関して調査団を派遣したILOや，首都高速道路や新幹線の建設に多額の資金援助をした世界銀行，日本の貿易拡大にともなって重要性を増したIMFやガットなどに関しての研究も本格化した。

　こうして，日本の国際機構研究は，研究対象を拡大し，また専門分野の裾野を広げて，国際的水準に達していった。

　ところで，研究が進むにつれて，日本の国際機構研究には問題が生ずるようになった。1つは，様々な国際機構が，平和維持活動，開発援助，人道支援，人権，環境，保健，交通通信など現実に生起する世界的諸問題に取り組むようになって，現場の状況を知ることが第一線の研究にとって欠かせなくなってきたが，公表された資料に基づく研究を進めてきた日本の国際機構研究は，その点で遅れをとるようになったことである。また，もう1つの問題は，第1の問題とも関連するが，現実問題と取り組む国際機構に対して学問的分析の成果を反映させることができないという限界である。

　こうした問題にいち早く気づき日本の国際機構研究を現実に根ざしたもの，現実に役立つものに高めなければならないと警鐘を鳴らした人たちがいた。たとえば最初の日本人国連職員となりその後カンボジアや旧ユーゴで事務総長特別代表として活躍された明石康氏，1990年代に国連難民高等弁務官としてその卓越した仕事振りが国際的に高く評価された緒方貞子氏，日本外交の視点で独自の国連研究の分野を開拓した渡邉昭夫氏などがそうである。

　これらの人たちの尽力によって，1999年秋に日本国際連合学会（国連学会）が，

第Ⅲ部　グローバル・ガバナンスにおける国連システム

当時の国連事務総長コフィ・アナン氏の列席のもと，東京青山の国連大学において設立された。この学会は研究と実務の架橋を目指して，会員には学者のみならず外交官や国連職員経験者を広く含むようにしている。

以後，国連学会は，毎年研究大会を開催するとともに年報の『国連研究』を発行し，また，国連システム学術評議会（ACUNS）や韓国国連システム学術評議会（KACUNS）など海外の国連研究団体との連携を通して，日本における国連を中心とする国際機構研究の推進役を担っている。

URL: http://www.geocities.jp/aunusahp

---

column　国連システム学術評議会（ACUNS）

ACUNS事務局長　アリステアー・エドガー

25年前，1987年6月のACUNS設立会議においてその目的は新たな世代の学者，教育者，実務家が世界問題における国際機構の役割に関して批判的関心を向けることを奨励することとした。当時の世界情勢は南北関係が緊張し，北米において国際機構研究は重圧のもとにあった。ACUNSの創設者達は国連憲章の掲げる価値に基づく異なる見解や特別の利害関係を持つ学者と実務家の開かれた協会を設立する必要を感じていた。

2012年6月，国連システム学術評議会（Academic Council on the United Nations System）は設立25周年を記念する年次研究大会をニューヨーク市で開催した。大会は「新しい規範，新しいアクター，新しい国連？」をテーマに多くの参加者を集めて開催された。全体会議の他に，ワークショップも数多く開かれた。現在では，50カ国以上から600名の会員と60の団体会員を有し，事務局はカナダのオンタリオ州にあるウイリフリッド・ローリエ大学（Wilfrid Laurier University）に置かれている。理事会は国際的メンバーシップを反映して，世界各国からの研究者からなり，重要な案件を審議決定している。ACUNSは国連経済社会理事会の一般的地位を持つ非政府団体として認められ，経社理の会議に参加する権利を持っている。会員が実際の会議の様子を知る有効な手段でもある。

評議会の主な活動としては，世界各国（最近ではジュネーブ，リオデジャネイロ，ボン，ウィーン，トリニダッド，オッタワ，ニューヨークなど）で開催される年次研究大会に加えて，年に4回発行される *Global Governance: A Review of Multi-lateralism and International Organizations* があり，高い評価を受け優秀な社会科

学雑誌に与えられる賞を受けている。ニューズ・レターも年4回発行され，メールによる配信の月1回のE-Updateも開始されている。毎年夏に開かれる国際機構研究ワークショップは国連，米国国際法学会との協力によって若手研究者や国連職員のために多様なテーマで研究と教育を行っている。

評議会の展望としては，各種の学術団体との関係強化に動き出している。事務局長は2011年，国連地域アカデミー（チェコ共和国，ハンガリー，オーストリア）の設立会議と大阪で開催された日中韓の第11回東アジアセミナーに参加するなど新たな協力関係を模索している。

URL: http://acuns.org

（原文は英文で編者が抄訳した。）

参考文献

日本国連学会編「グローバル・アクターとしての国連事務局」『国連研究』第3号，国際書院，2002年。
内田孟男編著『地球社会の変容とガバナンス』中央大学出版部，2010年。
明石康『国際連合——軌跡と展望』岩波書店，2006年。
横山和子『国際公務員のキャリアデザイン』白桃書房，2011年。
United Nations, *Composition of the Secretariat: staff demographics: Report of the Secretary-General*（A/66/347), 8 September 2011.
Simon Chesterman, *Secretary or General?: The UN Secretary-General in World Politics,* Cambridge University Press, 2007.
Leon Gordenker, *The UN Secretary-General and the Secretariat, 2nd ed.,* Routledge, 2010.
James Traub, *The Best Intentions: Kofi Annan and the UN in the Year of American World Power,* Farrar Straus & Giroux, 2006.

索　引
(＊は人名)

ア　行

アーリア方式　50, 262
＊アヴェノル，ジョセフ　286
＊アクトン，ジョン　7
悪の枢軸　251
『アジェンダ21』　268
＊アシュトン，キャサリン　233
アドホック裁判所　163
＊アナン，コフィ　45, 86, 107, 136, 263, 295
アフガニスタン　85
アメリカ例外主義　238
あらゆる形態の人種差別撤廃に関する国際条約
　　（人種差別撤廃条約）　150, 157
アンゴラ　85
安全保障理事会（安保理）　34, 83, 103, 151
　　——の表決手続　23
安保理決議678　251
安保理決議1368　250
安保理決議1373　45
安保理決議1441　251
安保理決議1540　45
安保理暫定手続規則　48
安保理常任理事国　71
＊イウェアラ，ンゴジ・オコンジョ　141
移住労働者権利委員会　157
イスラエル　96
一般職　298
一般的国際機構設立のための提案　22
委任統治　13
イラク　86
　　——戦争　43
＊入江昭　199
ウィーン会議　8
＊ウィルソン，ウッドロー　11, 238

＊ウエーバー，マックス　3
ウエストファリア条約　2, 304
ヴェトナム戦争　245
＊ウ・タント　293
＊内田孟男　212
エスニシティー　4
援助協調　134
援助の調和化　134
欧州協調　8
欧州連合（EU）　171
オーディオ・ビジュアル分野　202
＊緒方貞子　94

カ　行

外国映画への数量規制　202
介入　83
　　——と国家主権に関する国際委員会（ICISS）
　　45
開発と女性（WID）　181
科学的不確実性　278
加重表決制度　53
加入加盟国　27
加入要件　27
ガバナンス　83
加盟国の地位　14
＊カルドーゾ，フェルナンド　264
環境と開発に関する世界委員会　210
監査官　77
関税貿易一般協定（GATT）　201
カンボジア　85
関与・拡大政策　249
気候変動に関する政府間パネル（IPCC）　277
気候変動枠組み条約（FCCC）　249
基軸通貨国特権（シニョレッジ）　245
基準設定活動　150

規制論　196
ギニア　87
ギニアビサウ　87
機能委員会　36
機能主義　10
規範の起業家　45
規範パワー　227
寄付・贈与　66
＊キム，ジム・ヨン　141
キャリアー制度　300
9.11　88, 250
旧ユーゴスラビア国際刑事裁判所（ICTY）
　　163, 164
行財政専門家委員会（G18・18人委員会）　79
行財政問題諮問委員会（ACABQ）　60, 74
強制行動　28
強制失踪からのすべての者の保護に関する条約
　　150, 157
強制失踪に関する委員会　157
業務的活動　46
極東軍事裁判所（東京裁判）　162
拒否権　23, 49, 96, 105
近代主権国家体制　2
金とドルの交換停止　245
クウェート　86
国の主権的権利　209
グローバリゼーション　195
グローバル・ガバナンス　142, 281, 304
グローバル・ジェンダー・ギャップ指数（GGI）
　　174-176
軍事・警察要員　75
軍備の縮小　13
計画調整委員会（CPC）　74
経済協力開発機構（OECD）　205, 254
経済協力開発機構・開発援助委員会
　　（OECD/DAC）　131
経済社会理事会（ECOSOC）　35, 51, 127,
　　151, 152, 171
経済制裁　110
経済成長アプローチ　134

経済的，社会的及び文化的権利委員会（社会権
　　規約委員会）　157
経済的，社会的及び文化的権利に関する国際規
　　約（社会権規約，A規約）　148, 150, 157,
　　178
結果重視予算　81
決算・監査　76
原加盟国　25, 26
現地配属職員　298
権利の停止と除名　28
構造調整政策　135
拷問及び他の残虐な，非人道的な又は品位を傷
　　つける取扱いまたは刑罰に関する条約（拷問
　　等禁止条約）　150, 157
拷問禁止委員会　157
国際開発援助レジーム　126
国際開発協会（IDA）　54, 128
国際河川委員会　9
国際機構　7
　──の不変性と代表制　213
国際行政連合　9, 17
国際金融公社（IFC）　54
国際軍事裁判所（ニュルンベルグ国際軍事裁判
　　所）　162
国際刑事裁判所（ICC）　164-166, 252
　──設立条約　250
　──規程　164
国際公共財　213
国際公務員制度　285
国際司法裁判所（ICJ）　37, 246, 261
国際主義　238
国際人権規約　178
国際人権章典　148
国際人事委員会　289, 301
国際治安支援部隊（ISAF）　250
国際知的協力委員会　197
国際知的協力機関　15, 198
国際通貨基金（IMF）　46, 87, 240
国際的な決済通貨制度　239
国際的な非政府機構　7

309

国際反テロ戦線　250
国際復興開発銀行(IBRD)　128
国際平和協力法　253
国際報告制度　158
国際民間空港機関(ICAO)　54
国際レジーム　131
国際連合(国連)　20
　　──行政裁判所　59
国際連盟(連盟)　11, 197, 285
　　──の目的　13
国際労働機関(ILO)　16, 54, 148, 246
国内避難民　85
国連アカデミック・インパクト　276
国連エルサルバドル監視団(ONUSAL 1991-1995)　152
国連オブザーバー　31
国連改革　83
国連会計検査委員会　76
国連開発援助枠組み(UNDAF)　137
国連開発協力フォーラム(UNDCF)　142
国連開発グループ(UNDG)　136
国連開発計画(UNDP)　51, 129, 149, 171, 173, 176, 180, 182, 188
国連海洋法条約　252
国連カンボジア暫定行政機構(UNTAC 1992-1993)　152
国連カンボジア暫定統治機構(UNTAC)　116, 253
国連教育科学文化機関(UNESCO)　54, 183, 188, 207
国連グローバル・コンパクト　161, 264, 295
国連軍　106
国連軍備登録制度　253
国連憲章　40, 147, 177, 287
　　──制定会議　240
　　──第8章　219
国連合同エイズ計画(UNAIDS)　187, 188
国連合同監査団(JIU)　77
国連システム　31, 63, 126
　　──学術評議会(ACUNS)　306

国連児童基金(UNICEF)　51, 180, 182-184, 187, 188
国連ジュネーブ事務所(UNOG)　224
国連準備委員会　25
国連食糧農業機関(FAO)　223
国連人権高等弁務官　90
国連人口基金(UNFPA)　180, 187, 188
国連西欧地域情報センター　223
国連世界サミット　142
国連選挙支援部(UNEAD)　58
国連専門機関　29
国連総会　44
　　──規則　47
　　──第5委員会　74
国連大学　253, 294
国連多国籍企業センター　272
「国連とEUとのパートナーシップ」　230
国連内部の組織構造　29
国連人間の安全保障基金　94
「国連のある種の経費事件」　57
国連の目的　25
国連ハウス(UN House)　137
国連ファミリー　31
国連婦人開発基金(UNIFEM)　182, 191
国連貿易開発会議(UNCTAD)　53, 271
国連本部　224
国連ミレニアム・サミット　220
国連ミレニアム宣言　97, 180
個人通報制度　158, 159
コソボ　85
国家間主義的性格　209
国家通報制度　158
国家の神話　5
国境なきテレビ指令　202
子どもの権利委員会　157
孤立主義メンタリティ　238
コンゴ　85
　　──国連軍(ONUC)　57
コンストラクティビズム　282
コンセンサス採択　36

索　引

コンセンサス方式　54
コンディショナリティ　135

　　　　サ　行

サービス貿易協定(GATS)　202
債券　66
財源　64
財政規模　63, 78
財政サイクル　80
財政支出　78
財政制度　78
裁判準則　38
財務官　73
「雑誌に関する措置」事件　204
査定　64, 65
三部構造　32
サンフランシスコ会議　24, 240
サンフランシスコ講和条約　246
ジェノサイド(大量殺害)　90
シエラレオネ　85
ジェンダー　170
　　──・イクイティー(男女共同参画)　175
　　──・エンパワーメント指数(GEM)　174
　　──と開発(GAD)　181
　　──の主流化(PFA)　171, 177
　　──不平等指数(GII)　174
支出　69, 72, 80
　　──形態　66
持続可能な開発　210
持続可能な発展の文化的側面　210
実効的なパートナーシップ　228
実質事項　23
児童の権利に関する条約(子どもの権利条約)　150, 157
使途限定　65
使途限定あり　65
使途限定なし　65
自発的拠出金　65
支払能力　64
シビリアン・パワー　227

市民社会　6
市民社会組織(CSO)　130
市民的及び政治的権利に関する国際規約(自由権規約、B規約)　148, 150, 157, 178
市民的及び政治的権利に関する国際規約人権委員会(自由権規約委員会)　157
事務局　16, 39
　　──の改革　301
　　──の現状　296
事務総長(SG)　39, 113
　　──の政治的役割　288
　　──の任務　288
　　──の任命　287
集団安全保障　13, 103
集団殺害犯罪　165
集団的自衛権　13, 250
収入　68, 71, 79
自由貿易体制　239
自由・無差別・多角的　243
重要事項方式　244
自由論　196
出資　66
「出版物およびオーディオ・ビジュアル製品の貿易権・流通サービスに関する措置」事件　204
障害者の権利委員会　157
障害者の権利に関する条約　150, 157
常設国際司法裁判所(PCIJ)　16, 37
常設仲裁裁判所(PCA)　38
小総会　34
常駐代表　139
常駐調整官　139
常任理事国　34, 96, 105
職員の数と配置　297
職員のカテゴリー　297
職員の任命　289
女子に対するあらゆる形態の差別の撤廃に関する条約(女性差別撤廃条約)　150, 157, 170, 178, 183
＊ジョスパン, リオネル　206

311

女性差別撤廃委員会(CEDAW)　179, 157
女性とジェンダー平等に関する機関間ネットワーク(IANWGE)　189
女性に対する差別撤廃宣言　178
除名　29
シリア危機　93
新加盟国の加入手続　27
人権高等弁務官事務所(OHCHR)　153
人件費　67, 75, 80
人権理事会　83, 153
　　──諮問委員会(諮問委員会)　155
新興国　141
人種隔離(アパルトヘイト)政策　152
人種差別撤廃委員会　157
新世界秩序　248
人道的干渉　92
人道的, 社会的, 経済的協力　13
人道に対する犯罪　93, 165
新保守主義者(ネオコンサーヴァティヴ)　248
侵略犯罪　165
スーパー・オブザーバー　234
すべての移住労働者及びその家族構成員の権利の保護に関する国際条約(移住労働者の権利条約)　157
西欧知識体系　213
脆弱国家　83
政府間主義　219
生物多様性条約(CBD)　249
生物兵器禁止条約　250
政務　69
政務局(DPA)　58
＊ゼーリック, ロバート　141
世界銀行　46, 87, 183, 188, 240
世界経済人会議(WBCSD)　273
世界経済フォーラム　264
世界裁判所　37
世界サミット成果文書　45, 87
世界社会フォーラム　276
世界女性会議　179, 181

世界人権宣言　147, 150, 177, 178
世界人権デー　147
世界人種差別撤廃会議　250
世界貿易機関(WTO)　203
世界保健機関(WHO)　187, 188, 246
石油と食糧交換計画　77
積極的多国間主義　249
＊セン, アマルティア　94
戦争犯罪　93, 165
専門機関　127
専門職　298
総会　15, 33, 110, 151
　　──の補助機関　127
組織会期　36
ソマリア　85

タ 行

第1次国連緊急軍(UNEF I)　56
第1の国連　303
第3の国連　303, 304
対人地雷全面禁止条約　250
大西洋憲章　21, 239
第2の国連　303
第2のブレトンウッズ体制　255
多国間外交会議　9
多国間主義　248, 303
　　──の重視　230
　　──の選択　228
多国間投資協定(MAI)　205
多国籍軍　105, 251
脱植民地化　244
脱退　28
多文化主義　211
ダルフール　90
ダンバートン・オークス会議　22, 239
ダンバートン・オークス提案　21, 22, 240
地域経済(社会)委員会　36, 51
地球的支持基盤　303
知的国際協力　197
　　──における国際機構　213

索 引

チャプルテペック規約　24
中央アフリカ共和国　87
中間委員会　34
中国代表権問題　244
超国家主義　219
調査制度　158, 159
朝鮮戦争　105, 243
調達費　67, 68, 74, 75, 80
通常会期　36
通常予算　68-70
定期総会　47
*デクエヤル，ハビエル・ペレス　294
手続事項　23
*デュボア，ピエール　20
統合平和構築戦略　87
投資紛争解決センター(ICSID)　206
特別会期　33, 36
特別外部監査・査察　77
特別政治ミッション　69
特別代表　58
特別引き出し権(SDR)　54
独立諮問委員会　77
*ドラモンド，エリック　286
ドル帝国　254
ドルの散布　245
ドル不安　245
ドル防衛策(ドルの切り下げ)　245
トロイカ制度　291

ナ 行

*ナイ，ジョセフ　7
内政不干渉原則　83
内部監査室(OIOS)　76
ナチュラル・パートナー　226
南南協力　143
難民　85
『21世紀に向けて——開発協力を通じた貢献』（DAC新開発戦略）　132
日米安全保障条約　246
日ソ国交回復共同宣言　246

*新渡戸稲造　287
２年次予算　73
日本国際連合学会　305
人間開発指数(HDI)　173, 174, 176
『人間開発報告書』　171, 173
人間の安全保障　90, 106, 149, 169, 172
──委員会　94
認識共同体　277
ネーション　3
年次通常会期　33
ノーベルメイヤー原則　299
ノーベルメイヤー報告　285
ノーマル・パワー　227

ハ 行

ハーグ・システム　8, 17
ハイチ　85
『ハイレベル委員会報告書』　45
ハイレベル・パネル　86
発展の権利　148
*ハマーショルド，ダグ　56, 114, 290, 293
パリ援助効果宣言　132
*バルフォア，アーサー・ジェームズ　285
バルフォア委員会報告　285
パワー(権力)　6
*潘基文(パン・ギムン)　99, 265, 296
万人のための教育(EFA)　184
東ティモール　85
　　──暫定行政機構(UNTAET)　253
非常任理事国　34, 96
非政府組織(NGO)　6, 128, 160
非伝統的安全保障　172
人および人民の権利に関するアフリカ憲章(アフリカ人権憲章，バンジュール憲章)　149
*ピノチェト，アウグスト　163
貧困削減アプローチ　134
貧困削減戦略ペーパー(PRSP)　135
フィールド・サポート局(DFS)　58
フェミニズム　171, 172
*福沢諭吉　4

313

不処罰の阻止　162
双子の赤字　249
物資・サービス　67, 75
ブッシュ・ドクトリン　251
＊ブトロス・ガリ，ブトロス　84, 119, 262, 295
普遍主義　162
普遍的定期審査(UPR)　91, 153, 154
ブラヒミ報告　58, 86
＊フルシチョフ，ニキータ　291
＊ブルジョワ，レオン　197
ブルンジ　87
ブレトンウッズ会議　241
フレミングの原則　299
プログラム計画・予算・会計室(OPPBA)　73
プログラム予算　81
ブロック化　239
文化　195
　――権　211
　――政策に関する世界会議　211
　――政策に関するメキシコシティ宣言　211
　――帝国主義　195
　――的アイデンティティ　203
　――的多様性条約　208, 209
　――的多様性世界宣言　208, 211
　――的例外　203, 206
　――のグローバル化　195
分権的財政構造　63
紛争の平和的和解　13
分担金　64, 70-72
　――の上限・下限　65
　――の不払い・滞納　79
分担率　70, 72
文民の保護　57
文民要員　75
米英共同宣言　21
平和愛好国　27
平和維持　84
　――活動(PKO)　56, 86, 114, 152, 176, 177

　――活動局(DPKO)　58
平和強制　57, 84
平和構築　84, 119
　――委員会　83
平和創造　84
平和的調整(第14条)　35
「平和のための結集決議」(アチソン・プラン)　33, 45, 112, 244
『平和への課題』　84, 119, 220, 262, 295
ベーシック・ヒューマン・ニーズ(BHN)アプローチ　134
北京宣言及び行動綱領(北京行動綱領)　170, 171, 179, 183
包括的核実験禁止協約(CTBT)　250
防止行動　28
『法と事実における国際公務員制度』　291
＊ボールディング，ケネス　6
保護する責任　45, 90
補助機関(下部機関)　29, 32
ポスト・ウエストファリア体制　304
ボスニア　85
＊ホッブス，トーマス　2
ボン合意　250

マ　行

マイクロファイナンス　182
マケドニア　96
マッカーシズム　290
マルクス主義　3
マンデート　81
＊ミトラニー，デヴィッド　10
ミャンマー　97
ミレニアム開発目標(MDGs)　132, 135, 149, 169, 173, 180, 185, 186, 188, 192, 263
民間部門(ビジネス)　6
民族自決　14
民族浄化　93
申立手続　155
＊モーゲンソー，ハンス　6
モスクワ宣言(一般安全保障に関する４カ国宣

索　引

　　　　　　ヤ　行

ヤルタ会談　23, 240
ヤルタ協定　22, 23
ヤルタ方式　23
ユーゴ空爆　86
有志国連合　251
ヨーロッパ協調　17
予算サイクル　73
予算策定　73
予算執行　74
予防外交　84
「よりよき世界における安全なヨーロッパ」　230

　　　　　　ラ　行

ラザリ案　97
＊ラフォンテーヌ，ジャン　197
＊リー，トリグブ　290, 293
リーマン・ショック　141
リオサミット（環境と開発に関する国連会合）　249
利害関係者（ステークホルダー）　160
理事会　16
リビア危機　93
リプロダクティブヘルス　186
　　──・ライツ　186-188
リベリア　87
累積債務危機　135
＊ルーズヴェルト，フランクリン　239
＊ルーズベルト，エレノア　147
ルワンダ　85
　　──国際刑事裁判所（ICTR）　163, 164
レジーム・コンプレックス　134
＊レスター，ショーン　286
連合国共同宣言　21
連盟情報部　201

言）　21

連盟の評価　17
ローマ条約　221
＊ロック，ジョン　2

　　　　　　ワ　行

忘れ去られた危機　233
＊ワルトハイム，クルト　294
『われら共通の未来』　210

　　　　　　欧　文

BRICS　142
Delivering as One（「一丸となっての支援」）　137
EEC　202
EU設立条約　221
European bloc　235
G4（グループ4）　97, 253
　　──提案　50
G77　53
GADアプローチ　182
GATS 2条　203
GATS 14条　203
GATS 16条　203, 205
GATS 17条　203-205
GATS 19条　203
GATT 3条　204
GATT 3条4項　204
GATT 4条　202
GATT 20条　203, 204
GATT 11条国　247
ICC規程（ローマ規程）　252
ISO26000　274
NGO協議資格制度　267
PKO予算　70-72, 79
UN Women　169, 182, 189-191
WIDアプローチ　181
WTO紛争解決機関　204

315

《執筆者紹介》（執筆順）

内田孟男（うちだ・たけお）
　編著者紹介欄参照　まえがき，序章，第13章，序章コラム

渡部茂己（わたなべ・しげみ）　第1章
　常磐大学国際学部教授。専門は国際機構論，国際法。主な著作に『国際機構の機能と組織――新しい世界秩序を構築するために』（国際書院，1997年），『国際環境法入門』（ミネルヴァ書房，2001年），『国際人権法』（編著）（国際書院，2009年），『国際法』（共編著）（弘文堂，2011年）等がある。大学基準評価委員（2007～11年）や日本国連学会理事（現在）を務める。

松隈　潤（まつくま・じゅん）　第2章
　東京外国語大学大学院教授。東京大学大学院総合文化研究科国際関係論専攻博士課程単位取得退学。在英日本大使館専門調査員，タフツ大学フレッチャー法律外交大学院リサーチ・アソシエイト，ジョージタウン大学客員研究員等を経て現職。日本国際連合学会理事。専門は国際法。主な著作に『国際機構と法』（国際書院，2005年），『人間の安全保障と国際機構』（国際書院，2008年）がある。

坂根　徹（さかね・とおる）　第3章
　法政大学法学部准教授。東京大学法学部を卒業後，同大学院で博士（法学）を取得。日本学術振興会特別研究員，愛媛大学法文学部総合政策学科准教授等を経て2012年9月より現職。主な著作に『国連システムと調達行政』（2005年）がある。主な研究関心は，国際公共政策・国連システムの行財政・国際行政・調達行政等。

星野俊也（ほしの・としや）　第4章
　大阪大学大学院国際公共政策研究科教授。専門は国際関係論，国際安全保障論。在米日本大使館専門調査員，日本国際問題研究所主任研究員，プリンストン大学客員研究員等を経て現職。元国連日本政府代表部公使参事官。

石原直紀（いしはら・なおき）　第5章
　立命館大学国際関係学部教授。専門は国際機構論。国連事務局において国連機関調整業務，PKO予算業務に携わりPKO（UNTAC）の広報官も務めた経験を持つ。主な論文に「カンボジア――民軍関係から見たUNTAC」上杉勇司，青井千由紀編『国家建設における民軍関係』（国際書院，2008年），「国連平和活動と警察」秋月弘子，中谷和弘，西浦真樹編『人類の道しるべとしての国際法』（国際書院，2011年）などがある。

大平　剛（おおひら・つよし）　第6章
　北九州市立大学外国語学部教授。名古屋大学大学院国際開発研究科博士後期課程単位取得退学。専門分野は，国際政治学，国際協力論。主な著作に『国連開発援助の変容と国際政治――UNDPの40年』（有信堂高文社，2008年），メアリー・B・アンダーソン著『諸刃の援助――紛争地での援助の二面性』（訳書）（明石書店，2006年）がある。

望月康恵（もちづき・やすえ）第7章
関西学院大学法学部教授。専門分野は国際法・国際機構論。学術博士。国連大学プログラム・アソシエート，北九州市立大学外国語学部助教授，コロンビア大学客員研究員等を経て現職。主な著作に『移行期正義——国際社会における正義の追及』（法律文化社，2012年），『人道的干渉の法理論』（国際書院，2003年）がある。

本多美樹（ほんだ・みき）第8章，第8章コラム
早稲田大学，法政大学，東海大学ほかで講師を務める。専門は，国際関係学，国際機構論，安全保障，国連研究。最近の論文に，「『グローバル・イシュー』としての人権とアジア——新たな国際規範をめぐる国際社会との確執に注目して」『グローバリゼーションとアジア地域統合』，『北東アジアの「永い平和」』（編著）（共に勁草書房，2012年）がある。学術博士（早稲田大学）。

西海真樹（にしうみ・まき）第9章
中央大学法学部教授。専門は国際法学，特に国際法と文化，南北問題と国際法，国際法とNGOなど。アジア国際法学会日本協会理事，世界法学会理事。最近の論文に，「持続可能な開発の文化的側面」『国連研究』（13号，2012年），"réception et application du droit international moderne par le Japon: son attitude évolutive de 1858 à 1945", Select Proceedings of the European Society of International Law, 2010. がある。

大隈　宏（おおくま・ひろし）第10章
成城大学社会イノベーション学部教授。国際政治経済学専門で，EU開発協力政策およびブレトン・ウッズ機構の政治的ダイナミズムを中心に調査研究を行う。最近の論文に，「EUとミレニアム開発目標——グローバル・パートナーシップの模索」『成城大学経済研究所報告』（No. 56, 2012年）がある。

滝田賢治（たきた・けんじ）第11章
中央大学法学部教授。専門は国際政治，米国外交，アジア地域統合論。主な著作に『太平洋国家アメリカへの道』（有信堂，1996年），『国際政治史』（中央大学通信教育部，1997年），『東アジア共同体への道』（編著）（中央大学出版部，2006年），ロバート・O・コヘイン／ジョセフ・S・ナイ著『パワーと相互依存』（監訳・訳者）（ミネルヴァ書房，2012年）などがある。

毛利勝彦（もうり・かつひこ）第12章
国際基督教大学教養学部教授。専門分野は，国際関係学。主な著作に『グローバル・ガバナンスの世紀——国際政治経済学からの接近』（東信堂，2002年），共編著に『国際NGOが世界を変える——地球市民社会の黎明』（東信堂，2006年）などがある。

コラム執筆

ジャン゠マルク・コワコウ（Jean-Marc Coicaud）（ラトガーズ大学教授）第11章コラム
張子安（Zhang Xiaoan）（中国国連研究アカデミックネットコーディネーター）第11章コラム
横田洋三（よこた・ようぞう）（日本国際連合学会理事長）第13章コラム
アリステアー・エドガー（Alistair Edgar）（ACUNS事務局長）第13章コラム

《編著者紹介》

内田孟男（うちだ・たけお）
国連大学サスティナビリティーと平和研究所所長特別顧問。中央大学経済学部元教授（国際公共政策担当）。国連システム学術評議会（ACUNS）理事や日本国連学会理事（渉外担当）を歴任。1970年から1995年にかけて、ユネスコ社会科学局プログラム・スペシャリスト及び国連大学首席学術審議官として国連の学術分野で長年勤務する。主な著作に『地球社会の変容とガバナンス』（編著）（中央大学出版部、2010年）、『国連と地球市民社会の新しい地平』（共編著）（東信堂、2006年）がある。

国際機構論

2013年5月30日　初版第1刷発行　　〈検印省略〉

定価はカバーに表示しています

編著者		内田　孟男
発行者		杉田　啓三
印刷者		江戸　宏介

発行所　株式会社　ミネルヴァ書房
607-8494 京都市山科区日ノ岡堤谷町1
電話代表　(075)581-5191
振替口座　01020-0-8076

© 内田孟男ほか, 2013　　共同印刷工業・清水製本
ISBN978-4-623-06630-8
Printed in Japan

国際政治学入門

―――――――――――――大芝　亮　編著

A5判美装カバー　242頁　本体2800円

理論的枠組みから国際政治の舞台で実際に起こっている事例までをわかりやすく解説した，初めて学ぶ人の11章。

新版　現代の国際政治

―――――――――――長谷川雄一／高杉忠明　編著

A5判美装カバー　436頁　本体3500円

●冷戦後の日本外交を考える視角　国際政治の諸相を，日本外交の将来を見通し，考察する。

テキスト国際開発論

―――――――――――――勝間　靖　編著

A5判美装カバー　352頁　本体2800円

●貧困をなくすミレニアム開発目標へのアプローチ　世界をとりまく様々な格差・貧困問題，国連やNGO等による国際的な開発協力の現状と課題を明快に解説するテキスト。

グローバル時代の国際政治史

―――――――――――佐藤信一／太田正登　編著

A5判美装カバー　248頁　本体2500円

第二次世界大戦を画期とするパックス・アメリカーナの成立とグローバル時代の到来を重ね合わせて捉え，考察する。

東南アジア現代政治入門

――――――――清水一史／田村慶子／横山豪志　編著

A5判上製カバー　280頁　本体3000円

各国の基礎知識から，政治体制の変容，多文化社会の実像，経済発展の光と影までを明快に解説する。

――――― ミネルヴァ書房 ―――――

http://www.minervashobo.co.jp/